政治文化与政治文明书系

主 编：高 建 马德普

行政文化与政府治理系列

执行主编：吴春华

天津市规划项目
东北大学高原学科资金资助

政治文化与政治文明书系

行政文化与政府治理系列

国外城市治理理论研究

Urban Governance Theory

曹海军◎著

天津出版传媒集团

天津人民出版社

图书在版编目（ＣＩＰ）数据

国外城市治理理论研究 / 曹海军著. —— 天津 : 天津人民出版社, 2017.5

（政治文化与政治文明书系. 行政文化与政府治理系列）

ISBN 978-7-201-11721-8

Ⅰ.①国… Ⅱ.①曹… Ⅲ.①城市管理—研究—国外 Ⅳ.①F299.1

中国版本图书馆 CIP 数据核字（2017）第 097466 号

国外城市治理理论研究
GUOWAI CHENGSHIZHILI LILUN YANJIU

出　　版	天津人民出版社
出 版 人	黄　沛
地　　址	天津市和平区西康路35号康岳大厦
邮政编码	300051
邮购电话	（022）23332469
网　　址	http://www.tjrmcbs.com
电子信箱	tjrmcbs@126.com

策划编辑	王　康
责任编辑	郑　玥
特约编辑	王　琤
装帧设计	卢炀炀

印　　刷	高教社(天津)印务有限公司
经　　销	新华书店
开　　本	710×1000毫米 1/16
印　　张	19.5
插　　页	2
字　　数	300千字
版次印次	2017年5月第1版　2017年5月第1次印刷
定　　价	64.00元

政治文化与政治文明书系

天津师范大学政治文化与政治文明建设研究院·天津人民出版社

编　委　会

目 录

图目次

表目次

第一章 城市治理的理论基础

自从柏拉图和苏格拉底在雅典的一个集会场所展开辩论以来，作为分布在全球各地人口密集区域,城市已经成为创新的发动机。

在西方较为富裕的国家，城市已经度过了工业化时代喧嚣嘈杂的末期,现在变得更加富裕、健康和迷人。在较为贫穷的国家或地区,城市正在急剧地扩张,因为城市的人口密度为人们从贫困走向繁荣提供了最为便捷的途径。①

——格莱泽

第一节 城市与城市化

在英文里面有两个"城市"，极易混淆:一个是 urban,另一个是 city。城市(urban)一词的起源可以追溯到 17 世纪,从拉丁语 urbanus 衍生而来,意思就是城市(city),牛津词典将城市(urban)界定为在城市(city)安居之地或带有城市生活方式特征之地。而城市(city)则是指相对较大的一块永久定居地。城市一般都拥有先进的基础设施和复杂的土地利用、住房、交通和卫生系统。②

据世界考古资料显示，城市现象可以追溯到 9000 年前的上古时代,由此,城市化的历史也至少可以推到 8000 年前。③中国古代亦早就有"筑城以卫君,建郭以保民"之说。由于缺乏可靠的统计资料,难以准确估算现代以前的世界城市发展状况,特别是人口规模、城市面积、基础设施等主要城市发展指标。至于城市治理的文献则更是付诸阙如。

① [美]爱德华·格莱泽:《城市的胜利》,刘润泉译,上海:上海社会科学院出版社,2012 年,第 2 页。

② Kuper, A. and J. Kuper, eds., *The Social Science Encyclopaedia(2nd edition)*. London:Routledge,1996.

③ 高珮义:《城市化发展学原理》,北京:中国财政经济出版社,2009 年,第 51 页。

应该说,真正现代意义上的城市化和现代城市的开端,起源于英国的工业革命时代。从西方城市化的进程来看,罗马帝国衰落到 18 世纪之间,是城市化格式发生重大变迁的历史时期。18 世纪下半叶,英国工业革命开启了现代城市化的新纪元,1750 年到 1950 年,西方世界走完了城市化的第一波行程。所谓"第一波城市化"主要指的是从根本上改变了现代发达国家的主流生活方式。机器大工业带来的革命就是节省劳动力的创新,加工制造业部门的增长带来了雇佣工人的增长。可以说,现代化城市的起源、进程和后果也彰显了现代文明的兴衰。与古代城市发展不同,1859 年,马克思在《政治经济学批判》中就一针见血地指出:"现代历史是乡村城市化,而不是像古代那样,是城市乡村化。"①辜胜阻教授进一步阐释了马克思的经典命题,"无论城市的起源如何,农业革命只是使城市诞生于世界,并没有使城市主宰世界、使社会经济生活为中心来运转。只是工业革命即产业革命方使古代城市转变为现代城市,引起城市化的趋势,使城市成为世界的主宰"②。无疑,作为现代化的重要标志,与工业化相伴而来的城市化是一股世界潮流,伴随着现代化进程的各个阶段。

不过,工业革命带来的节省劳动力的创新减缓了加工制造业雇工的增长速度。随着加工制造业的衰落,服务业和知识密集型产业开始创造大量就业机会。初看之下,似乎摆脱了对固定地点依赖的产业发展应该出现去城市化的趋势才是顺理成章的,而事实却是城市化并没有伴随着制造业雇工的减少而放缓。按照城市的胜利的说法,城市之所以在 20 世纪持续增长,最重要的原因是城市为人类带来了史无前例的便利设施,城市提供了更好的医疗条件、娱乐和购物设施,先进的教育设施,大大改善和满足了人类衣食住行的基本需求,已经成为人类物质文明的重要组成部分。

除了便利设施之外,经济因素也在 20 世纪城市化进一步增长中发挥了关键作用。城市的经济集聚效应,不仅促进了人与企业资源向城市的集聚,规模经济也迫使企业向大城市靠拢,从而提高其效率的竞争力。此外,经济集聚也会令企业具有更强的生产能力,激励企业驻留于大城市,同时也解释了某些城市出现专业化集群的原因。高生产率产生了高工资,高工资进一步

---

① 《马克思恩格斯全集》(第 46 卷)(上),北京:人民出版社,1979 年,第 480 页。

② 辜胜阻、简新华主编:《当代中国人口流动与城镇化》,武汉:武汉大学出版社,1994 年,第 237 页。

吸引了雇工向城市进军。

应该说,历史上不乏能够带来生活便利和经济集聚效应的王朝和城市,西方的古罗马,东方的长安、洛阳和开封,比比皆是。不同的是,只有在新世纪,便利条件和集聚效应才主要是城市化的推动力。最初,只是规模经济与加工制造业的联系使然。大企业更有效率,更易形成产业集群。后来,知识的外溢和便利设施成为城市化背后的主要推手。时至今日,二者成为绝大多数发达国家城市增长的发动机。当然,对于发展中国家特别是中国来说,大规模的加工制造业形成规模经济仍然是城市化的重要引擎。

第二次世界大战(以下简称"二战")以来,新兴的发展中国家的崛起,给世界城市化带来了前所未有的发展契机,一波又一波城市化浪潮席卷世界各地,绘制出了一幅幅波澜壮阔的画卷。总体来说,战后世界城市化的特征明显不同于经典的城市化进程。首先,城市化呈现一种全球范围内的快速变革趋势。据联合国统计,1950 年,30%的世界人口生活在城市里;到了 2000 年,47%的人口生活在城市里;2007 年,世界人口的一半生活在城市里,达到了世界公认的城市化门槛,整个世界进入城市化阶段。①预计到 2030 年,60%的世界人口将完成城市化进程。快速发展的城市化,特别是发展中国家的快速城市化,可谓机遇与挑战并存。由于城市化进程的快速推进,相关的基础设施建设明显无法匹配、住房短缺、恶劣的卫生状况比比皆是,贫民窟、棚户区俯拾皆是,贫困与失业结成了难兄难弟,环境承载能力进一步恶化。此外,城市化对环境变迁也产生了重大影响。联合国报告显示,世界上人口规模最大的 20 个城市消耗了世界上 80%的能源,城市区域排放了世界上 80%的温室气体。②

虽然世界上大部分人口居住在城市,但居住在大型城市群或超大型城市(mega-cities)的人口仍然是少数。2000 年,3.7%的世界人口居住在超大型

---

① Population Division of the Department of Economic and Social Affairs of the United Nations Secretariat. *World Population Prospects: The 2006 Revision* (2007) and *World Urbanization Prospects: The 2007 Revision* (2008). New York: United Nations.

② The International Federation of Surveyors. Rapid Urbanization and Mega Cities: The Need for Spatial Information Management. *Research Study by FIG Commission 3*. The International Federation of Surveyors (FIG), Kalvebod Brygge 31-33, DK-1780 Copenhagen V. Denmark, 2010.

城市①,到 2015 年,则有4.7%的世界人口居住在超大型城市。这就出现了一个有趣的现象,大城市的增长成为世界城市化的另外一个突出特征。1950年,世界上只有两个超大型城市;2000 年,这一数字达到了 16 个;到 2030 年,预计这一数字将达到 27 个,其中 18 个超大型城市属于亚洲国家。②从城市发展的规划和空间格局来看,大抵经历了城市化到大都市区化,再到城市群化的发展阶段。

快速的城市化和大城市的集聚发展,引发了一系列城市问题,引起了全世界范围的世界组织的持续关注。1976 年,第一届世界人居会议在加拿大温哥华召开。1996 年, 第二届世界人居会议在土耳其伊斯坦布尔举行。2002年,世界可持续发展峰会在南非约翰内斯堡举行。该次会议再次确认了全面执行 21 世纪日程的承诺,再次强调了可持续发展的观念。

世界银行 2009 年发布了题为"重塑经济地理"的主题报告,针对非均衡增长,倡导包容式发展。面对非均衡增长,包容式发展要着力在提供公共服务、建立健全土地市场方面下功夫。对处于城镇化中间阶段的国家,世界银行建议,应该优先提供基本公共服务,改进土地市场,加强基础设施投资;发达城市地区集中发展运转良好的土地市场、社区民主管理、推动智能化交通基础设施建设,整合低收入居民的社会政策。

"为什么这个世界上最为富有的人口往往会与最为贫困的人口比邻而居?曾经盛极一时的城市是如何衰落的? 为什么有些情境会反复地出现?……为什么如此之多的精英人士会制定如此之多的非常愚蠢的城市政策?"③城市以及城市化的问题层出不穷使城市管理任重道远,传统的城市管理之道面临着挑战。

为此,城市成为展开政治活动的公共空间,选民们选举城市政府的代表

---

① 城区人口超过 1000 万的城市被称为超大型城市。

② 2014 年 11 月 20 日,国务院发布了关于调整城市规模划分标准的通知,根据通知,我国目前将城市类别明确为五类七档,城区常住人口 50 万以下的城市为小城市,其中 20 万以上 50 万以下的城市为Ⅰ型小城市,20 万以下的城市为Ⅱ型小城市;城区常住人口 50 万以上 100 万以下的城市为中等城市;城区常住人口 100 万以上 500 万以下的城市为大城市,其中 300 万以上 500 万以下的城市为Ⅰ型大城市,100 万以上 300 万以下的城市为Ⅱ型大城市; 城区常住人口 500 万以上 1000 万以下的城市为特大城市;城区常住人口 1000 万以上的城市为超大型城市。

③ [美]爱德华·格莱泽:《城市的胜利》,刘润泉译,上海:上海社会科学院出版社,2012 年,第 3 页。

和市政领导人，城市的居民们通过选举等方式对领导人征税以及兑现竞选诺言进行问责。城市（city）和建制市（municipality）是一国推行民主政治的地方基石。

进入 20 世纪 80 年代以来，随着城市化、全球化、地方化进程的加速，结构性变迁和技术创新的浪潮此起彼伏，世界变得越来越相互依赖了，全球化的进程渗透到世界的各个角落。与此同时，大城市迅速崛起也暴露出了城市管理的弊端和城市结构的落伍，无法应对诸如增长、移民、反恐、贫困等日益复杂的风险社会和棘手问题，为创新管理体制提供了机会和挑战。为此，多元一体的研究为创新城市管理体制改革提供了崭新的视角和思路，"治理""新公共管理""合同外包""多层次、多行为体治理"逐渐流行起来。新型的城市发展模式也逐渐开始吸纳治理的理念，推行城市治理的实践和制度。

第二节　城市治理的概念缘起与构成范畴

一、城市治理的概念缘起

从功能上来说，城市治理理论是为了解释和证明两组现象——城市和治理，二者的融合形成了城市治理的经验现象和理论命题。城市研究考察的对象是城市是如何起源、发展、演变和运转的，这需要历史学、经济学、社会学、地理学等学科的综合视角介入；而治理考察的则是，针对与城市相关的议题，多元主体是如何通过政治过程进行决策的。显然，城市治理以及由此产生的城市治理理论须臾离不开城市这一特定场域或空间，城市治理也可以自此视为空间治理。进一步说，城市治理及其理论正是围绕城市自身的历史进程和经验演化作出的理论回应。城市的产生，城市化的不同发展进程，大都市区和城市群的递进演化，这一波又一波的历史现象不断推动了城市的研究议程。另一方面，面对纷繁复杂的城市发展现象和复杂系统，城市治理活动和理论反思则始终显得那么滞后，答案始终难以令人满意。

举例来说，城市作为复杂系统，首先面临的是规模的问题，什么是城市的最有规模是自城市产生以来最常被讨论和反思的首位问题。居住在诸如北京、上海这样的大城市，可以享受到便利的公共服务和更多的工作机会，而交通拥堵、空气污染等"大城市病"则距离人们渴望的"宜居"二字相距甚远;相反,小城市似乎更能够满足人们对空气清新、美丽宜居的城市预期。得与失、利与弊的权衡实难作出。不过,复杂问题的治理也有其一定之规(regularity),仍以城市规模为例,"位序—规模法则"(rank-size rule)就是从城市的规模和城市规模位序的关系角度提出的理论分析法则。

此外,管理的多元主体性也是城市治理不同于传统城市管理的重要标志之一。传统的城市管理主体仅仅是城市政府,而城市治理的主体则包括了城市政府、城市市民、营利组织、非营利组织,甚至国际组织和跨国公司等所有城市利益相关者。

二、城市治理的构成范畴

城市治理是一个多学科的研究领域,关系到如何理解城市以及如何治理两个方面的认知,分别呈现了城市现象的物质性和非物质性。物质性是通过视觉可以辨识的实体存在,表征为各类城市形态。从传统意义上来说,物质性包括而又不仅仅限于城市发展,土地开发、规划和利用,不动产投资,基础设施建设,生态系统,等等。与之相对,非物质性则指的是各类约束人行为的结构性要素,包括经济结构、社会结构、政治结构和规制结构。通过人与人之间或者借助技术性媒介的作用,物质性要素和非物质性要素实现了信息交换和行为互动,借由这种互动过程,城市被视为一个整体。总之,城市治理关乎城市的物质性和非物质性双重属性,探求和化解城市运转过程中形成的各类议题。

广义上,城市治理可以包括规制、规划、治理和行政四个方面。规制事关权利的分配和维护,明确行为主体可以采取行动的权利,推导权利的演化、起源和界说。规划关乎决策的制定和实施,治理涉及行为的互动和共治,包括政府采取的正式行为与公民通过参与采取的非正式行动。行政则涉及组织系统内部例行性或偶发性的日常决策。

实践上,城市治理就是要按照科学的程序探究和解决四个基本问题:①城市实际上是如何运转的?②城市应该如何运转?③城市实际上是如何作出规划和决策的?④城市应该怎样作出规划和决策?这四个问题归根结底是要回答在城市这一复杂系统中是如何作出理性的选择的。由此,与城市治理最为相关的两个学科就是城市规划和公共行政。前者面对的是城市的物质性，后者应对的是城市的非物质性。

城市运转于复杂系统之中，各类行为者在这一物质与非物质的环境中相互交往和演化。迄今为止尚无完美的理论可以解释所有城市行为，比较有影响的是从财产权的角度切入复杂性理论的。本质上来说，城市的物质形态某种程度上反映了财产权的空间分布，历史习俗上称北京城"东富、西贵、北贫、南贱"，讲的就是这个道理。正是针对城市这一复杂系统中存在的相互依赖性、不可分割性、不可逆性和不完美性，复杂性理论考察了城市发展的非均衡性成长轨迹，这也是城市治理不得不察的先决条件和理论前提。传统上这是城市经济学家的学科领地，不过，传统城市经济学理论的均衡性分析是远远无法把握和勾勒城市成长的非均衡性的，城市的兴衰枯荣往往令人眼花缭乱。复杂性理论所要应对的是一个看似混沌的系统却呈现一种先定的确定性和规则性。比如上面提到的位序—规模法则。

在城市治理的范畴中，城市规划怕是历史发展最为悠久的学科领域了。现代意义上的城市规划学在规划教育和研究方面都是城市学这门超学科的"大哥大"学科。城市规划一直将城市的物质设计作为学科的核心主题，规划的目的是为了影响甚至指导城市的发展。城市系统的复杂性决定了作规划要比不作规划更有利于追求确定性和规则性。与聚焦行动和权利的治理、规制不同，规划仅仅提供信息。一旦公布于众，规划就要表明规划者意欲何时、何地、采取何种行动。规划可以是正式的文件，也可以是驻于规划者头脑中的非正式理念。在城市治理过程中，城市规划的主体是多元的，包括政府官员、开发商、规划机构、社会团体、规划专家和个体市民。城市规划本应该是具有公共性的公共物品，而在实际操作过程中，由于城市规划的保密性，规划就可能是有利于特定治理主体，如地方政府或开发商，因此保持城市规划的公开性、透明性和问责性，才是保证城市规划公共性的前提。在现代经营城市的理念下，城市规划对于城市管理者如何科学高效地治理城市来说尤为重要。

城市治理作为一种集体选择机制，事关集体物品的供给和公共池塘资源的配置。一方面，集体物品的供给要求获得参与各方的承诺，囚徒困境很好地说明了这一点。另一方面，公共池塘资源的配置要求形成一种适当的机制，资源可以借此有效地配置给利益相关者。传统上有三种资源的配置模式:政府、契约和市场。公共池塘资源可以通过地方政府来配置,因为地方政府需要这类资源,并将资源配置给能够有效利用资源的行为者。当然,这种配置模式会产生管理公共池塘资源的行政成本,因此公共选择学派认为公共池塘资源应该通过市场来配置,但这种模式也会产生较高的交易成本。此外,公共池塘资源还可以通过由所有利益相关者集体设计的契约方式来配置。这种模式的吸引力在于兼有政府与市场两种模式的优点。

城市治理还关乎社会选择的相关范畴和议题。著名的"阿罗不可能定理"认为,任何一种社会选择机制都会违反民主原则,但在某种制度设计下,比如两党制的代议制政府,立法者的间接投票产生的社会选择后果就可以与选民直接投票的结果取得一致。城市管理者必须要了解多种途径作出决策,采取行动,提供集体物品和配置公共池塘资源,承认我们生活在一个不完美的世界里,没有任何一个社会选择机制能够完全符合民主的原则。

城市规制通过确权的方式限定了城市行为者的选择藩篱。规制体现为具体的规章制度,一方面可以将个人行动的自由限定在提高集体效益的目标上。如果规制产生的集体收益足以抵消个人自由选择的损失,人们就会有约束自己行为的动机了。另一方面,规制还会降低市场的交易成本。比如,城市分区(zoning)就是针对特定地块确定土地使用权的一种土地使用规制,这种规制可以降低土地市场上信息搜集的交易成本,有利于指导开发商深思熟虑地开发利用某一地块。

规制是可以实施的正式制度,因此规制也就具有了物质性的特征,成为城市的制度组成部分。与诸如文化规范、风俗习惯等非正式制度相比,规制与城市是一种共生性演化的动态关系,内在地镶嵌于城市发展之中,随着城市的成长而不断变革。

规制不同于规划之处在于规制是可以实施的,是可以直接影响行动者的行为的,而规划则是通过提供信息间接地改变行动者的行为。因此,在某种意义上讲,规制是不可逆的,而规划则不然。不过,无论是规制还是规划,都要具有相互依赖性、不可分割性、不完美的预测性。有效的规制可以产生有利的结果,但由于不完美的预测性,规制行动也可能产生不确定性的后果。因此,规制体系的设计技术就要求能够预测规制行为。

城市管理者必须能够纯熟地把握规制、规划和治理的互动关系,三者通常发生在组织环境之中。传统观点认为,组织可以自发实现自身的优化,行政行为也是自生自发秩序的结果。而事实上,地方政府是无法提供最优的服务的,在公共选择学派来看,公共官员们追求的不是公共利益,而毋宁说是自己的私人利益或个人利益。在城市治理的背景下,城市管理者不过是充当了代表其选民利益的代理人而已。这种委托—代理关系在城市治理中制造的困局不啻于选民代表在代议制政府下的行为选择。为了降低城市治理的不确定性,行政组织需要配合规划和规制作出正确的决策。

三、城市治理理论研究的多学科分析框架

从城市治理的研究文献可以发现,政治学、社会学和经济学的学科视角和理论范式基本主导了城市治理的理论研究和实践取向。此外,与纯粹的理论研究不同,城市治理融合了价值和技术两个主要组成部分,二者具有一种相互嵌套和共生演化的关系,共同作用于城市治理过程的始终。而实际的理论研究在人文和理工学科发展与教学规划取向上分歧甚大。比如,公共交通网络、电力网络、污水处理、建筑设计与建设、智慧城市等城市政策,都属于治理的技术范畴。工业社会特别是后工业社会,城市化的发展必须依赖于诸如供水、卫生、能源、交通等基础设施领域社会技术创新才是可能的。

自从治理的概念引入政治学、经济学和社会学等学科以来,由于治理概念本身的讨论就始终存在着争议和分歧。对于城市治理来说,情况可能更为糟糕,没有任何一个前后融贯的研究方法和路径可以说清楚究竟什么是城市治理。城市治理涉及大都市区的组织架构,关系到城市基础设施的所有权和实际运转情况,涉及城市的经济增长以及增长的动力和社会联盟,更关系到与传统政府角色相生相克的社会组织的崛起与角色,等等。

显然,无论争论如何纷杂,治理必然涉及行为主体之间的相互关系,从公共经济学的角度出发,这种相互关系是一种通过相互冲突和博弈而实现的互惠性收益。

从政治学、行政学以及公共管理学的视角来看,旧区域主义、公共选择的多中心理论、城市政制理论等,市政委员会以及市政委员会结构,只有较少的例子是从政治学角度研究城市治理的。从传统意义上来说,政治学和公共管理学是两个主要的研究治理的学科,在传统的城市治理研究中,通常经济行为主体(主要是企业和市场力量)和政治行为主体(选举产生的官员)以

及市民(公民社会)是利益考虑的焦点。

按照政治学的分析视角，城市治理的主要问题之一就是权力和权威如何在行为主体之间进行配置，按照这一配置方式，行为主体之间的互动后果以及最终系统实际又是如何运转的。这就产生了两种合法性的问题，即程序合法性和绩效合法性，治理系统的代表性属于程序合法性，治理系统的运转效果属于绩效合法性。绩效合法性事关效率，系统的决策和执行如何通过有效率的方式回应社会的需求。但仅仅如此还不够，代表性则关系到系统是否真的代表了社情民意，系统的统治方式是否是民主的，民众是否可以通过民主方式进行问责。

按照经济学的分析视角，以奥地利学派为代表的新古典经济学(包括哈耶克、弗里德曼等人)、新旧制度经济学(包括威廉姆斯、科斯、诺斯等人)是对治理产生直接影响作用的经济学理论。

从经济学的研究路径入手，城市治理理论通常会聚焦于如何通过城市基础设施的开发和利用有效地提供城市公共服务。经济自由化、解除规制与重新规制、基础设施和营利性部门民营化、与城市经济增长相关的政策研究，都属于与城市治理相关的经济学研究的例子。

在城市背景下，利益相关者的参与式治理、社会组织的广泛参与、社会包容以及公民赋权，都属于从社会学视角下研究城市治理的案例。不过，对城市社会现象和社会问题的分析，大抵有两个研究路径可以遵循。第一个研究路径，通过政治经济的办法解决城市生活中的社会问题。比如基础设施民营化的后果对社会是包容还是社会排斥，就是其中的关键问题之一。第二个研究路径，运用社会学的分析工具和分析方法提出更好的城市治理之道。这类研究的例子常常使用信任、社会资本、网络分析、参与治理进行治理结构的设计或分析，但并不总是直接解决城市议题，而是适用于城市议题的解决之道。

第三节 城市治理理论的相关议题与模式演变

政治科学中的新制度主义是对传统政治学制度研究的继承以及对"行为主义革命"的反思而形成的一种政治学研究范式。1984 年，詹姆斯·马奇和约翰·奥尔森在《美国政治科学评论》上发表了《新制度主义政治生活中的组织因素》一文,揭开了新制度主义政治学的研究序幕。自20世纪90年代以来,受到诺贝尔经济学奖获得者诺斯制度主义理论的影响,制度分析逐渐成为政治学领域研究的主流理论范式。同样,作为政治学的二级学科,城市政治理论也受到了制度分析的影响,成为理解治理和政治现象至关重要的因素。

城市治理是城市政治理论的重要研究领域之一,简单说,城市治理就是在地方政治体系层面对集体目标的形塑和追求。较之国家层面的治理而言,城市治理深深嵌入制度、经济和政治约束之中,这些约束造成了统治过程中复杂的权变性。管理这些复杂的权变性也就成为地方或城市政治领导力的主要挑战。

治理模式认为现代社会是由自组织网络管理的,无须正式的政治机构和代议制政府。而实际的发展实践似乎并未支持这一理论,正式的政治权威即政府仍然控制着大量的财政资源,掌握着重大的政治权力,毋宁说,从政府到治理的“转变”无非是重新界定政府在治理过程中的角色而已。这一点在欧洲尤其不同于美国的自由主义模式。实际上,从国家与社会关系,政府与市场关系来看,欧洲的大多数国家沿袭的是各种类型的统合主义(Corporatism)传统,国家处于与有组织的社会利益持续对话之中。这就意味着,将包括非政府组织、私人部门等社会行为者整合到公共服务的供给过程并不是什么新鲜事。不仅如此,如果治理意味着“无政府的治理”,则可能成为政府推卸责任的借口,正如格罗斯(Simone Gross)和汉勃里顿(Hambleton)指出的“缺乏强有力的政府的治理可能会导致城市的崩溃”①。

在英国,政府治理主要表现为发展公私伙伴制,以推动“社区策略”为名吸纳非政府组织、公民社会以及其他社会行为者进行治理和公共服务过程。相比之下,美国的治理面临的问题主要是为了应对行政区划碎片化的大都市区治理问题,因此虽然各种形式的伙伴关系的建立和发展也是美国城市治理的历史的一部分,但府际之间的协调关系才是真正的重心所在。在澳大利亚和新西兰等英联邦国家,以“新公共管理运动”推动的以政府改革为名的治理改革高扬私人企业和地方政府之间的密切合作。当然,公共行政的新公共管理模式不能混同于治理,虽然二者之间在公私部门关系的描绘和界

---

① Hambleton,Robin,and Jill Simone Gross. *Governing Cities in A Global Era:Urban Innovation, Competition,and Democratic Reform*. Palgrave Macmillan,2007,p.9.

定上存在着近似之处。

政府(统治,Government)与治理之间的一项重要差别就是后者的视角更关注过程,而前者则围绕结构与组织展开,因此治理的制度面向更容易淹没于网络、伙伴制和合作经营的形式之中。

"City Governance"或"Urban Governance"被译为"城市治理"或"城市管治",其中称"城市治理"者居多。我国的城市治理从理论到实践均起步较晚,以下数字比较就很说明问题。通过谷歌搜索网站搜索出的结果,英文的有关城市治理的理论、实践案例近五十万条,而中文的只有三百多条。我国目前的城市治理同整个城市管理一样,是分部门、分层次进行的。这种常规形式日益受到挑战,因而提出了城市综合治理的要求。我国目前亟待建立一个符合国情的城市综合治理的理论体系,这将对我国城市的高质量永续发展具有深刻的现实意义。

自 20 世纪 90 年代以来,"治理"一词勃兴,用以揭示公共行政领域科层制向网络关系的范式转换。本书从以下五类文献中归纳出城市治理的变量关系:第一类是联合国人类居住区规划署(United Nations Human Settlements Program,简称"人居署")提出的"城市善治指标"(Good Urban Governance Index);第二类针对联合国编年史(UN Chronicle)所提出的观点;第三类是根据瑞典的"国际民主与选举协助研究所"(International IDEA),针对地方民主的核心概念提出的四个议题;第四类是根据利奇(William D. Leach)于 2006 年在《协作性公共管理和民主》(Collaborative Public Management and Democracy:Evidence from Western Watershed Partnerships)一文所提出的七个规范架构;第五类是经济合作与发展组织(Organization for Economic Cooperation and Development,OECD)界定的城市治理的原则。

以下是针对上述文献资料归纳出的六项城市治理研究议题。

第一,城市治理的基本制度建设和背景设置。首先,任何城市治理都必须首先建立基本的制度规范和规则体系。其次,要探究一个地方的城市治理的背景设置,即城市发展的历史文化、制度沿革与风土人情、风俗习惯,上述特性构成了城市发展的前提条件。此外,当城市发展到一定阶段,还需要国家作为整体规划者的角色进行"顶层设计",一方面积极鼓励城市治理,另一方面大力推动边疆地方的城市化进程,落实国家可持续发展的目标。为此,城市治理的发展需要有相应的配套制度和政策措施,以及具有清楚且可预期的游戏规则可以遵循。

第二，营造公民参与的民主治理环境。城市治理的"治理性"就体现在将包括城市范围内所有层级政府、公民个人、志愿性组织、社会组织在内的利益相关者共同参与，特别强调公民赋权。公民赋权可以通过赋予公民的参与权利，提升公民社会的决策能力，进而逐渐改变城市权力的形态。由于国家与地方治理机制不尽完善，加之地方政策的复杂性，这就决定了地方政策从制定到执行都需要充分考虑地方性，必须与当地民众密切联系，让民众参与地方共同决策，这一方面赋予了政策执行的正当性，另一方面也间接提升了公共政策的效能。

第三，建立城市治理过程中的问责机制。政府应该接受问责机构的监督，特别是受人民委托进行公共服务的地方政府尤其如此。公民问责是行政问责的一部分，是行政问责的深化。公民问责，是指由公民个人依法启动国家的制度资源，对行政机关及其行政人员的行政活动进行质询和审查的权力监督活动。公民问责遵循以"私权"限制"公权"的逻辑，以实现对公民权利和公共利益的保障和救济。这种责任不仅仅是处理公共事务或受争议事件，政策预算、财务政策、预算编制等都应包含在内。除了要有透明化的正式公开机制，还必须具有响应性强的公私互动机制。

第四，城市治理过程中的协商审议机制。协商民主要求透明的政府施政过程，可促使公民管理自身并对公共事务进行审议协商，协商的过程允许参与者共同集思广益，共同去批判审视相互的主张，谋求共同的利益，建立一个知识信息与社会资本的分享机制。这就要求通过政府的赋权行为，使公民在自我管理的基础上对公共事务进行协商审议，允许参与者共同集思广益去审视相互的主张，谋求共同的利益及建制一个共同的社区。

第五，吸纳城市治理过程中的利益相关人。从城市整体而言，利益相关者包括城市政府、中央政府、市民、其他地方政府、流动人口等。从城市某项事业而言，利益相关者只包括与此有关系的人或机构。利益相关的人会比不相关的人更关心城市发展。

第六，可持续发展的善治理念是城市治理的目标。城市可持续发展可视为城市中政治、社会、经济、物质环境等网络互动协力与共同演化的过程，在这一过程中，一方面要确保居民福祉的提高，另一方面不会危害到都市的内外环境，并有助于减少城市的生态环境破坏。实现城市可持续发展的基本着眼点,就是在兼顾当前发展和长远发展的基础上,妥善平衡和处理好城市发展过程中"人与人""人与社会""人与自然"的关系。

从理论发展趋势来看,城市治理的研究取向大致呈现三种趋势。

第一种趋势即传统的城市权力结构发展时期,城市权力传递轨迹中所运用的理论模式包括前文论述的多元主义与精英主义之争,城市机器政治论、支持增长联盟论、城市政制理论以及城市治理机制理论等。

第二种趋势主要发生在近年来城市研究的趋势,可以称之为城市管理的不同研究路径,特别是针对碎片化的大都市治理问题。主要包含传统改革理论、公共选择理论、新区域主义理论,当然也包含了许多如制度主义理论、路径依赖理论、多中心理论、新城市治理理论等。

第三种趋势是与政治学发展同步形成的第三种城市治理的研究路径,即将政治科学与城市政治合二为一,讨论二者在时代脉络下问题领域与理论架构的发展,按照政治/政治科学、城市政治/城市研究、公共政策/公共行政、国家与地方政治/联邦主义,将理论架构分为达尔提出的多元主义[1]、蒂伯特提出的公共选择理论[2]、奥斯特罗姆夫妇主张的多中心治理和集体行动[3]、以及斯通提出的著名的城市政制分析[4]。通过上述讨论,可发现城市治理理论的发展演变及其未来趋势。

一如城市发展的走向,城市治理理论的演变本身也是一种动态之过程。首先,就研究方法来说,城市治理总体上偏向定性研究,一般以个案研究或模型构建为主。其次,从研究取向来说,由早期的政治为主和经济为主的主题,逐渐转换为多取向结合,甚至转移向城市文化等角度综合发展。再次,研究议题更加丰富多元,广泛涉及基础环境建制、公民参与、社会包容、问责机制、协商行为、利益相关者、可持续发展善治等议题。此外,从理论发展来看,

---

① 参见[美]罗伯特·达尔:《谁统治:一个美国城市的民主和权力》,范春辉、张宇译,江苏:江苏人民出版社,2010年。

② See Tiebout, Charles M.. A Pure of Local Expenditures. *The Journal of Political Economy*, 1956, 64 (5).

③ 参见[美]文森特·奥斯特罗姆、罗伯特·比什、埃莉诺·奥斯特罗姆:《美国地方政府》,井敏、陈幽泓译,北京:北京大学出版社,2004。

④ See Stone, Clarence. *Regime Politics Governing Atlanta*, 1946–1988. Kansas: The University Press of Kansas, 1989.

城市治理呈现多样性和多元分化的特征，从早期之多元主义与精英主义逐渐发展为城市机器政治论、支持增长联盟论与城市政制理论，其后又拓展至新区域主义、新制度理论、多中心理论等范畴。

城市治理模式基于对不同国家背景下不同城市治理经验的归纳总结，基于治理理论和制度主义的分析框架和研究视角作出的分析如下：第一，治理模式的类型学分析是一种分析性的、理想型的探讨，实际上，城市治理可能综合了各种模式的若干特征。第二，类型学分析总体上是基于国内的比较，而较少涉及跨国的个案比较分析。类型学的分析主要是为了揭示塑造城市治理的各项城市政策中存在的价值和规范的差别。第三，目前的类型学分析主要是基于发达国家的经验作出的，而关于发展中国家的相关研究文献仍显不足。

（1）管理型模式（Managerial Governance）

管理型城市是由那些不经过选举产生（一般由立法机构委派）的官员特别是资深的行政管理人员和经理人进行管理的城市，美国的议会—经理人市政制就是这一模式典型。管理型模式强调解除管制和权力下放，释放对城市管理和公共服务的政治控制。公共服务一般采用合同外包或民营化的形式。因此，"顾客导向"而非政治决策成了公共服务的基本导向。管理者被赋予了大量自由裁量权和自主性，而经由选举产生的官员则负责长期的发展规划和礼仪性的日常事务。不过，管理主义对管理者的过分强调也暴露出一定问题，对选举官员的弱化就会产生代议制民主问题、问责机制和政治透明性等诸多问题。

管理型城市的理念来自于新公共管理理论，特别是奥斯本和盖布勒出版了《改革政府——企业精神如何改革公营部门》①，该书被认为是 NPM 理论的经典之作。1991 年 9 月 20 日，七十多位美国学者在雪城大学召开公共管理研究会议，确定了（NPM=新公共管理理论）研究的重点问题。一般认为，这次会议标志着 NPM 作为一门学科的理论架构基本形成。与传统的以威尔逊、古德诺的政治与行政二分法理论和以韦伯的"科层制"理论为基础的官僚制行政管理理论不同，NPM 以现代经济学和企业管理有关理论与方法为

① ［美］奥斯本、盖布勒：《改革政府——企业精神如何改革公营部门》，周敦仁等译，上海：上海译文出版社，1996 年。

理论基础,致力于适应社会经济发展的新趋势,提高公共管理水平和公共服务质量。综合来看,NPM 模式具有以下内涵和特征。①管理的职能是"掌舵"而不是"划桨",应当把管理与具体操作适当分开,增强组织的战略决策能力,使组织能够灵敏地应对内外部环境的变化。②管理和服务应坚持"顾客驱动"和"市场导向",强调公共产品与服务的供应质量与效率;同时,引入竞争机制,并借鉴企业管理的成功经验和先进手段与方法,如人力资源管理、成本效益分析、"平衡计分卡"管理等。③推崇赋权、分权管理模式,在价值取向上关注权威与责任的对应,重视激励,鼓励参与,强调政治与行政的结合,强化责任感和使命感。④放松严格的行政规则,实施明确的绩效管理,追求"3E"(economy 经济、efficiency 效率、effectiveness 效果)目标。

由上所述,新公共管理在城市治理方面的最高目标是要在城市服务生产者和消费者之间建立公共选择类型的准市场交换的关系。在此,消费者的选择而非经由选举产生的官员之间的政治偏好决定了将要提供何种服务。在管理型城市中,经过选举产生的政客和通过文官考试产生的职业官僚之间有着相对明确的分工。一般来说,政客们主要负责与选民进行沟通,确定城市政治经济发展的中长期目标,而职业官僚则基于法定的自由裁量权负责具体规划的执行和政策运作,从而实现政府的高效协调运转。对城市经理人的认识一方面强调职业化和"好政府",另一方面又强调管理自主,增强专业管理的能力,减少政治干预。管理型模式的主要目标是建立为城市公民提供服务的组织体系。

除了提供高效的城市服务之外,城市经理人同样要解决政治冲突,推动民主实践活动。为了实现有效而廉洁的政府目标,城市经理人就需要获得更多自主和控制。在新公共管理的劳动分工模式上,城市的政治领导不必处理琐细的例行性决策,而是集中制定和规划广泛而长期的公共政策。为了解决效率和问责的问题,一方面城市经理人要保持自主性,另一方面又要获得政治赋权,定期向市长汇报。在大城市,城市的政治领导都是全职雇员,过度管理自主的风险就可以避免了。不过,在小城市,城市的政治领导在城市办公室花费的时间要比在政治领导方面花费的时间长,就可能会陷入政治控制和问责的困境。

为了实现公共管理的目标,管理型城市治理不仅仅要调整现有的公共服务体系,而且要改变体系的基本结构和习惯做法。而这一深刻转变离开制度体系的价值规范的变迁是不可能的。因此,管理型城市治理首先要在理念和价值层面批判传统的城市政治话语体系。在国家层面,新公共管理首先抨击传统的公共服务供给模式。公共部门被描绘成低效、臃肿、缺乏回应性,公务员则被描绘成特权阶层,公民则常常被描绘成消极的纳税群体。在地方特别是城市层面也存在着对公共部门的类似批评。通常来说,公民和公共部门之间的交换关系大多发生在地方特别是城市层面,因此,地方政府的公共服务往往成为众矢之的。

管理型城市治理的重要举措体现为三个方面:

其一,逐渐实现权力从选举产生官员向职业经理人转变。比较而言,美国的管理型城市要比欧洲发展得更为普遍,城市经理人和高级选举官员之间逐渐发展为伙伴制而非等级制。特别是美国的经理人—市长模式在城市发展过程中发挥了主导作用。目前,美国历史上的市政制演变经历了市长暨议会制(又可分为"强"市长制和"弱"市长制)、议会经理制和委员会制三种类型,目前主要是城市经理制为主导。欧洲国家虽然在国家背景方面不同于美国,但城市的最高行政管理者一般都与政务官保持密切联系,同时又保持广泛的自主性。

其二,提高民营部门和社会组织提供服务的水平和质量。提高城市行政领导的自主性反过来也是与民营部门和社会组织建立更为密切关系的一项前提条件。管理型城市治理模式预设了民营部门和社会组织较之公共部门更能够提供廉价高效的服务,因此最大限度地引入竞争机制就显得尤为必要了,其中"合同外包"就是一例,政府主要是"掌舵"而非"划桨"。

其三,管理型城市治理需要建立内部市场机制。行政部门内部需要相互买卖服务,取代免费服务机制,即可控竞争管理技术。通过这种方式,成本转移到了购买者手中,资源配置更具有可见性和精确性,问责也更为清晰化。医疗保健部门率先试水建立内部市场机制。不过,传统模式如果因可能产生过度需求而为人所诟病,那么内部市场机制则容易导致过度供给的问题。

显然,管理型治理有很多优点,可以根据顾客导向提供公共服务,削减公共开支,降低税收,令政务官和事务官各司其职、各得其所,降低了无谓的政治争议。因此,强调小政府和市场理念优先的新公共管理不仅可以提高城市政府的效率,而且可以降低城市财政预算。在此意义上,受到过良好专业训练且曾有过私人部门管理经验背景的职业城市经理人驾驭城市如同管理公司一般,也成为管理型治理所期望达到的理想状态。当然,如果将管理型治理的逻辑推向极端,当经济计算优先于政治选择之时,就会与城市政府管理的民主性和政治性相冲突。

总之,管理型治理标志着公共部门合法性根源的变迁,在传统的等级性治理模式上,合法性主要来自于引导公共行政行为的核心价值,如程序正义、公正性、透明性、课责性等。而管理型治理并不排斥上述核心价值,但却对传统的标准化服务方式提出了质疑,时下的民众似乎是选择性的顾客,更喜欢量体裁衣、享受高质量低成本的特殊化服务。

(2)统合主义型模式(Corporatist Governance)

一般认为,西方社会的民主治理是以拥有着非政府组织和志愿性社团组成的强大公民社会主导的,公民社会为公民提供了集体参与的机会,不仅涉及政治议题,还涉及诸如环境保护和人权方面的诸多社会问题。在城市治理方面,公民社会发挥了重要的作用,其中统合主义模式界定了公民社会组织持续参与城市政治和公共服务供给的本质特征。

在西方国家,一般小型的且工业化发达的民主国家多采用统合主义的城市治理模式。统合主义模式与独特的国家主义传统文化有关,因此也就具有特定的历史脉络性。事实上,西欧曾经流行的高税收、高支出的福利国家是这种模式的典型,战后激烈的公民社会运动迫使国家实施广泛的分配和再分配政策。虽然统合主义模式在分配和再分配的规划方面存在着不均衡性,但对于城市民主治理而言,仍然有着自身特有的优点和积极的价值,那就是将利益以组织化的形式持续整合到政策过程之中。

这一过程又引发了两个理论的出现,其一是"利益相关人"理论(stakeholderism)。利益相关人的理论强调,在某一特定公共服务过程中的利益相关人应该采取诸如投票等制度化的手段来影响相关服务。其二是由保罗·赫斯特(Paul Hirst)提出的"社团型民主"(associative democracy)理论。赫斯特认为"社团型民主"是全球化和国家"空心化"时代对传统民主治理模式的替代,较之传统代议制模式,"社团型民主"更强调大众通过社团实现有效政治参与。

在诸多组织中,专业组织、邻里组织以及地方商业组织都各自追求自身的组织利益,选举官员则追求更为广泛的集体利益。为此,统合组织就成为城市与公民社会内各类重要行为者之间的中介结构,即所谓的"中介组织"。统合主义治理模式将城市视为城市政治过程中统合各类社会团体和组织利益的政治和民主体系。参与民主的理念是这种城市治理模式的灵魂，同样，政策协商也成为这些利益讨价还价的过程。地方行政当局在这一过程中的核心作用就是作为可以调和冲突、建立共识、协调行动的机构和过程。评判的标准就是城市及其治理在何种程度上反映了参与性地方民主的理念。

不过，将公民社会和各类社团组织统合到公共政策过程以及公共服务过程之中就能够提高城市政府解决社会问题的行动能力，实现国家与社会关系的互相赋权。当然，统合主义模式也存在一个弊端和代价，那就是各类组织的力量不等，因此在反映和实现各自利益方面可能会存在着差别和不公。

统合主义治理侧重城市政治的分配方面。以欧洲国家为例，有些组织提出的政治议程与社会福利相关，反对削减社会福利规划。另有一些组织则呼吁保护诸如残疾人等弱势群体的人权，确保城市服务和设施满足这类成员的特殊需要。环境保护组织则力促扩大公交系统和循环经济。这种分配性既具有传统性，也符合时代精神。从传统意义上来说，将公民社会统合到城市政治过程扩大了开放性，增强了对政治系统的支持性和合法性，有利于民众对于城市政策的宽容和尊重。此外，将公民社会和非政府组织纳入到公共服务供给的过程中也可以为城市节约财政资源。按照新公共管理的理念，城市的主要功能并不是本身提供所有服务，而是协调各种社会部门的活动。

总体上，统合主义城市治理模式深深地植根于政治文化之中，无论在政制层次上还是在个体层次上都强调集体行动。当然，由于城市政治并不能反映所有公民的利益，因此个体组织和体制之间仍然会存在某种程度的紧张和冲突。

统合主义城市治理模式在不同国家和文化背景下有着不同的呈现方式。在国家层面有着长期统合主义传统的欧洲小国在地方层面易于将利益以组织化的形式融入公共政策过程之中。相反，那些秉持"新自由主义"治理哲学的英美国家则认为，将公民社会纳入到公共服务之中是一种新奇的事情。统合主义城市治理的不同历史发展轨迹揭示了城市领导人对这种治理模式的不同看法。从价值层面来看，统合主义治理模式的吸引力在于，政治关乎集体行动，因此人们根据共同的信念形成团体和组织，进而实现自身的利益乃是合乎逻辑而顺理成章的事情。而当这些组织与选举官员和政党的制度性作用发生冲突时，与这一治理模式相关联的问题也就显而易见了。民主理论认为，选举官员应该为整个国家而非其所代表的选民或特殊利益集团服务。为此,政治领导人就要不时地为其立场辩护,并维护有组织的利益。

（3）支持增长型模式（Pro-Growth Governance）

发展型模式驱动下的"支持增长型"治理模式受到了美国地方发展策略及其对城市政策选择的影响。所谓"支持增长型城市"（Pro-Growth Cities），顾名思义,就是那些将经济增长作为绝对优先目标的地方政府,似乎反对意见不大。但与此同时,这种模式可能会导致民主的悖论。这是由于支持增长型模式往往有利于政治精英与商业区精英之间的联盟,从而可能降低民主所要求的透明性和问责性。换言之,"支持增长型"治理模式将繁荣带给了城市与市民,但增长是有代价的。

关于政商联盟与支持增长治理模式的论述,斯通结合佐治亚州的亚特兰大为案例做出了经典分析,提出了"城市政制"的分析框架,揭示了商业精英是如何与政治领导之间建立增长联盟即"城市政制",从而推动城市经济发展的。商业区的企业精英拥有必要的财政资源和组织能力,而政治领导人则负责处理法律和行政事务。

经济增长对于所有人来说都是无可置疑的政策目标,对于经济衰落的城市来说,城市重建只有通过强化经济增长目标才能实现。有利于地方经济增长的城市治理始终是城市政治研究的主题之一。城市治理的巅峰发生在20世纪八九十年代美国和英国大规模经济重组的前夜。从相关文献来看,当时的政治经济学文献为政治和经济领域的关系提供了广泛而深刻的理解。20世纪70年代末,查尔斯·林德布洛姆就曾有过"企业（商业）的特权地位"的论述。他的论断是私人资本通过控制经济增长资源而成为主导性的政治行为者。对于城市的经济发展来说,私人企业或商业部门至关重要。20世纪80年代,大匹斯堡地区的许多城镇随着钢铁企业的关闭而凋敝,只留下了麦当劳这家企业。同样,俄亥俄州和印第安纳州的许多城市也经历了类似的危机。欧洲面临工业重组的地方经济也是如此,比如德国的鲁尔地区、英国的内陆地区、斯堪的纳维亚北部地区,许多城市随着产业的衰败而人口锐减。因此,产业振兴和城市发展需要私人企业,城市的政治领导必须将其纳入联盟之中才能产生积极的作用。由于城市依赖于私人企业的定位和投资决定,因此各国公司成功地利用了各城市吸引投资和税收激烈的竞争获得收益。

上述经济变迁对城市治理有何意义呢？这就需要详细阐明政治和经济力量以何种方式调动地方上的政治人物。从依附性来看,市政厅和私人资本之间的关系可能永远无法对称。在20世纪80年代有学者就指出:"商人对城市政治施加直接影响力变得越来越缺乏兴趣了,而政客们却对影响商人们越来越有兴趣了。"①希尔曾描述过分依赖汽车产业的底特律暗淡的前景:底特律的命运与受到一小撮多国公司控制的经济基础紧密相连。公司的稳定性和增长性取决于回应变动的国内国际成本和环境的能力。一度将投资和增长引入底特律的利润逻辑现在却带来了撤资和衰败⋯⋯私人公司积累资本、重新投资。资本是流动的,底特律却不然。

底特律位于美国中西部密歇根州,是美国三大汽车制造商所在地,享有"汽车之城"美誉。20世纪50年代,底特律人口曾达到180万,但2003年人口锐减至70多万。2000年至2010年,底特律人口减少大约25万。由于人口锐减导致税收基础减少,不少企业撤离底特律,底特律市财政状况日益恶化。同时,在远洋运输不再充满风险的今天,底特律的地理优势也已经荡然无存。随着产业布局全球优化,密歇根州的钢铁厂被更加廉价的进口钢材所取代,密歇根州也成为媒体口中的"生锈地带"。新的工业中心在美国南方更靠近沿海港口的地方展开。底特律的汽车厂商在美国汽车市场的份额也不断被日本和欧洲车瓜分。2008年金融危机给了底特律致命一击:三大汽车公司裁员14万人;2009年,克莱斯勒和通用相继宣布破产。可见,希尔描绘的工业城市的困境以及商业的去地方化②(delocalization,跨国公司的出现)持续加剧,特别是20世纪90年代直至20世纪末,经济全球化成为经济发展的新动力,企业特别是跨国公司去地方化的问题日益严重,城市之间争取私人资本投资的竞争更趋激烈。去地方化对于支持增长型城市治理尤为重要,一方面,作为核心社会行为者摆脱了对城市的维系和承诺,也就没有理由参与到城市的治理过程之中;另一方面,如果公司意识到城市及其服务是招收熟练技术工人的重要因素,自然就会积极参与城市的治理。

各类公司选址定位的意愿和能力不同,跨国公司始终会将其总部设在最为有利的地方。但小公司的定位却面临着不同的选择,临近消费者、劳动力市场地方化、公司网络地方化等因素仍然是大多数私人部门行为者地方

---

① Jones, Bryan D., Lynn Bachelor. *The Sustaining Hand: Community Leadership and Corporate Power.* Lawrence: University Press of Kansas, 1986, p.207.

② Logan, John, and Harvey Molotch. *Urban Fortunes: The Political Economy of Place.* Berkeley: University of California Press, 1987.

化的主要原因。这也决定了地方治理对于公司行为者的重要性,特别是公私部门之间合作对于城市"支持增长型"治理尤为关键。

这种治理模式又是如何组织起来并制度化的呢? 彼得森认为,城市对商界人物的依赖建立了"统一的利益",即增长成为超越一切政治争论的关键:"城市政治是有限政治……将城市的利益等同于出口产业的利益只是一种适度的简化。"①就城市治理而言,这意味着私人企业在地方政治过程中拥有强大的发言权。城市社会学家莫罗奇将回应公司利益并将经济增长作为不可置疑的政策目标的城市称为"增长机器"②。此外,按照莫罗奇的说法,为了更为有效且可信,增长政治还需要得到城市主要选民的支持,因为所有选民都会从增长中受益。

从 20 世纪 90 年代到世纪末的城市政治经济方面的研究文献中可以发现,城市中政商之间形成的"城市政制"即非正式的"支持增长联盟"塑造政治议程的能力是常见的主题。③斯通提出的这个城市政制就是"支持增长型"治理的制度化形式,不仅包括地方层面的增长联盟,还包括作为城市主要政策目标的经济增长的政治文化和意识形态。当经济发展具有政治优先性的时候,与私人企业建立联盟就成了一种自然的策略性选择,并逐渐制度化而嵌入到治理城市的社会和政治过程之中了。同时,城市的政治和行政制度一旦建立起来,就会孕育和再造它们所表征的领导文化、传统以及价值和规范,反过来又会塑造地方领导的目标。斯通认为,治理城市经济的任务超出了地方当局正式和有效权力。这并不意味着公私部门之间的互动会加剧公共行为者对私人参与城市治理的依赖,毋宁说公私部门之间的交换过程呈现的是一种相互依赖的关系,特别是私人部门对公共服务的需求强化了这种相互依赖。

"支持增长型"治理模式将城市政治看作一种政治经济的复合交互作用

---

① [美]保罗·彼得森:《城市极限》,罗思东译,上海:上海人民出版社,2012 年,第 2~3 页。

② See Molotch, Harvey. The City as a Growth Machine:Toward a Political Economy of Place, *American Journal of Sociology*, 1976, 82(2).

③ See Elkin, Stephen. Twentieth Century Urban Regimes, *Journal of Urban Affairs*, 1985, 7(2); Di-Gaetano, Alan and John S. Klemanski Urban Regimes in Comparative Perspective:The Politics of Urban Development in Britain, *Urban Affairs Review*, 1993, 29(1); Dowding, Keith. Explaining Urban Regimes, *International Journal of Urban and Regional Research*, 2001, 25(1).

的结果。这里面的核心问题是城市的政治经济在何种程度上塑造和约束了城市政策的选择，是否除了有利于商业部门的政策就别无他选了。对此，"政治要紧"（Politics Matters）学派从结构的意义上承认资本主义经济具有强势影响力的同时也认为，所有经济结构安排都面临着某种程度上的政治选择。城市经济发展的轨迹反映了以往的这类选择。政策选择的存在与范围问题之所以重要是由于"统治就是选择"，同样，治理在某种程度上也是作选择的问题。这类选择不仅包括政策间的选择，而且包括不同发展策略以及事关网络伙伴结构和治理过程的选择。

　　城市政治经济的研究推动了"支持增长型"治理的发展，类似"政制政治""全球城市"或"城市全球化"的理论话语也应运而生。其中的主题仍然是作为城市政策目标经济增长的主导性地位问题，时代虽然发展了，但"城市作为增长机器"的作用并没有太多改变。经济发展持续强化了地方劳动力市场，提高了地方服务的需求，增加了地方的税基，使城市成了更具有吸引力的投资地。即便上述经济发展主要是对城市中产阶级有利，但地方经济增长带来的财富也会产生惠及城市社会底层的溢出效应，因此"支持增长型"治理的最重要的优势根源就是可以产生令所有人受惠的双赢格局。另外一个重要的问题与企业界的特权地位有关。一般认为，地方经济的主要动力不是公共部门而是私人企业，因此地方企业的需求和利益成了政治的最高优先性，地方企业组织也顺势取得了城市的政治领导权。

　　此外，城市对私人企业的依赖关系也在城市政治领导和企业高层领导之间建立了联盟，从而缔造了斯通所谓的"城市政制"。虽然缔造这一联盟是几乎所有城市领导人符合逻辑的合理策略，但消极的一面是私人资本和政治领导这一紧密的协作关系势必会偏离正常的政治过程，将城市政策导向企业利益一边。因此，城市的政治领导需要在推动企业界发展的同时又要避免为其所"俘获"。"支持增长型"治理是以协商性的公私行动推动地方经济的结构化，这种协商依赖于城市政治精英和商业精英之间对经济增长的共享利益。此外，地方经济的发展还要嵌入自身无法控制的国家和全球经济体系之中。因此，地方或城市政府所能发挥的作用就是提供必要的基础设施和社会服务，借以吸引企业投资。简言之，就是拆除障碍、创造条件、促进增长。

　　"支持增长型"治理也受到了来自各方的批判，其中主要是针对单方面强调增长和过分倚重企业和市场这一维度的城市发展目标。作为替代方案，批评者提出了更具有社会嵌入性的经济增长方式。英布罗肖概括了三种备选经济发展模式:"企业家型重商主义""社区型经济发展"以及"市政企业"。①这一分类就是为了修正经济发展策略仅仅是为商业社群有利的"增长机器"弊端,让更广泛的社群受惠。归纳起来,"支持增长型"治理存在以下两个方面的问题:

其一,城市投资促进经济发展的资源总量与实际的经济增长之间缺乏正相关性。许多持续强劲经济增长的城市和区域并未积极地促进经济增长,其增长往往有利于区位优势以及有利的企业家文化等因素。相反,许多将经济增长作为政治最高优先性的城市和区域的经济却惨淡经营,但也不乏成功的案例。如英国的曼彻斯特和利物浦,美国的匹兹堡和克利夫兰,欧洲的哥德堡和米兰这类城市。匹兹堡从"世界的钢铁资本"转型为医学研究和教学中心,哥德堡也一度从造船和汽车加工工业主导的城市转型成旅游城市,米兰则从工业城市转型为一座设计和艺术城市。

其二,"支持增长型"治理模式的问题还在于分配。虽然市场可以带来城市的繁荣和增长,但却未必会将繁荣的成果惠及所有社会成员。新古典经济学的"溢出效应"在英国国家用于粉饰"掠夺性支持增长型"政策的正当性,增长并未带来持续的分配和再分配后果,经济不平等成为工业化城市的典型特征。世界主义类型的服务业主导的城市往往是中产阶级享受的服务是由那些有着移民背景的拿最低工资的工人阶级创造的。这就是萨森所谓的类似纽约、东京和伦敦这类"世界城市"。②

(4)福利主义型模式(Welfare Governance)

福利型治理模式与福利国家密切相关。对于那些处于衰落中缺乏可持续发展能力的工业城市来说,这些曾经是主要工业区的城市发展荣光不再,私人部门仅仅提供有限的工作机会,即或有工作机会,也大多是低工资、低技能的工作,因此强烈依赖于国家的财政支持,这类城市被称为"福利型城市",相应的治理模式称之为福利主义型治理。市场的压力虽然对城市产生了巨大影响,但却无法说服失业工人去别处寻找工作。反之,公共部门通过

① Imbroscio, David. Reformulating Urban Regimes Theory: The Division of Labor Between State and Market Reconsidered, *Journal of Urban Affairs*, 1998, 20(3).

② See Sassen, Saskia. *The Global City: New York, London and Tokyo*. Princeton: Princeton University Press, 2001.

事业支持、福利项目和社会保障为城市居民提供了经济基础。

北欧的福利国家是通过国家提供的社会保险项目和地方政府提供的社会福利项目,公共部门为全体公民提供了社会安全网络。其他国家的社会网络较弱,因此放弃衰落城市的压力更为强烈。不过,几乎所有国家都倾向于个人有责任获得维持生计所必需的收入。特别是英国的布莱尔政府和同时期美国的克林顿政府开始从强调权利向强调责任转变,提出"从福利到工作福利"(from Welfare to Workfare),即所谓的"第三条道路"。

福利型城市源于福利型经济的发展,福利型经济的演化则与资本主义经济密切相关。国家和城市经济基础的持续重构是现代全球经济的重要特征。20世纪70年代,西方发达资本主义国家凭借技术和资本的比较优势,在汽车、造船和纺织行业称雄,而诸如日本和中国香港则依赖廉价劳动力和低附加值的科技产品作为比较优势。进入20世纪90年代,世界经济地图重新绘制,钢铁和纺织业衰落,汽车业也面临着来自日本的激烈竞争,亚洲四小龙的崛起开拓了发展中国家的"走出边缘"之路,劳动力密集型产业也转移到了南欧和拉丁美洲以及中国。西方发达资本主义国家则开始在高科技和研发领域遥遥领先。与此同时,随着工业和农业的衰退,服务业开始上升。

地理学家梅西(Doreen Massey)将上述经济地理的变迁称为"劳动力的空间分工"①。简单说就是,全球资本主义经济的非均衡发展导致了世界不同地区不同水平的竞争性和比较优势,城市也不可避免地受到这一变革力量的冲击,要么为实现现代化而重组,要么衰败下去。战后西方老牌资本主义国家地方政府的危机之一就是与作为工业基础的加工业的衰落直接相关。为此,地方经济持续处于工业转型和产业重组的过程之中。特别是进入20世纪80年代末90年代初,"ICT城市"(Infer,atopm Cpwmimocations 信息、通讯、技术)成了引领世界潮流的时髦,各国城市纷纷着手将自身打造成信息技术的研发平台。ICT作为经济发展战略的优势和独特品质就在于可以避免供给方和消费方面对面的接触,不受落地条件的限制。不过,20世纪90年代中期ICT的泡沫破灭,相关产业面临着大规模过度投资的问题,股市崩盘,公司破产。不过,从城市的发展而言,对于历史悠久的大城市来说,ICT的好

---

① See Massey, Doreen. *Spatial Divisions of Labor: Social Structures and the Geography of Production (2nd edition)*. New York: Routledge, 1995.

处在于,IT 行业可以降低劳动密集度,减少生产成本。与此同时,IT 危机也对地方经济产生了全方位的影响,包括地产业、地方消费业和地方服务业。

许多历史个案例证了上述经济变迁和城市财富之间的联系。曼彻斯特和利物浦包括上文提到的底特律是最早的现代工业模范城市,经历了整个 19 世纪和 20 世纪上半叶的经济繁荣,直到亚洲国家生产出同样质地且廉价的工业品在世界市场崛起。至此,这类城市经济几乎全部都依赖于加工业,而关闭厂房和生产线严重削弱了城市的经济基础。实际上,新的增长方式已经确立,但将其引入城市并伴随着大批失业现象的出现却是一个缓慢的过程,因为新产业需要新的产业工人,学习新的技能以及结构性的现代化进程异常复杂和缓慢。与此同时,伴随而来的高失业率、犯罪率以及新型的底层社会阶级的出现,都引发了新型的城市政治和治理模式。

针对上述问题,有些国家采取了积极的产业重组措施,获得了成功,如曼彻斯特和利物浦;有些国家则采取了消极的国家政策,导致城市经济处于停滞状态,人口减退、老龄化,投资率降低,企业投资外流,税基恶化。后一种情况就形成了"福利型"城市,强烈依赖于中央政府的福利体系支持。

在对中央政府开支依赖的前提下,这种福利型治理模式就要尽可能地将国家纳入其中,因而其政治性最强。由于城市的工业遗产伴随着大规模的失业,这类城市的意识形态往往偏左。这种类型的城市在西欧一般分布在前工业城市,如比利时的里尔地区,德国的鲁尔区,瑞典的贝格斯拉根地区,以及英国中部、马斯塞特县等地区。在美国,意识形态没有欧洲那么强烈,前加工制造业的城市也出现了类似的情况。

这类福利型城市的福利享有者强烈感觉得到福利是一种权利资格,因此国家有责任照顾由于经济结构变迁而失业的公民。因城市文化和地方经济发展水平的不同,这种表现也有所差异。从城市政治领导来看,这种治理模式面临的巨大挑战就是本应作为城市政治优先地位的经济发展,却鲜有支持者。大部分人口依赖福利和社会保障为生,而福利保障项目却超出了市政厅的管辖范围。地方经济缺少内在投资的动力需求,社会剥夺、低技能工人、弱购买力、政治激进主义以及高犯罪率等因素令投资者望而却步。

由此可见,市场如果不为经济振兴提供经济基础,城市的政治领导就要转而求助国家施以各种援助。典型的方式就是通过公共投资为地方经济创造新的工作机会,还有重置公共机构、为公私投资提供激励等措施。问题是,国家往往难以制定可靠的城市政策，只有类似北欧的少数国家才会提供足够的公共投资。此外，中央和地方关系对福利和社会保障也至关重要。福利型治理模式之所以称为福利型就在于其分配型和再分配型的特征。彼得森认为，理论上城市可以追求三种不同类型的政策：分配型政策、再分配型政策和发展型政策。他强烈批判城市的再分配政策：一方面是由于地方政治体系过小不允许实施再分配政策，另一方面是这类政策会对中产阶级进入城市形成反向激励。[①]

从福利国家的发展历史来看，提供福利是地方政府的重要职责之一，而福利型治理的一个关键的问题就是缺乏组织变革的能力，而只要变革才能从根本上解决城市长期的可持续发展问题。

---

① 参见[美]保罗·彼得森：《城市极限》，罗思东译，上海：上海人民出版社，2012年。

第二章　城市治理理论的演化与脉络

　　早在 20 世纪初叶,西方国家就已经完成了第一轮城市化的进程。二战以后,城市人口激增、便捷交通工具的发明以及福特主义经济生产方式的高效应用,共同促使城市规模的变迁:伴随着城市的大规模蔓延(sprawl),中心城市开始不断向郊区扩张,形成了居住区、商业区和工业区等分工明确的功能性分区(zoning),昔日功能混杂的城市(city/urban)开始向具有复合性功能特征的大都市(metropolitan)或大都市区(metropolitan area or region)过渡。在此意义上,丹尼尔·屈布勒(Daniel Kübler)和休伯特·海内尔特(Hubert Heinelt)指出:"城市在(韦伯式)意义上的社会经济地域综合实体不复存在了。"①面对城市蔓延的景观,各国政府纷纷掀起了一股城市体制—功能的改革热潮。自此,城市治理作为城市发展的重要问题被提上了议事日程。20 世纪 90 年代以来,随着经济全球化的深入发展,城市越来越处于全球竞争网络的枢纽,而且已经成为参与全球区域竞争的基本组织体与空间单位。

　　在 1993 年举行的亚太城市会议上,与会的各方一致认为,未来政治进步与社会安定的中心是城市国家(City State),而不是民族国家(Nation State),城市将是国家发展方向的主导者。2000 年第六届世界大城市市长会议强调,21 世纪是"城市世纪",城市之间更加互相依赖,城市国家逐渐取代主权国家而成为空间经济衡量的尺度。城市的治理状况直接影响着一个国家(地区)的发展,并且在未来将发挥主导的作用。世界各城市无不力求提升自身的治理能力和发展力量,强化城市的国内和国际竞争力。为此,城市政府体认识到只有携手合作形成地方区域(region)或联盟(alliance),甚至是聚合成具有空间结构的全球城市区域,才能促进区域的整体发展,提升总体竞争优势和

---

　　①　Kübler,Daniel and Hubert Heinelt. Metropolitan Governance,Democracy and the Dynamics of Place. In Hubert Heinelt and Daniel Kübler eds. *Metropolitan Governance:Capacity,Democracy and the Dynamics of Place*. London:Routledge,2005,p.8.

增强协同能力(synergy)。①

综观城市历史发展规律,大都市区的产生和发展是现代城市化进程中的一个重要特征。"伴随着经济、社会人口和交通资讯科技的变迁发展,大都市区的出现不仅穿透了国家与国家之间的疆界联系、改变了中央与地方之间的互动关系,也使得城市区域空间形态与规模发生重组和变化、地方基础设施规模和社区结构发生巨大转型,进而对原有地方行政管理模式提出新的要求与挑战。"②在持续的大都市化的影响下,以功能性区域为导向的大都市区域范围"溢出"(超过,spill over)了核心(core)城市行政区域,因此产生了许多远景规划缺乏整体全面布局、行政管理难以协调或挑战原有管理体制的问题,例如财税资源的平衡分配、交通运输发展规划及管理配合、公共基础设施建设的投资和使用、灾害预防和受灾群体救助,等等。这充分说明了在大都市区域内,公共事务具有一定的扩散性和复杂性,区域治理已经超越了以政府权力—行政区划为基准的管辖权限,使得公共议题的解决朝跨部门与跨区域的方向转变,特别是显现出各个区域之间各种功能目标协调的重要性。在这一系列的变化发展与全球竞争的压力下,迫使地方区域政府不得不转变其原来的角色和功能。

与此同时,西方城市政治理论也经历了不同阶段研究范式的转变。在治理理论兴起之前,城市治理则主要属于城市政治学和城市政治经济学的研究范畴,大体上经历了城市权力结构论(精英论和多元论)、增长机器论、城市联盟论、城市政制论(urban regime)等理论和学说。进入 20 世纪 90 年代以来,城市治理理论开始占据主流地位,学者们开始将制度主义的视角引入到城市研究中去,形成了城市治理的理论范式。城市治理理论探讨的是如何促进跨域治理或推动协作式治理机制,主要集中于中央、地方政府与非政府组织等公私行动者的互动模式。正如著名城市与区域专家约翰·弗里德曼(John Friedmann)教授恰如其分地评价道:"寻找一个合适的治理模式,对这些区域而言是至关重要的。"③

---

①　OECD. *Local Partnerships for Better Governance*. Paris:OECD,2001,pp.14–15.

②　韩冬雪:《关于我国城市治理变革理念与实践的几个问题》,《国家行政学院学报》,2013 年第 2 期。

③　Friedmann,John. *Intercity Networks in a Globalizing Era. In Allen J. Scott ed. Global City-Region: Trends,Theory,Policy.* New York:Oxford University Press,2001,p.120.

　　需要特别指出的是,许多不同的理论范式,都是从治理这一角度来理解城市政治和城市发展变迁的历程。如,新制度主义范式注重城市权力的变迁和城市治理制度的形成;[1]城市政治领导权范式关注城市政治问题以地方民主的方式解决;[2]城市官僚制范式强调了透过官僚组织理解城市治理方式的变迁;[3]全球城市化范式表示以全球化带动的城市化进程在非西方国家或发展中国家正日益发挥着重要的作用。[4]当然,在众多解释城市治理的理论中,区域主义范式的影响最为深远。阿兰·瓦利斯(Alan D. Wallis)关于区域主义研究的 4 篇论文[5]产生了非常广泛的影响,被认为是在 20 世纪 90 年代的经济、政治和社会背景下,区域主义和大都市治理研究的新开端。

　　同样是从制度变迁的角度来看待区域治理范式的转换,屈布勒和海内尔特侧重于从治理结构的转变(特别是从民主与治理之间的关系)来理解城市区域治理模式的转换;[6]而阿兰·瓦利斯则从城市区域空间结构的历史角度来把美国大都市治理划分为三个不同的阶段:[7]第一阶段是单核心中心发展的工业城市区,即"传统区域主义"阶段;第二阶段是多核心中心(包括中心城市和郊区)的城市区域,即"公共选择理论学派"阶段;第三阶段是强调

　　① Lowndes, Vivien. *New Institutionalism and Urban Politics. In Jonathan S. Davies and David L. Imbroscio eds. Theories of Urban Politics(Second Edition).* Sage, 2009, pp.91–105.

　　② Greasley, Stephen and Gerry Stoker. Urban Political Leadership. In Jonathan S. Davies and David L. Imbroscio eds. *Theories of Urban Politics(Second Edition).* Sage, 2009, pp.125–136.

　　③ Kjær, Anne Mette. Governance and the Urban Bureaucracy. In Jonathan S. Davies and David L. Imbroscio eds. *Theories of Urban Politics(Second Edition).* Sage, 2009, pp.137–152.

　　④ Stren, Richard. Globalisation and Urban Issues in the Non–Western World. In Jonathan S. Davies and David L. Imbroscio eds. *Theories of Urban Politics(Second Edition).* Sage, 2009, pp.153–168.

　　⑤ 瓦利斯·阿兰于 1994 年在《全国城市评论》(National Civic Review)上连续发表了 4 篇关于大都市区治理的缘起和演变过程的文章。

　　⑥ Kübler, Daniel and Hubert Heinelt. Metropolitan Governance, Democracy and the Dynamics of Place. In Hubert Heinelt and Daniel Kübler eds. *Metropolitan Governance : Capacity, Democracy and the Dynamics of Place.* London : Routledge, 2005, pp.8–28.

　　⑦ Wallis, Allan D. Evolving Structures and Challenges of Metropolitan Regions. *National Civic Review*, 1994, 83 (1)(winter–spring), pp.40–53. Wallis, Allan D. The Third Wave : Current Trends in Regional Governance. *National Civic Review*, 1994, 83(3)(summer–fall), pp.285–299.

在同一区域内的地方政治实体的竞争,这一阶段以网络化(复杂的补充和相互依赖)为特征,即"新区域主义"阶段。①

本章将借用阿兰·瓦利斯的经典类型学分析,从背景、内容、特征和模式等城市治理的方面出发,回顾西方城市政治理论的三次范式转换,以及相应的三次实践的兴起和高潮等发展阶段。概言之,大都市治理就是用"正确的方法"去克服城市功能范围和地方政府结构之间不断扩大的差距。②

第一节　传统区域主义

一、碎片化:大都市政治的逻辑起点

美国是一个典型的联邦主义国家,地方实行高度自治。但是根据"狄龙原则",在美国联邦主义体系中,州政府从理论上是属于单一制政府——所有的地方政府都是州政府的创造物。③从法律地位来看,"美国著名法学家麦克·米林将美国的地方政府划分为两大类:自治法人(municipal corporation)和准法人(quasi corporation)。前者包括市、村、新英格兰地区的所有镇、学区,以及相对较少的有单独书面宪章的县(incorporated county);后者包括大多数县、镇区及特区"④。从职能来看,美国地方政府可以分为常规性(general purpose)和特定目的(special purpose)两大类。前者包括县、市和镇区,其权限和服务范围较广;后者包括学区和特区,通常履行单一的政府功能,由特殊的征税方式筹集经费,可以看作是常规性政府的一种补充形式。

①　此后,有不少学者借用瓦利斯·阿兰的类型学分析,例如:Herrschel, Tassilo and Peter Newman. *Governance of Europe's City Regions: Planning, Policy and Politics.* London, New york: Routledge, 2002.

②　Kübler, Daniel and Hubert Heinelt. Metropolitan Governance, Democracy and the Dynamics of Place. In Hubert Heinelt and Daniel Kübler eds. *Metropolitan Governance: Capacity, Democracy and the Dynamics of Place.* London: Routledge, 2005, p.9.

③　[美]戴维·R.摩根等:《城市管理学:美国视角》(第六版),杨宏山、陈建国译,北京:中国人民大学出版社,2011年,第32页。

④　Charles R. Adrian, Charles Press: Governing Urban America, 1961, p.130. 转引自刘彩虹:《整合与分散——美国大都市区地方政府间关系探析》,武汉:华中科技大学出版社,2010年,第19~20页。

受地方自治的传统影响,美国地方政府不仅在数量上非常庞大,而且即使是同一类型的地方政府也存在着种种差异,由此形成了大都市政治"碎片化"问题。大都市政治"碎片化"问题主要包括两方面:第一,"碎片化"涉及地域分布,在此情况下,每个地方政府对大都市区内的特定辖区享有统治权,以致在整个城市区域内不存在唯一的政府单位;第二,"碎片化"指政府职能,在城市内可能存在多个履行特殊职能的政府单位,以致不存在统一履行这些职能的单一政府。如美国城市就存在众多仅履行交通规划、消防、城市供水、住房和社区开发、学校建筑管理局和机场管理等单一职能的政府。

表2.1 美国地方政府

政府类型	数量	选任官员数量	全职雇员
县	3042	62922	1573000
自治市	19205	134017	2033000
乡镇	16691	1118966	219000
学区	14741	87062	3347000
特别区	29487	72377	405000
总计	63166	475344	7577000

资料来源:[美]文森特·奥斯特罗姆、罗伯特·比什、埃莉诺·奥斯特罗姆:《美国地方政府》,井敏、陈幽泓译,北京:北京大学出版社,2004年,第3页。

在地域碎片化和职能碎片化的双重合力下,如果把这些有天壤之别的政府单位压缩在一个大都市区域内,就会形成"大都市政府碎片化的'马赛克(Mosaic)'"①,这种现象也被研究者们称为大都市区政治"巴尔干化"。图2是宾夕法尼亚州怀特霍尔镇的管理层次,它真实地反映了这种"巴尔干化"现象。

---

① 洪世健:《大都市区治理:理论演进与运作模式》,南京:东南大学出版社,2009年,第68页。

17. 美利坚合众国
　16. 宾夕法尼亚州
　　15. 大气质量控制区
　　　14. 西南宾夕法尼亚地区规划委员会
　　　　13. 西宾夕法尼亚自来水公司
　　　　12. 阿勒格尼县
　　　　　11. 阿勒格尼县港务局
　　　　　10. 阿勒格尼县刑事审判委员会
　　　　　9. 阿勒格尼县水土保持区
　　　　　8. 阿勒格尼县卫生局
　　　　7. 匹兹堡市
　　　　6. 南希尔斯地区政府协议会
　　　　5. 南希尔斯地区规划委员会
　　　4. 普莱森特尔斯卫生局
　　　3. 鲍德温一怀特霍尔学校管理局
　　2. 鲍德温一怀特霍尔学区
　1. 怀特霍尔小镇

图2.1 宾夕法尼亚州怀特霍尔镇的管理层次
资料来源:[美]詹姆斯·M.伯恩斯、杰克·W.佩尔塔森和托马斯·E.克罗宁:《民治政府》,陆震纶、郑明哲等译,北京:中国社会科学出版社,1996年,第1160页。

从实际情况来看,许多美国城市不仅仅只有十几个地方政府,像纽约、芝加哥以及费城这样的大都市区,地方政府的数量更多。例如,1850年费城地方政府的运作就由40个完全不同的治理机构承担——"十个市政机构、十个特殊的委员会、六个自治区、十三个镇以及一个县"[1]。同样,纽约也是如此。"1897年11月1日,在整合之前,大都市区的人口估计超过3000000人……然而,就政治而言,大都市区的人口不是一个单位,而是分成了四十个区。"[2]在工业化大生产的初期,这些数目众多的城市政府并不能有效地履行监督市场、调节经济、管理社会和公共服务的职能,以致这一时期治理美国的首要任务都压缩在城市这一狭小的空间。不过,这一问题的出现还与美国传统城市管理体制自身的不足紧密相关。18世纪中后期以及19世纪初,美国城市政府的内在缺陷与传统的弱市长制密不可分。当时,政府运行成本居高不下,提供的公共服务却少之又少,这是美国城市普遍面临的难题。对此,必然

---

① Maxey, Chester C.. The Political Integration of Metropolitan Communities. *National Municipal Review*, 1922, 11(8), p.231.

② Ibid, p.237.

会引发实践者的改革和理论家的反思。结果,当时的学者纷纷主张合并城市政府。

二、传统区域主义的崛起

自 19 世纪中叶,特别是随着第二次工业革命的开启,美国的城市化进程迅速推进。与此同时, 政府改革的步伐却远远落后于社会经济发展的需要。当时的城市政府在价值理念上奉行的是"守夜人"政府的观念,推崇地方自治,在组织架构和运行机制上,城市管理体制推行的仍是不合时宜的弱市长制。结果,在大都市区内,一方面,政府的高度碎片化阻碍了城市向外扩张;另一方面,腐败盛行,政府的运行成本居高不下,机器政治的兴起与发展便是其最真实的写照。在实践者和理论家看来,为了消除这些弊端,需要把合并城市政府提上改革日程。基于这一认识,传统区域主义也随之兴起。

传统区域主义是解决大都市问题的第一个进路。在 19 世纪初期,传统区域主义的一些做法就已经被采纳, 尽管当时还没有获得学术界的正式关注。在第二次工业革命发展起来的城市中,市—县政府联合(city-county consolidation)的方式在一些商业发达的城市已悄然实施,如新奥尔良(New Orleans,1805 年)、波士顿(Boston,1821 年)、马萨诸塞州的楠塔基特(Nantucket of M.A.,1821 年)、巴尔的摩(Baltimore,1851 年)、费城(Philadelphia,1854年)、旧金山(San Francisco,1856 年)和圣路易斯(St. Louis,1876 年)。

19 世纪末,随着社会经济的迅猛发展,西方的城市化进程明显加快,城市在形态上不断向外扩张,这对城市职能和范围进行重构提出了要求。由于西方国家存在着高度的自治传统,城市一般是由地方行政机构来独立管理。社会经济日新月异使城市(city/urban)的范围不再仅仅局限于某个镇(township)、县(county)和市(municipality),而是逐渐发展成为具有政治、经济、文化等社会因素复合特征的大都市(metropolitan)或区域(region)。这样的大都市或区域俨然就是一个具有完备功能的独立统一整体, 但由于历史传统的缘故被划分为由若干个地方政府行政单位管辖的主体。[1]在大都市的范围

---

① Warren, Robert. *Government in Metropolitan Regions: A Reappraisal of Fractionated Political Organization.* Davis: University of California, 1966, p.5.

内,每一个地方政府行政单位都对自己的辖区具有独立的统治权和管辖权;而像教育、医疗、卫生和环保等具有跨区域性特征的公共服务职能则在若干个地方行政主体间进行分割。这些数量繁多和种类繁杂的地方政府和公共服务职能分割造成了"政治碎片化"(political fragmentation)的现象,直接影响了大都市全区域内公共服务的供给。"政治碎片化"造成资源浪费和效率低下,导致大都市没有一个统一的政治领导与一致的行动来共同解决区域内的重大社会问题。面对着城市治理中的"政治碎片化"现象,19世纪末期,美国学术界和实务界在理论与实践上分别掀起了一股研究与建立大都市政府的热潮,被称为"传统区域主义"。

"传统区域主义"是对19世纪中叶至20世纪20年代的城市兼并与合并运动的理论统称,它又被称为"大都会主义""统一政府学派""巨人政府论""单一政府论",这一范式从结构功能途径去研究区域治理机制,主要关注社会公共服务传递的"效率"和"公平",秉承的理念是"一个区域,一个政府"(One Region,One Government)。因此,"传统区域主义"是涉及整个大都市或区域内的政府变革,企图去除所有或者大部分大都市区里面的小政府,并以唯一的、功能齐全、覆盖整个区域的政府取而代之。换言之,"传统区域主义"为政治"碎片化"问题开出的药方是建立一个大都市政府。

三、传统区域主义的基本主张

(一)批判大都市"碎片化"

传统区域主义学派的核心观点是,城市政府的碎片化"不仅严重有悖于地方政府的行政成本的节约和绩效的提升,而且还严重地阻碍了所有进步性和综合性的事业"[1]。总之,他们认为:"权威的碎片化以及为数众多的地方政府之间的辖区重叠被诊断为城市政府制度失败的根源。"[2]对此,伍德罗·威尔逊也指出,越多的分权,只会导致越多的不负责任。在城市内,多个相互

---

[1]　Maxey,Chester C. The Political Integration of Metropolitan Communities. *National Municipal Review*, 1922,11(8),p.229.

[2]　Bish,Robert L. and Vincent Ostrom. *Understanding Urban Government:Metropolitan Reform Reconsidered*. Washington,D.C.:AEI Press,1973,p.8.

重叠的政府意味着服务的重叠,这必然会提升政府的运行成本,并造成公共服务的浪费。此外,这与规模经济的要求也不相称。对此,斯杜邓斯基就指出,不可低估城市政府碎片化的负面影响。例如"大都市区内各个政府部门名义上是大共同体的成员,而实际上却各行其是;出台令人眼花缭乱的市政服务标准和规定,将大都市区分割得支离破碎;彼此互相嫉妒攀比并且各自为政"①。奥斯特罗姆夫妇和罗伯特·比什则将传统区域主义对这一问题的诊断总结为以下八个方面:

①无计划的发展,如果没有综合规划,在现有政府权限内指定的反映狭隘利益的规章会阻碍城市的协调发展;②不充足的资源基础,只有集中整个地区的资源,才能获得充足的资源;③缺乏管理能力和专业技能,不同辖区间权力的分割导致在每一个辖区内都缺乏充足的资源,而充足的资源是获取先进的管理能力和具有专业技能的服务人员的基础;④在共同问题上缺乏一致行动,管辖权的多样化与分割阻碍了为较大社区利益而采取的一致行动;⑤责任混乱,市民不清楚哪种管辖权应履行什么职能;⑥种族与社会隔离,穷人和少数族群是被迫居住在中心城市的贫民区内;⑦财政不均,富人居住的社区拥有与他们本身的需要不成比例的丰富资源;⑧财政剥削,居住在郊区的富人们经常享受中心城市的便利服务和设施却不负担相应的费用。②

总而言之,传统区域主义认为城市政府的碎片化不仅会导致政府效率(efficiency)下降,效力(effectiveness)不强,而且还严重违背了公平(equity)原则。

(二)主张统一政府

研究者们宣称,统一的大都市政府比分散的政府有更多的优点。首先,"传统区域主义"主张辖区政府的合并,使政府规模变得合理化,通过在整个区域内进行税收和财政的统一安排,有利于平衡中心城市和郊区之间的经

---

① Studenski, Paul. *The Government of Metropolitan Areas in the United States*. New York: National Municipal League, 1930, p.29. 转引自洪世健:《大都市区治理:理论演进与运作模式》,南京:东南大学出版社,2009年,第75页。

② [美]文森特·奥斯特罗姆、罗伯特·比什、埃莉诺·奥斯特罗姆:《美国地方政府》,井敏、陈幽泓译,北京:北京大学出版社,2004年,第65~68页。

济发展,从而有效地促进地方经济增长,以及提供跨域服务等事项;其次,大都市政府具有从整体上进行统一的区域规划布局能力,在规划上富有远见,能协调不同地区之间的不同需求;再次,大都市政府可以进一步促进城市化进程,通过大规模的交通规划,能使中心城市和郊区的交通要道连接起来;最后,在促进地方政府发展的过程中,大都市政府准许公民充分参与公共事务的管理,使制定出来的大都市政策获得充分的支持和理解。

1925 年,美国政治与行政学家威廉·安德森(William Anderson)简要地总结了传统区域主义的主要建议:"①每个大城市应该由一个单一的地方政府组织;②每个大城市的选民应该仅仅选举最重要的政策制定官员,而且这些官员的数量很少;③分权的传统应该从单一合并的地方政府单位的内部机构中予以摈弃;④另一方面,行政职能应该与政治职能相互分离;⑤为适应官僚制原则,应该将行政机构整合为一个单一的命令结构体系。"[1]

对此,城市公共选择理论家认为,传统区域主义的改革主张依据的是以下两大假设:"①一个大型城市区中由相关个体组成的群体分享着一组共同利益,而这组共同利益将他们紧密地结合成一个单一社区;②只有一个单一的政府才能整合这些利益,各种地方政府单位的'割据'阻碍了大城市社区自我实现的能力。"[2]

(三)改革政府结构

根据政府的层级和权力在不同层级之间的分配情况,我们可以把大都市政府的结构分为三种:单层的大都市政府结构、联邦式双层的大都市政府结构和其他适当的统一政府结构。单层的大都市政府(one-tier metropolitan government)主要有两种建立方式:一是通过中心城市兼并(annexation)郊区;二是透过市—县政府联合(city-county consolidation)。联邦式双层的大都市政府(federative two-tier metropolitan government)是在传统区域主义的大都市政府改革中最受欢迎的改革方案,它主张保留现有的机构、但让渡部分权力以组建大都市政府,一般双子城(twin cities)就是这种模式的产物。第三种解决方案是建立其他适当的统一政府结构,以解决承担税收和享受公共服

---

① Bish,Robert L. and Vincent Ostrom. *Understanding Urban Government:Metropolitan Reform Reconsidered.* Washington,D.C.:AEI Press,1973,pp.7-8.

② [美]文森特·奥斯特罗姆、罗伯特·比什、埃莉诺·奥斯特罗姆:《美国地方政府》,井敏、陈幽泓译,北京:北京大学出版社,2004 年,第 65 页。

务不一致的城市区域所带来的集体行动的困境。

从上面的论述中可以看出,"传统区域主义"的倡导者强调建立一元化(单一核心)体制以设计区域治理组织模式。所谓一元化体制,是指在大都市区具有唯一一个政治决策中心,有一个统一的大都市政府组织结构。它是一个可以在内部有若干个小单位相互包容和相互平衡的政府体制,因此联邦式双层的大都市政府就是指在一个大都市区内大量正式组织和地方单位并存,多种服务职能分工协调的政府组织形式。典型的例子有英国的大伦敦政府、日本的东京政府、法国的巴黎政府和加拿大的多伦多政府等。

(四)传统区域主义的特点

作为一个统一的学派,"传统区域主义"的倡导者在对于是否建立大都市政府这一问题上不存在任何异议,但是在如何具体构建大都市政府结构的问题上就存在着较大的分歧,而且不同学者认为不同层级的政府在解决大都市治理问题的重要性上存在差别。从政治学和行政学的角度来看,"传统区域主义"的提出是基于马克斯·韦伯(Max Weber)的理性官僚制模型。出于对公共管理官僚机构的理想规划能力的信赖,"传统区域主义"倡导建立统一集权的大都市政府,形成一个由上及下的集权式科层制模式,命令由上往下层层遵守覆盖到整个城市区域,从宏观上解决整个大都市区面临的主要问题。

四、传统区域主义的实践

"传统区域主义"经历了"兴起—高潮—衰落—复兴"四个阶段。19世纪末20世纪初,美国政治学、行政学大师伍罗德·威尔逊(Woodrow Wilson)、弗兰克·古德诺(F. J. Goodnow)和弗雷德里克·泰勒(Frederick Taylor)等学者就已经形成了建立大都市政府的理念;芝加哥大学的欧内斯特·伯恩斯(Ernest Burns)教授最早提出关于大都市定义的问题。

主张城市合并的改革运动自19世纪中叶发起一直延续到了20世纪70年代。首先从方式来看,"在19世纪和20世纪早期,不管形式如何,重大的城市合并典型地都是通过立法行动实现的,而不会诉诸地方公民的投票"[①]。其次从

---

① Wallis, Allan D.. Inventing Regionalism: The First Two Waves. *National Civic Review*, 1994, 83 (2), (Spring—Summer), p.161.

整体上看,在 20 世纪50 年代至 70 年代,美国西部和南部各州在合并,而中西部地区和东北部地区一战期间就停止了改革。

具体来看,在 19 世纪中叶至 20 世纪 20 年代,市县合并与城郊兼并之风在美国非常盛行。早在 1849 年 11 月 16 日,费城就制定了合并的法律,启动了合并程序。1853 年发生的一系列骚乱却为费城市的合并提供了新的发展契机。这一年,费城议会"为费城市提出了一个新的合并法案和宪章"①。同期,还有许多城市也纷纷实施合并。"1851 年的宪制为县官员提供了赋予巴尔的摩市县地位的良机。"②随着时间的推进,巴尔的摩市也在不断扩张。通过兼并郊区,巴尔的摩的城市空间得到大大扩张。1855 年,霍勒斯·霍斯(Horace Hwaes)提出了旧金山市的市县合并法案。1856 年 4 月 19 日,加利福尼亚州议会通过了该法案。为消解市政事务由县主导以及州立法机关对地方事务干预的两大弊端,圣路易斯州于 1876 年通过了促成合并的第九条款(Article IX)这一宪政性草案。1897 年纽约市将布鲁克林、奎因、斯塔德岛、布诺克斯和曼哈顿(Brooklyn,Queens,Staten Island,the Bronx and Manhattan)五个城市,合并成了现在的"大纽约市"(New York City)。这个在当时影响最大的市县合并,标志着北美历史上第一波"区域政府合并"达到了高潮。③此后,更多的城市加入到这一行列,如丹佛(Denver,1904 年)、檀香山(Honolulu,1907 年);而像波士顿(Boston)、芝加哥(Chicago)、底特律(Detroit)和匹兹堡(Pittsburgh)则是通过单一政府和(全部公共服务提供者通过)兼并(annexation)的方式建立起大都市区。当时,芝加哥商会(The Commercial Club of Chicago)和全国城市联盟(National Municipal League)通过它们的区域领导活动和公开出版物《国家城市评论》(*National Municipal Review*,后来改名为 *National Civic Review*)来支持大都市化。1922 年《国家城市评论》在整个 8 月出版的刊物中都关注了切斯特·马克赛(Chester Maxey)早期的一个论断——"大都市区的政治整合"。

传统区域主义的倡导者认为,现存政府组织的碎片化往往会导致政府

---

① Maxey,Chester C.. The Political Integration of Metropolitan Communities. *National Municipal Review*,1992,11(8),p.232.

② Ibid,p.231.

③ 叶林:《新区域主义的兴起与发展:一个综述》,《公共行政评论》,2010 年第 3 期。

在提供公共服务、协作以及基础设施建设方面的低效、无能。在他们看来，在城市地区建立一个单一政府就能改善这些问题。如费城市合并之后，就在以下四个领域取得了显著的成效："①骚乱很快好转；②自来水供应和污水处理整合到了一个独立的市政机构手中；③建立了大都市的公园体系；④大都市区的不动产显著增值。"①此外，与之前相比，政府的运行成本也得到了大大缩减。以旧金山市为例，"在合并之后，市县政府的成本由 1855 年的 2640000 美元下降到了 1857 年的 350000 美元"②。

随着大萧条（Great Depression）的到来，受支持地方政府改革运动的芝加哥学派影响，美国联邦政府第一次卷入了大都市问题。保尔·斯杜邓斯基（Paul Studenski）③、维克多·琼斯（Victor Jones）④以及路德·古利克（Luther Gulick）⑤、赛比尔·哈里森（Shelby Harrison）以及罗兰德·艾格（Rowland Egger）等芝加哥学派的众多学者相继继承和发展了关于建立大都市政府的观点和理论。芝加哥学派最大的贡献就是把大都市治理与变化的城市经济和社会结构联系起来，探讨大都市在国民经济中的地位。

20 世纪初期，美国的大都市规划是对第二次工业革命的一种回应，在这次的回应中包含四个相互独立但又具有重叠的运动，分别是住房改革、公园和林荫大道规划、"城市美化"运动、政府改革。政府改革是整个规划运动中唯一涉及权力结构改革的环节，它包含两个目标：第一，建立专业化的地方政府；第二，延伸城市的地理边界以反映真实的大都市增长。

---

① Maxey, Chester C.. The Political Integration of Metropolitan Communities. *National Municipal Review*, 1992, 11(8), p.233.

② Ibid, p.234.

③ See Studenski, Paul. *The Government of Metropolitan Areas in the United States*. New York: National Municipal League, 1930.

④ See Jones, Victor. From Metropolitan Government to Metropolitan Governance. In: K. G. Denike ed. *Managing Urban Settlements: Can Our Governmental Structures Cope?* Vancouver: The Centre for Human Settlements, 1979.

⑤ See Gulick, Luther. *The Metropolitan Problem and American Idea*. New York: Alfred A. Knopf, 1962.

五、对传统区域主义的评价

但是在往后的五十年时间里,传统区域主义却受到了持续的批评。从思想层面上看,受"管得最少的政府才是最好的政府"的自由主义思想影响,建立巨人政府的实践与古典自由主义"小政府"这一传统思想背道而驰。在实践层面上,首先,"传统区域主义"的主张受到了挑战,很多郊区单位不愿意放弃现有的独立地位而实行合并。虽然出现了成功合并的案例,但是这些案例都经历了漫长的讨价还价的"阵痛期"。其次,"传统区域主义"自身带来了挑战。拉法雷(Lefèvre)指出,没有具体的实践证明"传统区域主义"的这些改革方案是成功的,而且大多数改革被证明是失败的,同时联邦式双层的大都市政府的治理结果也是令人失望的。[①]"传统区域主义"的倡导者也认为,即使这些"碎片化"的政治单位成功合并成一个单一的大都市,但随着经济发展、产业转型、人口迁移与交通建设的延伸等结构性转变,都市空间又将蔓延超出现存的行政边界,难以实现单一综合性大都市或区域政府的理想。[②]这种批评的观点实际上与公共选择理论学派的意见不谋而合。许多公共选择理论学派的学者通过对大量大都市政府的研究,认为这种单一的大都市政府是缺乏效率的,甚至在治理大都市的过程中要付出更高的成本和代价。例如,创设大都市政府不利于美国种族融合的进程。有资料显示,在20世纪上半叶,美国富裕的中产阶级白人一般居住在环境污染比较少、公共设施比较好的郊区,而少数族裔如黑人、亚裔或西班牙裔则居住在已经衰落的中心城区。从族群居住的分布情况可以看出,为什么很多郊区单位不愿意放弃现有的独立地位而实行合并;即使在成功合并的单位内,郊区也往往不愿意为中心城区提供财政上的帮助,反而会控制中心城市的权力,削弱少数族裔的权力基础。再次,虽然大都市政府在一定程度上维持公共服务的供给,但仅仅限于公共服务设施还没完善的新兴社区,而非已经衰落的中心城市。最

---

① Lefèvre,C.. Metropolitan Government and Governance in Western Countries:A Critical Review. *International Journal of Urban and Regional Research*,1998(1).

② Hamilton,D. K.. *Governing Metropolitan Areas:Response to Growth and Change*. New York:Garland Publishing,Inc.,1999,p.99.

后,"传统区域主义"最初的目标在于通过建立大都市政府解决辖区内的不公平和低效率问题;但实践证明,大都市政府无力于改善这些问题,反而加剧了种族隔离和经济发展的不平衡。

历史资料显示,在 1907—1947 年的四十年间,美国没有一例成功的合并案例。但是在 20 世纪 80 年代开始,大都市政府的实践在全球范围内得到复兴,特别是在欧洲和加拿大等地区得到了广泛传播。

六、邻里政府运动

20 世纪 60 年代至 80 年代,美国城市兴起了"邻里政府运动"(Neighborhood Movement,或称社区权力运动),这一运动的核心理念是"质疑美国较大城市的规模庞大的政府机构的绩效"[①]。他们发现,公民组织对大都市政府在提供警察服务、提升教育服务、清理垃圾、解决交通堵塞以及其他公共服务的表现非常不满。由此他们指出:"各个邻里的公民偏好、生活方式以及面临的问题都有天壤之别……高度集权的政府通常不能回应邻里的这些差异。"[②]有鉴于此,这些改革者主张要还原足够小的政治单位,以使政府回归于民,确保政府能提供满足公民多样化的偏好,并透彻地掌握社会实际问题,从而更好地服务于民。

此外,合并的大都市政府在解决自身面临的问题以及回应社会问题时都显得无能为力。"有越来越多的迹象表明,在规模庞大、公共服务高度集中的供给体系的运行中存在严重的不经济现象。"[③]面临不断增长的城市人口,大都市政府更加需要雇佣更多的公职人员。此外,薪水也随着人口的膨胀而增长。"传统区域主义"倡导的改革理念并没有实现他们所认为的规模经济。相反,"将大城市权威组织成有限目的的准自治机构以便为较大的城市区提供特定类型公共服务的创举却取得了显著成效"[④]。此外,在大都市区,种族

---

① ②　Bish,Robert L. and Vincent Ostrom. *Understanding Urban Government：Metropolitan Reform Reconsidered.* Washington,D.C.：AEI Press,1973,p.11.

③　[美]文森特·奥斯特罗姆、罗伯特·比什、埃莉诺·奥斯特罗姆:《美国地方政府》,井敏、陈幽泓译,北京:北京大学出版社,2004 年,第 73 页。

④　同上,第 76 页。

隔离现象和种族矛盾越来越严重。总之,城市的合并运动出现了"大而无效"这一令人困惑的难题。其主要表现在以下五个方面:"①大多数公共服务似乎极少具有规模经济;②完全合并不同政府单位的努力并没有取得成功;③市民似乎更喜欢对当地事务多一些控制而不是少一些控制;④大城市区不同社区的居民具有各自明显不同的利益;⑤单一的中心政府不能满足大城市区不同社区和邻里的不同偏好。"①

有鉴于此,邻里政府运动的倡导者提议新的改革应该确保政治单位足够小,从而使公职人员能够了解居民多样化的偏好,以此根据各取所需的原则提供个性化的公共服务。虽然邻里政府运动提出用建立邻里政府的办法强化服务提供体系和政策决策程序的分散化,但是在经过与公共选择理论学派的交锋后而逐渐失去优势。公共选择理论学派提倡建立一套完善的以多中心为特征的多元治理和民主行政的市场机制来进行城市管理,占据上风的公共选择理论学派主导了接下来美国大都市治理的变革潮流。

第二节　公共选择理论

从现实的情况出发,城市政府的"碎片化"是美国城市治理理论演进的现实基础和问题意识。传统区域主义认为行政辖区的"碎片化"往往会导致政府的低效、无能,为此,他们开出的药方是合并大都市区内的城市政府。通过批判传统区域主义和私有化方案,同时在借鉴邻里政府运动的基础上,"公共选择"学派提出了自己的城市治理理论和破解方案。查尔斯·蒂伯特(Charles Tiebout)、罗伯特·沃伦(Robert Warren)、罗伯特·比什(Robert Bish)、文森特·奥斯特罗姆(Vincent Ostrom)、埃莉诺·奥斯特罗姆(Elinor Ostrom)以及罗纳德·J. 奥克森(Ronald J. Oakerson)是运用公共选择理论分析城市治理的主要代表人物。他们先后提出了地方政府竞争模型、多中心城市治理模型以及地方公共经济等理论。在实证研究的基础上,他们还详尽地探讨了政治的碎片化和复杂组织之间的区别,界定了供应(provide)与生产(produce)的差异,发展了联合生产(coproduction)的概念,分析了城市的公平问题,阐述

---

① [美]文森特·奥斯特罗姆、罗伯特·比什、埃莉诺·奥斯特罗姆:《美国地方政府》,井敏、陈幽泓译,北京:北京大学出版社,2004年,第80~81页。

了公共企业家精神的内涵。同样,他们的理论也存在种种缺陷,并招致了许多批评。

公共选择理论对邻里政府运动的借鉴主要体现在对居民偏好多样性以及对小政府的认可上。在批判传统区域主义和借鉴邻里政府运动理论的基础上,1961 年,文森特·奥斯特罗姆、查尔斯·蒂伯特以及罗伯特·沃伦在《美国政治学评论》(The American Political Science Review)发表了《大都市区的政府组织:一种理论的探讨》(The Organization of Government in Metropolitan Areas:A Theoretical Inquiry)一文。在该文中,三位经济学家首次提出了多中心的城市治理模型。正如他们所言,"本文是一个初步的努力,旨在探索多中心政治体制在治理大城市地区方面的若干潜力"①。自此之后,在研究过程当中,他们详尽地区分了供应与生产,提出了政府竞争模型与市场模型,系统阐述了多中心的城市治理模型。

一、公共经济:区分不同类型公共物品的供应与生产

就城市治理而言, 如何有效地组织公共物品的生产以及在此基础上形成城市组织结构是公共选择理论学派需要说明的关键问题。对这一问题的分析,也构成了公共经济的核心研究对象。奥斯特罗姆夫妇对于这一关键问题做了深入系统的研究。

公共经济是一种既不同于政府垄断,也有别于市场经济的混合经济。政府、私营企业、非营利性社会组织以及居民个人等性质各异的行为主体都是参与者。公共经济有着自身独特的内在运行逻辑,其生产、交换和消费的公共物品迥异于市场经济生产的私人物品。对公共物品性质的说明,在一定程度上可以帮助我们厘清公共经济的运行基础。

公共物品与私人物品的差异主要体现在以下三个方面:"①公共物品源于控制间接后果、外部效应或者溢出效应的努力;②要提供公共物品是因为某些物品和服务是不可分的; ③公共物品构成了社群事务所偏好状态的维持。"②就第一点而言,它主要指涉的是公共物品的非排他性问题。许多公共

---

①② [美]文森特·奥斯特罗姆、查尔斯·蒂伯特、罗伯特·瓦伦:《大城市地区的政府组织》,载迈克尔·麦金尼斯主编:《多中心体制与地方公共经济》,毛寿龙、李梅译,上海:上海三联书店,2000 年,第 43 页。

物品只要生产出来,典型的例如国防,任何公民都可享受其带来的收益而不管它是否为此负担了成本。就第二点而言,它主要探讨的是公共物品的共同性问题。某一主体在享用具有共同性的公共物品时,不能阻止其他主体同时也享用这一物品。而不具有共同性的公共物品,则可排除与他人共享,例如燃气、自来水以及电能等。根据排他性与共同性的组合,就可以划分出下表中的四类公共物品:

表2.2　四种类型的公共物品和服务

		使用或者消费的共同性	
		分别使用	共同使用
排他性	可行	私益物品:面包、鞋、汽车、书本、理发等	收费物品:剧院、夜总会、电话、收费公路、有线电视、图书馆、电力
	不可行	公共池塘资源:地下水、海鱼、地下石油	公益物品:社群的和平和安全、国防、灭蚊、空气污染控制、消防、街道、天气预报、公共电视

资料来源:[美]迈克尔·麦金尼斯主编:《多中心体制与地方公共经济》,毛寿龙、李梅译,上海:上海三联书店,2000年,第101页。

就第三点而言,它主要是基于这一价值预设,即权力是保障权利的手段,具体就表现为政治共同体必须根据公民的偏好提供公共物品。但是在实际情况中,又很难制定确切的评价指标去衡量公共物品是否满足所有公民的偏好。更加重要的是,"衡量公益物品和服务的困难意味着政府官员也有困难监督公共雇员的绩效[①]。简而言之,公共物品通常很难衡量。此外,在随后的研究过程当中,奥斯特罗姆夫妇还提出了公共物品的第四个特性,即居民对公共物品的选择一般都存在种种限度。许多公共物品的非排他性以及共同性的特点,决定了"个人可能被迫消费对其具有消极影响的共同物品"[②]。例如,居民不得不消费交通拥堵、空气污染等具有负外部性的公共物品。

公共物品的这些特性决定了其生产不同于私人物品的生产。市场经济就可以生产个体能够独享所有权和用益权的私人物品,但是公共物品并不能简单地通过市场生产。经过曼瑟·奥尔森等经济学家的进一步阐发,这一问题便凝结为公共物品的"搭便车"难题。强制性的制裁手段或者完全的市场化方案并不能有效地化解这一难题,因此就必须建构出一套能够解决这

---

① 　[美]文森特·奥斯特罗姆、查尔斯·蒂伯特、罗伯特·瓦伦:《大城市地区的政府组织》,载迈克尔·麦金尼斯主编:《多中心体制与地方公共经济》,毛寿龙、李梅译,上海:上海三联书店,2000年,第105页。

② 　同上,第103页。

一难题的组织模式和制度安排。

对此，文森特和蒂伯特等经济学家首先认识到了区分公共物品的生产与供应对于设置城市组织体系的重要性。"公益物品和服务的供应与其生产相区分，开启了最大的可能性，来重新界定其公共服务经济中的经济职能。在服务供应方面，根据绩效方面可以维持公共控制，同时还允许在生产公共服务的机构之间发展越来越多的竞争。"①通过区分供应与生产，公共选择理论学派就重新界定了政府的职能，并为多中心的城市治理体系提供了理论证成。在他们看来，地方政府的首要职责不是直接生产公共物品，而是聚合公民的偏好，也即在公共政策的输入端供应公民的需求。在这一过程中，地方政府可以根据公民的偏好决定公共物品多样化的生产形式。由此，在生产方面，就引入了促进效率的准市场竞争机制。"随着生产方面半市场条件的发展，市场组织的灵活性和回应性大多可在公共服务经济中得以实现。"②一旦这种竞争性的生产安排落到了实处，城市政府就承担了一个新的公共职能，即监督生产的成本和收益。通过对生产过程适当的控制，这一安排还可以"利用规模经济，以生产大城市地区的公共服务，同时还以地方忭社群身份的政治责任为基础为更为基层的社群提供非常多种多样的公共服务"③。

此外，罗伯特·比什和文森特·奥斯特罗姆还区分了劳动密集型的公共物品以及资本密集型的公共物品。他们指出："在这一意义上的公共服务是资本密集型的公共服务，即很大一部分资本都投入在了物质性（physical）的工厂身上。这类公共服务最好由大规模的组织负责生产。"④例如，交通基础设施建设、自来水供应系统以及污水处理系统就是典型的资本密集型公共物品。这类公共物品具有规模经济效益。它们最好由一个单一的机构全权负责生产。与资本密集型的公共物品相对的是，劳动密集型的公共物品。例如，警务人员与居民的关系就深刻地影响了居民对这些服务的公民评估。在随后的研究过程中，他们进一步指出："与资本密集型产业相比，劳动密集型产

① ［美］文森特·奥斯特罗姆、查尔斯·蒂伯特、罗伯特·瓦伦：《大城市地区的政府组织》，载迈克尔·麦金尼斯主编：《多中心体制与地方公共经济》，毛寿龙、李梅译，上海：上海三联书店，2000年，第58页。

② 同上，第60页。

③ 同上，第61页。

④ Bish, Robert L. and Vincent Ostrom. *Understanding Urban Government: Metropolitan Reform Reconsidered*. Washington, D.C.: AEI Press, 1973, p.27.

业包含着其雇员与其所服务的人口的高比例……当生产这种服务的组织变得越来越大时,在管理能力上的投资就必须越来越大,由于管理成本过多而导致的规模不经济就会开始出现。"①所以这类公共物品就应由相互竞争的生产单位生产。

随后,奥斯特罗姆夫妇还进一步探讨了公共经济的组织形式。为此,他们区分了集体消费单位和生产单位,并探讨了两者之间的关系。集体消费单位和生产单位以及两者形成的错综复杂的关系构成了公共服务产业。集体消费单位主要是指聚合居民偏好并且购买公共物品的政府。垄断强制力合法使用的政府必须杜绝公共物品的"搭便车"现象以及不合作问题。为此,它需要制定所有社会成员都必须遵守的规则,来公平地分配集体行动产生的收益和成本。作为买方的消费者,它们还有责任和动力监督生产效率。

生产单位主要是指具体负责生产公共物品的主体,它既可以是政府,也可以是私营企业,还可以是非营利的社会组织。具体的生产方式主要有六种:"①经营自己的生产单位;②与私人公司签约;③确立服务的标准,让每一个消费者选择私商,并购买服务;④向家庭签发凭单,允许他们从任何授权供给者购买服务;⑤与另外一个政府单位签约;⑥某些服务由自己生产,其他服务则从其他管辖单位或者私人企业那里购买。"②

表2.3 集体消费单位与生产单位

集体消费单位	生产单位
一般来说,它是一个表达和综合其选民之需求的政府	可能是一个政府单位、私人的营利性企业、非营利性的机构或者自愿协会
拥有强制性的权力来获得资金以支付公共服务费用,并管理消费模式	综合生产要素并为特定的集体消费单位生产物品
向生产公益物品的生产者付费	从集体消费单位获得支付以生产公益物品
收集用户意见,并监督生产单位的绩效	向集体消费单位提供有关成本以及生产可能性的信息

资料来源:[美]文森特·奥斯特罗姆、埃莉诺·奥斯特罗姆:《公益物品与公共选择》,载迈克尔·麦金尼斯主编:《多中心体制与地方公共经济》,毛寿龙、李梅译,上海:上海三联书店,2000年,第111页。

奥斯特罗姆夫妇指出, 提升公共服务产业的绩效需要解决以下三大难

---

① [美]文森特·奥斯特罗姆、罗伯特·比什、埃莉诺·奥斯特罗姆:《美国地方政府》,井敏、陈幽泓译,北京:北京大学出版社,2004年,第100页。

② 同上,第113页。

题:融资、用途管理以及联合生产。生产任何物品都需要一定的成本,公共物品也不例外。在市场中,私人物品的交换总是以一定的财务安排为基础。然而在公共领域中,公共物品的生产者、供应者以及消费者造就的复杂财务安排总是与服务安排不相称。"通过别无选择的征税过程来为大多数公益物品和服务融资,就难以确定最优水平的支出。"①针对这一难题,他们指出适用于市场经济的财政平衡原则也适用于公共经济。这一原则强调"谁使用,谁付费"。换言之,公共物品的具体消费者必须承担相应的成本。

由于存在一些既具排他性又无共同性的公共物品,所以在公共物品总量有限的情况下,使用者越多越会妨碍其他使用者对它们的使用。"在这些情况下,公益物品的提供取决于依靠特定的规则体系来根据需求来分配供给,这一规则体系考虑到供给的条件,也考虑到用途的类型。"②这就涉及根据公共物品的类型和供给条件,为使用者设置一定的门槛和条件。集体消费单位需要根据公共物品的类型,实施用途管理。

联合生产也是提升公共服务产业系统的效率需要解决的重大问题,自奥斯特罗姆夫妇于1977年在《公共物品和公共选择》(Public Goods and Public Choice)一文中首次提出这一概念之后,许多理论家都纷纷阐发了这一概念。甚至可以说,它在一定程度上左右了20世纪80年代初期至80年代中期公共选择理论学派理论家们的学术研究方向。

二、政府竞争模型与市场竞争模型

查尔斯·蒂伯特是最早将公共选择理论运用于城市治理研究的经济学家之一,他关注的焦点是分析公共物品的外部性问题。通过运用经济学的原理,他探讨了公民偏好的表达方式及其实现机制,以及在此基础上形成的政府收支模式。不过,这一理论模型一经问世,便遭到了罗纳德·J.奥克森和罗杰·帕克斯(Roger Parks)等地方公共经济学家的批评。20世纪60年代,罗伯特·沃伦推进了这一领域的研究,提出了"市政服务的市场模型"(A Municipal

---

① [美]文森特·奥斯特罗姆、罗伯特·比什、埃莉诺·奥斯特罗姆:《美国地方政府》,井敏、陈幽泓译,北京:北京大学出版社,2004年,第116页。

② 同上,第119页。

Services Market Model）。在20世纪70年代,他又与罗伯特·比什合作,完善了这一理论模型。

（一）"用脚投票"：蒂伯特的政府竞争模型

蒂伯特于1956年在发表的《地方支出的纯粹理论》(A Pure Theory of Local Expenditures)一文中初步提出了公共选择理论学派的城市治理模型。在该文中,蒂伯特指出,许多公共物品都由地方政府供应,联邦政府对此基本不涉足。"从历史上来看,地方政府对这些物品的支出已经超过联邦政府的支出。"①更加重要的是,在联邦层面,政治候选人为当选就必须提出满足最大多数选民偏好的参选纲领。在实际选举的过程中,这些纲领通常是以占多数的中间选民的偏好为基准。比较而言,在联邦政府层面,反映选民偏好的公共政策相对固定。

联邦政府与地方各级政府供应的公共物品有着天壤之别。与联邦政府的支出相比,居民对公共服务的偏好能更好地反映在地方政府的支出模式中。但是如蒂伯特所言,地方政府的收支却比较固定。在这种情况下,"消费者(投票者)可能会选择能提供最能满足他偏好模式的公共物品的社区"②。只要"社区的数量越多,他们之间的差异越大,就越能满足消费者的偏好"③。蒂伯特的理论模型被学者们概括为作为消费者的城市居民会根据付出(税收)与收益(公共服务)"用脚投票",挑选地方政府。

在此基础上, 蒂伯特提出了决定地方政府结构的七大假定："①消费者(投票者)迁徙自由,并且倾向于搬迁到最能满足自己偏好的社区;②消费者(投票者)对各个政府的收支模式的差异了如指掌,并且会积极反应;③存在多个消费者(投票者)可以自由选择的社区;④对就业机会的限制不在考虑之列,所有的人都有自己的经济来源;⑤各个地方政府供应公共物品不存在外部性问题;⑥存在最佳规模的社区,能以最低的成本供应最优的服务;⑦在最佳规模之下的社区,会试图吸引新居民以降低平均成本。"④总之,为了吸引居民,提升社区的整体实力,地方政府就会相互竞争,优化政府结构,提

①②③　Tiebout, Charles M.. A Pure of Local Expenditures. *The Journal of Political Economy*, 1956, 64 (5), p.418.

④　Ibid, p.419.

升服务水平,从而提高城市治理的效率。在最优的情况下,地方政府供应的
公共物品就是个人偏好的正确汇总。

至此,蒂伯特就间接地批驳了传统区域主义的理论主张,他也说明了城
市政府的碎片化程度与行政效率的提升和行政成本的节约成正比。究其实
质而言,他的理论是在为城市政府的"碎片化"提供理论证成。"这种理性的
考虑产生了将分割性的城市地区看成是地方政府市场的观念。"①从此之后,
包括罗伯特·沃伦在内的经济学家纷纷运用市场的模型划分市政服务供给
的最佳模式。

不过,在蒂伯特看来,有些公共物品和服务由联邦政府和州政府供应更
加有效。例如,他就指出:"并非所有方面的法律执行都完全由地方政府承
担。"②县治安官、州警务工作以及联邦调查局等职能就应整合起来由一个部
门统一行使。在他看来,市政合并必须满足这一条件:"任何服务的成本都是
一样的,而且它还不会减损其他服务。"③他在该文中提出的理论模型也是对
碎片化的城市地区运作模式的标准解释。此后,各个领域的学者纷纷将蒂伯
特的理论模型运用到实证研究中去,以此检验和发展其理论。不过,他的地
方政府竞争模型也存在许多有待完善之处,这也招致了罗纳德·J.奥克森和
帕克斯等经济学家的批判。

罗纳德·J.奥克森和帕克斯指出,蒂伯特的地方政府竞争模型依赖于这
一假定:"成本较低的进入和退出、完全可移动的资产或者是完全的动产
税。"④众所周知,房地产的价值和税率是决定居民"用脚投票"成本的最大变
量,而它基本上是不动产。在美国,对于居住在中心城市的黑人等少数族裔
而言,高昂的房价是阻碍他们搬迁至郊区的最主要原因。为此,他们不得不
居住在公共物品供应相对不足的中心城市。另外,对于许多族群来说,对共
同体的情感认同也是决定居民选择定居地的重要原因。在实际选择定居地

---

① [美]罗纳德·J.奥克森:《治理地方公共经济》,万鹏飞译,北京:北京大学出版社,2005 年,第
152 页。

②③ Tiebout,Charles M.. A Pure of Local Expenditures. *The Journal of Political Economy*,1956,64
(5),p.423.

④ [美]罗纳德·J.奥克森:《治理地方公共经济》,万鹏飞译,北京:北京大学出版社,2005 年,第
153 页。

点的过程中,许多居民往往会优先选择靠近本族裔成员住所的社区。可见,蒂伯特仅仅从经济学的角度分析地方政府的治理模式而忽略文化因素的重要作用,致使其理论太过单薄。

在实际情况中,蒂伯特的模型对于拥有可观规模动产的工商业企业主更具吸引力。就此而言,其模型往往会沦为增长机器。为了巩固税基,促进国土开发和经济发展,地方政府通常会采取包括降低税率、改善基础设施建设在内的各种措施,以招商引资。在这种情况下,"地方供应单位间的竞争增加了工商业公司和开发商对地方政府的影响力,但它不会有效提高现行住宅拥有者的影响力"①。在官员晋升与经济发展速度挂钩的地区,以及发展意愿非常强烈的地方,这种竞争压力会得到进一步的强化。那么,对于普通居民而言,"用脚投票"选择"退出",从而激励地方政府改善公共服务就无多大实效。对此,罗纳德·J.奥克森和帕克斯就指出,为提升地方政府的公共服务能力,运用阿尔伯特·赫希曼的"退出—呼吁"模型更加有效。

赫希曼认为,管理阶层通常可以通过两条途径发现企业和组织绩效的衰减,即退出和呼吁。"某些消费者不再购买企业的产品或某些会员退出组织。这是退出选择……消费者或会员或径自向管理者,管理者的上级,或以一般抗议的形式向任何关注他们的人表达自己的不满情绪。这是呼吁。"②这套"退出—呼吁"模型也可以改造为城市治理模型。居民有两种基本方式表达他们对地方政府提供公共物品的不满,即"退出"和"呼吁"。"退出"具体表现为居民"用脚投票",即搬离服务不佳的政府,重新选择能够提供满足自己偏好的地方政府。"呼吁"具体表现为居民的政治参与,通过参与地方选举以及游行、示威等抗争活动,居民可以表达自己的偏好,要求地方政府提供满意的公共物品。就此而言,"当市民要获得供应方面对他们的要求做出政治回应时,'用脚投票'就不能代替地方选举和政治参与。除了市民有能力对官员实行政治限制外,我们不能期望地方政府间的竞争会限制供应单位提供给普通市民的税收服务价格"③。如果将蒂伯特的理论模型运用于实践,那

---

① ［美］罗纳德·J.奥克森:《治理地方公共经济》,万鹏飞译,北京:北京大学出版社,2005年,第154页。

② ［美］阿尔伯特·赫希曼:《退出、呼吁与忠诚——对企业、组织和国家衰退的回应》,卢昌崇译,北京:经济科学出版社,2001年,第4~5页。

③ 同上,第154~155页。

么,最有可能的结果是地方政府沦为资本维护自我利益的工具。究其原因就在于,和不充分的市场竞争一样,由于购买力的悬殊,资本的力量必然会捕获市场(政治权力),使其沦为维护利益的私器。

(二)市政服务的市场模型:沃伦的理论模型

罗伯特·沃伦也是早期运用公共选择理论分析城市治理问题的经济学家之一。1964 年,沃伦公开发表的《大都市组织的市政服务的市场模型》(A Municipal Services Market Model of Metropolitan Organization)一文初步提出了市政服务的市场模型理论。此后,他又与罗伯特·比什合作,进一步阐述了这一理论模型。该成果凝结为《城市政府服务的规模和垄断问题》(Scale and Monopoly Problems in Urban Government Services)一文。

沃伦也是在批判传统区域主义理论的基础上,建构起自己的理论模型的。如上所言,传统区域主义认为,城市政府的碎片化是大都市区一系列公共问题的源头。他们认为,将城市内所有的政府整合为一个单一政府就能有效地解决这些难题。而且,分权的政府机构衍生的许多规模太小的政府单元,导致在市政服务生产方面,不能实现规模经济。

对此,沃伦的回应是:"政府体系如果是建立在自主单元之间的相互竞争的基础上,那么它的绩效可能优于或至少是与统一集权的决策制定体系相差无几。"①具体而言,沃伦试图利用市场的竞争模型建构一个大都市组织的市政服务市场模型。"通过一些外部管制,市场机制能实现有效的资源分配并满足多样化的偏好。"②他指出,与市场经济相类似,大都市区的政府组织通过竞争和分权行为就可以提升绩效。

在市政服务的市场模型中,沃伦假定,地方政府是购买市政服务的消费者。大都市由具有各自利益的社区组成,这些社区都有自己明确的边界,分散在大都市的空间内。在他看来,作为消费者,大都市区内的地方政府必然会追求以最低的成本获取最高的收益。同样,作为消费者和辖区内公共物品的生产者,居民也会根据成本效益分析力图实现自己的偏好。

传统区域主义认为,大都市区的碎片化以及随之而来的城市政府规模过小必然会导致规模不经济。对此,沃伦给出的回应是,"对服务供应的控制

① Warren, Robert. A Municipal Services Market Model of Metropolitan Organization. *Journal of the American Institute of Planners*, 1964, 30(3), p.194.

② Ibid, p.196.

并不意味着它们必然由同一辖区的政府生产。因此，一个规模较小的市政机构通过区分生产和对服务供应的控制，同时利用外部生产者，也能实现规模经济[①]。例如，包括消防、污水处理以及公共健康在内的公共服务都可以通过与私营公司签订购买合同或由志愿者提供服务等形式得到实现。

沃伦还指出，规模较大的生产者维系或增加他们在市政服务中市场份额的动机是市场模型的重要组成部分。为此，中心城区、郊区以及邻近县的政府就会通过双边或多边行动，通力合作促进如污水处理等资本密集型产业的发展，从而实现规模经济。总之，"在一个分权的制度内，服务不仅是充足的，而且在没有正式的集权政府的条件下，也能实现规模经济"[②]。

此外，通过分析人口的增长与偏好多样性的关系，沃伦进一步夯实了市场模型的理论基础。他指出："随着人口的增长及其在区域内的再分配，在一个混合的辖区内，公民对市政服务的需求也会随之上升。"[③]由于个体受教育程度的不同、社会经济地位的差异以及城市土地的价值和税率的浮动等主客观条件的限制，公民的需求必定是多种多样的，异质性的偏好也会随之膨胀。所以，通过引入市场模型，促进生产者相互竞争，就能更好地提升政府的效率，满足居民的偏好。

随后，沃伦又与比什进一步阐述了市政服务的市场模型。他们指出："私人垄断既不能有效回应消费者的偏好，也不是规范的市场控制秩序。"[④]同样，生产公共物品的垄断者也会遵循相似的行为规律。可见，垄断的政府也不能有效地提供公共物品。更进一步而言，像私人物品一样，公共物品的种类也是非常的庞杂，性质也是天壤有别。既然在市场中，这些在性质上千差万别的私人物品由无数厂家生产，那么，"由于政府提供的物品和服务在性质上迥然有别，所以，对公民需求的有效评估也应该由不同规模的政治单位承担"[⑤]。这样，城市政府的碎片化不仅可以满足公民多样化的偏好，而且由

---

①　Warren, Robert. A Municipal Services Market Model of Metropolitan Organization. *Journal of the American Institute of Planners*, 1964, 30(3), p.196.

②　Ibid, p.200.

③　Ibid, p.198.

④　Bish, Robert and Robert Warren. Scale and Monopoly Problems in Urban Government Services. *Urban Affairs Review*, 1972, 8(1), p.106.

⑤　Ibid, pp.104–105.

于竞争性它们还会保持高效率。

在此基础上,沃伦和比什进一步指出,主张合并的实践改革家和传统区域主义理论家忽视了单一政府垄断公共物品生产的严重后果。为此,他们还提出了替代性的制度,例如私营部门生产公共物品,政府合作提供公共服务,非营利组织的慈善行为以及居民个人的志愿服务都能取得与大规模组织所能获取的类似效益。更加重要的是,这些生产形式不会形成垄断结构。总之,他们从各个方面论证了碎片化的政府体系的行政效率,否定了传统区域主义主张的合并思想。

三、多中心城市治理理论

文森特·奥斯特罗姆曾指出,在城市中也存在一个多中心的体制,但并未对此作详尽的论述。众所周知,与其他空间相比,城市空间凝聚了更多的公共事务。自然地,它也成为考察多中心秩序观是否有效的关键场域之一。对此,多中心的城市治理模式强调生产主体的多元化。

为了说明多中心理论与大都市区治理的内在契合性,文森特·奥斯特罗姆首先引用了 19 世纪法国思想家托克维尔对美国地方政治生活的认识。托克维尔指出,表面看似混乱不堪的美国地方公共生活,本质上暗含了宝贵的地方自治精神。为此,托克维尔还进一步区分了"公民为自己做事"以及"政府能够管理当地事务"之间的区别,并在此基础上详尽比较了以法国为代表的单中心结构和以美国为代表的多中心结构的差异。最后,文森特·奥斯特罗姆借托克维尔之口说道:"美国人利用了多中心的权威,依靠选举和协调的方法来解决公共权威之间的冲突,而不是利用单一的命令性的等级制。"①

文森特·奥斯特罗姆发现,对大都市区内涵的界定并没有一个公认的定义。这既反映了"语言的问题",也反映了"取向的分歧"。对此,文森特·奥斯特罗姆主要是以大都市区的中心城区和郊区的政府组织形式的差异为蓝本,考察大都市区的治理结构。他指出,许多城市中心城区的政府通常施行高度一体化的治理模式,并且它们还为居民提供大量的公共物品和服务。与

---

① [美]文森特·奥斯特罗姆:《多中心治理与大城市地区治道》,载迈克尔·麦金尼斯主编:《多中心体制与地方公共经济》,毛寿龙、李梅译,上海:上海三联书店,2000 年,第 154 页。

之相对,郊区的政府组织体系在很大程度上接近于多中心的治理模式。

在社会经济条件、小区人口密度以及空间位置类似的条件下,通过比较中心城区与郊区政府治理模式的差异,文森特·奥斯特罗姆据此发现了四条反映差异的定理:①

定理一:高度的多中心或者分散与大城市区不同部分在服务质量和服务水平差异正相关。

定理二:高度的多中心或者分散与种族隔离和社会阶级隔离正相关。

定理三:高度的多中心或者分散会导致公共服务提供成本的提高。

定理四:高度的多中心或者分散导致中心城市和郊区之间财政资源和负担的不平等分配。

就定理一而言,文森特·奥斯特罗姆指出,事实与之截然不同。由于个人偏好的差异,所以居民往往会"用脚投票"选择那些能更好地满足自己偏好的辖区。各个辖区在税收和财政方面的差异与竞争会进一步强化这一流动趋势。

就定理二而言,他同样地也不认可这一点。在大都市区,由于存在多个辖区,所以居民可以通过"用脚投票"表达偏好。他指出,虽然种族偏见确实会形塑居民的偏好,但是它完全可以通过"用脚投票"表达这一偏好。实际上,与政治辖区相比,包括住房以及其他不动产在内的其他因素对种族隔离的影响更大。于是,为了缓解种族隔离,关键的问题是对住房等因素进行控制。

就定理三而言,他也给出了否定的理由。前文已经述及,传统区域主义主张合并的一个重要理由就是合并能实现规模经济。但是公共选择理论学派指出规模经济因消费要素、生产要素以及公共物品和服务的种类差异而迥然有别。

就定理四而言,他指出:"高水平的支出并不必然与高水平或者高质量的服务或者高水平的公民满意度相关。"②例如,包括芝加哥在内的许多大都市政府在警察服务上都向包括黑人社区在内的穷人社区倾斜,但是这些社区的犯罪率仍居高不下。

---

① [美]文森特·奥斯特罗姆:《多中心治理与大城市地区治道》,载迈克尔·麦金尼斯主编:《多中心体制与地方公共经济》,毛寿龙、李梅译,上海:上海三联书店,2000年,第164~165页。

② 同上,第165页。

这四条定理实际上也是主张单中心秩序的理论家对公共选择理论学派的批评。如前所述,在反思大都市改革的两大传统时,埃莉诺·奥斯特罗姆等经济学家已经对此有所回应。随后,埃莉诺·奥斯特罗姆还为多中心的城市治理模型提供了新的理论依据,即以下八条替代性定理:[①]

替代定理一 A 城市政府单位规模的增长是否与较高的人均产出、更有效的服务提供、受益人间更平等的代价分配相关,这取决于所考查的公益物品或者服务的类型。

替代定理一 B 城市政府单位规模的增长与地方官员责任下降、公民参与下降相关。

替代定理二 城市政府单位规模增长与作为组织原则的等级制更多的使用相关。

替代定理三 A 在大城市地区内公共机构数量的减少是否与更多的人均产出、更有效的服务提供和受益人间更平等的代际分配相关,取决于所考查的公益物品或服务的类型。

替代定理三 B 大城市地区公共机构数量的减少与公共官员责任的较少有关。

替代定理四 大城市地区内公共机构数量的减少会增加在大城市地区内对等级制组织原则的依赖。

替代定理五 A 大城市地区增加对等级制组织原则的依赖是否与较高的人均产出、较有效的服务提供有关,取决于所考查的公益物品或者服务的类型。

替代定理五 B 大城市地区增加对等级制组织原则的依赖与公民参与的减少和公共官员责任的减少相关。

就替代定理一 A 而言,如上所述,以奥斯特罗姆夫妇为代表的公共选择理论学派已经指出了对于资本密集型公共物品而言,由单一的大规模组织进行生产更有效率。比如,"许多中等规模的警察服务就是资本密集型的,在大的生产单位中,就能实现规模经济。例如,犯罪实验分析"[②]。与之相对,劳

---

① [美]文森特·奥斯特罗姆:《多中心治理与大城市地区治道》,载迈克尔·麦金尼斯主编:《多中心体制与地方公共经济》,毛寿龙、李梅译,上海:上海三联书店,2000年,第195~196页。

② Ostrom, Elinor. The Comparative Study of Public Economies. *The American Economist*, 1998, 42 (1), p.10.

动密集型的公共物品就应由中小规模的组织承担生产。例如,"在直接生产服务方面,中小规模的警察机构就更有效率"①。这一解释也适用于替代定理三 A 和替代定理五 A。

对于替代定理一 B 而言,可以从政府垄断以及规模与民主之间的关系这两个角度出发予以说明。在霍布斯式的单中心秩序中,就国家与社会的关系而言,国家的力量通常会远远强于社会的力量。所以,社会就无足够的力量向国家表达自己的需求并要求国家予以有效回应。具体落实到垄断了暴力合法性使用的政府层面就是,政府官员没有足够的压力去回应居民的诉求。就公民的参与而言,与在小规模的政府组织中的公民参与相比,在超大规模的政府组织中,个体居民的参与效能感必然会大打折扣,因而必然会弱化他们的参与动机。"较小社群选择的官员更可能生活在地方性社群中,因此了解特定社群的需要和利益,也更易于接受服务的要求。"②同样地,这一说明也适用于替代定理三 B 和替代定理五 B。

对于替代定理二而言,其背后的理据一目了然。众所周知,在科层化的官僚体制中,上下级的关系是命令与服从的关系。这种关系本质上是一种等级制,组织规模越大,那么等级制越严格。与之相对,在小规模的扁平化的政府单位中,由于行政层级少,等级关系相对松散。这些也是对替代定理四的理论解释。

以埃莉诺为代表的经济学家还具体分析了大都市区的警察服务、公共教育以及消防等公共物品的供应与生产。对这些领域的研究也进一步佐证了他们的观点。在此,具体以警察服务为例予以说明。总体而言,他们指出:"小部门里正式的沟通和控制更容易实现。可以认为,较大的内部控制的可能性以及较多的公民—官员互动机会,可以改善把公民的需求转变成警察服务。"③与在规模庞大的警察机构相比,在规模较小的警察机构中,公民和警务人员对彼此比较了解,因而对彼此掌握更多的信息。居民也更有能力表达自己对治安的服务需求,整个社群也更有能力控制警局。与此同时,警察

---

① Ostrom, Elinor. The Comparative Study of Public Economies. *The American Economist*, 1998, 42 (1), p.12.

② [美]埃莉诺·奥斯特罗姆、戈登·惠特克:《社群控制之意义》,载迈克尔·麦金尼斯主编:《多中心体制与地方公共经济》,毛寿龙、李梅译,上海:上海三联书店,2000 年,第 231 页。

③ 同上,第 232 页。

对公民的偏好也有更好的了解。此外,公民对警员的认知程度和支持程度也有相应的增加,从而有利于提升警察的产出水平。警察组织内部上级对下级的控制能力也有所增强。

文森特指出决定多中心体制有效的第三个条件是,是否存在一套制度安排来解决政府之间的冲突。因此,为了说明多中心城市治理模式的有效性,就必须说明那些制度安排能够处理城市内各个政府之间的冲突和矛盾。可见,多中心城市治理必然会涉及协调府际关系。地方政府之所以会存在冲突主要在于它们之间存在税收竞争与合作问题。文森特等人区分了两种基本形式的税收竞争。"其一是竞争相同的税基……其二是邻近的辖区保持低税率以竞争需求的产业或居民……邻近辖区之间的税收竞争促使许多地方政府官员对增税进行反思,增税会减弱本地居民或商人相对于邻近居民或商人的竞争力。"①在实际的政府运作过程中,大多数城市都存在性质各异的正式和非正式的制度安排,去处理辖区之间的冲突。在大都市区,主要存在两种处理冲突的正式制度安排:其一是法院,"基本依赖法院来解决地方政府单位之间的冲突,无疑反映了通过高层次决策者来使外部控制成本最小化的努力"②。其二,城市政府还可以利用较高层次的政府,来处理彼此之间的纠纷。此外,各个城市政府的官员也会就冲突进行管理,通力合作。

四、多中心城市治理实践

公共选择理论学派(School of Public Choice Theory)批判"传统区域主义",实际上是从"政治碎片化"的角度出发的。公共选择理论学派认为,"政治碎片化"确实会带来很多问题,但是"传统区域主义"开出的药方带来的问题更甚,关键的一点是无助于解决"政治碎片化";相反,"政治碎片化"并不是一无是处。在大都市"碎片化"的状态下,公共产品与服务的提供就存在规模经济和外部性等问题,因此由地方政府来提供这些产品和服务就显得非

① Bish, Robert L. and Vincent Ostrom. *Understanding Urban Government: Metropolitan Reform Reconsidered*. Washington, D.C.: AEI Press, 1973, p.53.

② [美]文森特·奥斯特罗姆、查尔斯·蒂伯斯、罗伯特·瓦伦:《大城市地区的政府组织》,载迈克尔·麦金尼斯主编:《多中心体制与地方公共经济》,毛寿龙、李梅译,上海:上海三联书店,2000年,第63页。

常不经济和没有效率,而且大都市政府"一刀切"的政策(整齐划一的服务标准)忽视了公民需求的多样性,无法满足不同社群之间的需求。相反,城市规模和政治单位较小,政府更能了解不同团体的偏好,并依据不同的情况给予相符的回应。

公共选择理论学派是把政治经济学运用在对区域政府的研究上,认为多元的政府结构比单一集权式的政府结构更能符合城市治理的需求。例如,奥斯特罗姆等学者认为,碎片化的政府结构给人们提供了"用脚投票"的机会,反而刺激了地方政府之间的竞争,从而获得了更有效率的服务。①实践证明,政府本身就是一个公共产品,其管理行为以及对其运作的管理也需要成本;而以科层制运作的政府是一个难以及时作出快速回应和调整的组织。按照公共选择理论学派的观点,公共产品的生产和提供是两个不同的概念和环节。虽然说地方行政机构的主要职能是负责提供公共产品和服务,但是它不一定要承担生产职能。通过研究,公共选择理论学派的倡导者发现,为了解决民生问题,提供服务需要不同层级的政府与私人部门等社会组织的通力合作,因此地方治理体系并非如"传统区域主义"的倡导者所坚持的那样,仅仅局限于正式的政府单位。②为了提高公共产品的生产效率和服务质量,公共选择理论学派要求将一部分公共产品和服务的生产职能转交给私人部门(市场),即通过与私人部门签订协议,建立起公私伙伴关系;对于某一地方政府而言,除了与私人部门进行合作以外,还可以通过与其他地方政府进行合作,即通过跨地区的政府间协议,来共同承担或转移公共产品和服务的生产职能。除此以外,还可以建立区域性的负责某项具体事务的专区、联合会议等实现职能转移的专门机构。文森特·奥斯特罗姆主要是以大都市区的中心城区和郊区的政府组织形式的差异为蓝本,考察大都市区的治理结构。他指出,许多城市中心城区的政府通常施行高度一体化的治理模式,并且它们还为居民提供大量的公共物品和服务。与之相对,郊区的政府组织体系在很大程度上接近于多中心的治理模式。

---

① Ostrom, Vincent, Tiebout and R. Warren. The Organization of Government in Metropolitan Areas: A Theoretical Inquiry. *The American Political Science Review*, 1961, 55(3), pp.834–836.

② Ostrom, Vincent, Robert Bish and Elinor Ostrom. *Local Government in the United States*. Ithaca, N. Y.: ICS Press, 1988, pp.99–109; p.211.

从上面的论述可以看出,公共选择理论学派企图从多元化(多中心)体制来设计区域治理组织模式。所谓多元化体制,是指大都市区具有多个相互独立的政治决策中心,包括正式的全功能性的政府单位(如、县、市、镇等)和大量重叠的特殊区域政府(如学区和其他功能区)。在西方国家,尤其是美国,多元中心体制是大都市区最常见的政府组织形式。

实际上,公共选择理论学派提出以市场为导向的分权模式,与"传统区域主义"的统一集权模式是完全对立的。在分权模式中,权力并未集中固定在科层组织当中,而是分散在包括政府、企业和社会组织,甚至是公民个人等在内的更宽泛的参与主体之间;"无形的手"将协调特定商品供给者和消费者的行为,并且有效率地生产和使用资源,满足各方的需求。在城市治理中,该模式是以公共管理而不是以官僚制和权力为特征的,而且把所有参与主体视为一个受到外部刺激就会做出正确回应的理性经济人。因此,公共选择理论学派主张保留分散的地方政府行政单位,并通过这些行政单位之间的竞争,以期提高区域内现有资源的使用效率和增强管理的合理性。

公共选择理论学派经历了"兴起—高潮—融合"三个阶段。1956年,查尔斯·蒂伯特(Charles M. Tiebout)提出了"用脚投票"的思想来为大都市政府的多中心结构特征辩护,批判了传统区域主义。紧随其后,奥斯特罗姆夫妇、罗伯特·沃伦和罗伯特·比什等学者从公共选择理论的范式为理解大都市治理和研究地方政府行为提供了一些新的思路和视角,迎来了公共选择理论学派的繁荣阶段,并形成了公共选择理论学派对大都市治理的比较优势:①有助于理解正式结构满足个人需求和偏好的关系;②不同规模的政府单位对提供不同公共产品和服务具有不同的效率;③把公共产品和服务的生产职能与供给职能分开,有助于深化对地方政府职能的理解。

综上所述,可以将多中心的城市治理模式概括如下:包括奥斯特罗姆夫妇在内的公共选择理论学派首先根据公共物品是否具有排他性和共同性,划分了四类公共物品。在此基础上,他们又进一步细分了资本密集型公共物品以及劳动密集型公共物品。此外,他们还详尽地区分了供应和生产。在多中心的城市治理模式中,居民向地方政府表达偏好,形成公共物品的供应链。随后,根据公共物品的类型决定是选择由规模庞大的组织负责生产,还是由规模较小的组织或个人负责生产。具体存在上文提到的包括政府直接生产、与私营公司签约外包以及特许经营在内的六种生产形式。此外,居民可以"用脚投票"选择最能满足自己偏好的辖区。作为消费者,地方政府也会监督生产,促进生产单位提高效率。也就是说,他们并不是否定所有规模庞大的组织体系和单中心秩序, 公共物品的类型决定了生产者的规模和生产形式。在这一多中心的体制中,地方政府由于相互竞争税收等原因,也会发生冲突。因此,需要一套正式或非正式的制度安排处理这一冲突。正式的制度安排主要有法院以及更高层级的政府, 非正式的安排有地方政府官员之间的相互协调。

五、对公共选择理论学派的评价与反思

到 20 世纪 90 年代前后, 公共选择理论学派遭到了批评。首先,"经济人"假设过分强调参与主体的理性和自利性。在现实中,理性和自利性受到很多因素的干扰,难以做到完全理性和利益最大化;而且公共选择理论学派刻意回避了政府作为公共部门追求公共利益的特性。[①]然后, 公共选择理论学派本来是针对"传统区域主义"无力解决大都市的公正和平等问题,但是在高度市场化的经济环境下, 居住在郊区的绝大部分中上阶层拒绝帮助中心城市改善经济状况, 使得原来已经恶化的公正和平等问题没有得到丝毫改善。许多低收入者和无家可归者集聚在中心城市,而正是这些低收入阶层分担着中心城市昂贵的基础设施和公共服务的费用。如果,按照公共选择理论学派的理论假设,任何人都有权根据自己的偏好选择"进入"或者"退出"任何一个城市区域,那么选择"退出"对于低收入阶层来说,无疑是一个具有优势的策略选择。但是公共选择理论学派的简约化理论恰恰忽略了这个阶层群体的"退出"能力,换句话说,就是忽视了或者是有意忽略了迁移的成本,这对公共选择理论学派本身造成了理论上的打击。因此,研究者发现参与主体之间的公平竞争只是理论条件,缺乏实质性的事实支持;[②]公共选择

---

① 　Stephens, G. Ross and Nelson Wikstrom. *Metropolitan Government and Governance: Theoretical Perspectives, Empirical Analysis, and the Future*. New York: Oxford University Press, 2000, p.120.

② 　Frey, B. S. and R. Eichenberger. Metropolitan Governance for the Future: Functional Overlapping Competing Jurisdictions. *Swiss Political Science Review*, 2001.

理论学派的理论性太强,缺乏支撑其假设的经验证据。[1]最后,"碎片化"的地方政府很难被认为是有效率的。尽管公共选择理论在治理"政治碎片化"的初期颇有成效,但到了后期反而加剧了"政治碎片化",造成了同个区域内不同政府单位的职责不清、效率低下,弱化了区域政府的政治领导权,无法为居民提供有质量的服务。[2]

虽然,面对着严厉的批评,但是公共选择理论学派并没有像"传统区域主义"那样在某段时期内销声匿迹,而是逐渐融合到新一股城市治理的潮流中去,这股潮流就是城市区域主义政治理论的第三阶段——新区域主义阶段。

第三节 新区域主义

一、新区域主义的崛起

"传统区域主义"和公共选择理论学派分别从国家和市场两个对立的角度作为逻辑起点,"传统区域主义"把国家/政府作为绝对主体的力量统治城市,试图从宏观结构途径来解决城市问题;公共选择理论学派则把市场作为基本动力机制,从经济理性途径寻求解决方案。前述两种区域主义政治理论都重视效率、成本、服务输送、经济增长和社会改革等议题,由于西方各国区域发展的政治、经济、社会、历史和自然等环境条件的差异,居民群体偏好的不同,所以各国在区域治理的过程中所采取的公共行政组织与管理模式也具有相应的区别。

但是这两剂"药方"在实践面前都遭遇了挫折,20 世纪 70 年代中期,在大西洋福特主义经济生产方式爆发危机时,国家/政府在协调公共事务方面表现出了软弱无力;20 世纪 80 年代以后, 以美国里根总统和英国撒切尔夫人为代表推行的新自由主义政策由于市场失灵的出现, 导致依靠单纯的市

---

① Keating,Michael. Size,Efficiency,and Democracy:Consolidation,Fragmentation,and Public Choice. In David Judge,Gerry Stoker,and Harold Wolman eds. *Theories of Urban Politics*. Thousand Oaks,C.A.:Saga Publications,1995. pp.124–125.

② Parks,R. B. and Oakerson. Metropolitan Organization and Governance:A Local Public Economy Approach. *Urban Affairs Quarterly*,2000,(1).

场机制在管理城市时表现得束手无策。因此,学术界开始重新思考国家、市场和社会三者之间的关系。究其原委,其中一个原因是新自由主义思潮的出现导致了分权化,权力从联邦(国家)层面向区域(地方)层面下移;另一个原因是资本主义经济全球化的发展趋势正影响着城市化和区域化的进程。

自20世纪80年代以降,欧美等资本主义发达国家的政府在城市治理的过程中面临着新的问题与挑战:第一,由于政府职能的大幅度扩张、组织规模急速膨胀、预算赤字攀升,为了减轻中央财政负担,联邦和地方之间的关系走向分权式发展的方向;第二,在科技和交通运输、通信网络的迅猛发展下,全球化已经成了新世纪的浪潮,全球化除了以经济整合、国际分工和跨国性公司等议题来展现以外,在权力"向上收缩"的同时,也在不断地"向下渗透",各国纷纷进行地方自治的改革,强调地方分权,以期形塑有效能的地方政府,才能迅速回应外界的挑战;第三,城市化和郊区化的现象交织在一起,有关环境保护、水资源利用、垃圾处理、交通运输、教育、医疗以及住房等问题日益严重,地方政府在资源和组织规模有限的情况下,愈发感觉捉襟见肘,为提升行政效能以及达到组织规模经济的目的,各国莫不积极推动各式各样的地方跨域合作机制;第四,城市政治、经济政策的外部性常常"外溢"(spill over)到邻近区域,加之上述问题,使跨域协调的需求与日俱增。①

对于全球化的探讨,虽然不同的学科各有其不同的关注焦点,但学者们普遍认为,全球化是当代人类社会活动的空间逐渐超越传统地域、种族、国家等主权版图的界限,在科技资讯革命的背景下,以实现新技术创新、制度创新和扩展、资本流动以及跨国合作等治理方式的转变。全球化不但冲击着国内外企业的经营模式与资金运用,而且还影响国家与国家之间的互动,也促进地区、城市之间的交流和联系,促成地方政府之间既竞争又合作的关系,质言之,全球化影响了政府职能的展现方式,其中地方政府的治理职能尤其受到相当程度的冲击。由于在参与经济全球化的过程中,城市是地方政府展现竞争优势的核心区域,同时城市的行政管理体制必须与国际接轨,以至于城市发展不再是个别国家和地区的事务,而是全球共同面对的问题。在经济全球化的竞争压力下,各城市政府无不竭力提升自身的竞争优势,使全

---

① White,Roland and Paul Smoke. *East Asia decentralizes*,*Making Local Government Work in East Asia*. Washington,D.C.:World Bank,2005,p.12.

球竞争已不再仅仅是国与国之间的竞争,更是城市与城市之间的竞争。[①]

自 20 世纪 90 年代以来, 区域竞争力逐渐成了各国和区域之下的城市关注的焦点。在实践的推动和对传统改革派(即"传统区域主义")以及公共选择理论学派融合发展的基础上, 城市治理领域内兴起了一股 "新区域主义"(New Regionalism)思潮。"新区域主义"认为在解决城市问题上应综合考虑竞争与合作、分权与集权的因素,才能有效实现治理大都市的目的。

区域主义在 20 世纪 90 年代得到复兴主要是由于:首先,联邦政府以财政援助为主要方式的总体城市规划无疾而终, 中心城市的社会经济问题日益恶化;其次,发展区域经济是复苏国内经济,应对全球竞争的需要;最后,90 年代的区域主义改革理论受到了同一时期政府改革理论的影响, 对于城市治理的思路与政策主张,体现了 80 年代中期以后兴起的新公共管理理论的核心思想。从 20 世纪 80 年代末期 90 年代初期渐渐兴起的"新区域主义"的观点来看,"新区域主义"既无意回到原来"传统区域主义"的老路,又想极力摆脱传统公共行政的单中心和多中心治理的逻辑思维, 并为城市区域主义政治理论导入最新的基本价值取向, 甚至作为整个公共治理实践行动的再出发点。

二、新区域主义的理论基础

作为中层网络治理途径的"新区域主义"主要是受到了"治理"范式两大基础理论的支持,一是社会资本理论(social capital theory),另一个是权力依赖理论(power dependence theory)或称资源依赖理论(resource dependence theory)。

社会资本理论假定, 拥有高度信任关系的网络将有助于降低成员间的交流与监督成本,不必再依赖权力或透过正式制度来化解 "搭便车"(free rider)等问题,因此集体行动与网络治理的成功十分依赖信任关系的维持。[②]例如,波斯特(Post)认为,相邻地方政府的官员们之间的人际关系、专业分工

---

① Butler,Jensen. Cities in competition:equity issues. *Urban Studies*,1999,36(5-6),pp.865-891.

② Gittell,R. and A. Vidal. *Community Organizing:Building Social Capital as a Development Strategy.* California Press,1998,p.15.

与合作,有助于地方政府推动跨域治理。克拉伦斯·斯通(Clarence N. Stone)也发现,黑人民选官员与商业利益集团之间的信赖关系,有助于形成稳定的统治联盟。①丰富的社会资本有利于塑造中央与地方、地方与地方府际间,以及政府与社会、政府与公民之间的良好合作关系,同时使集体行动成为可能,培育公共责任意识,促进地方政府公共服务意识的增强。

权力依赖理论(或称资源依赖理论)主张,由于各地方政府、私人部门和非营利组织等行动者都无法独立地解决问题,因此政府必须与其他掌握资源的行动者合作②,构建出资源互赖网络与权力关系,并促成相互合作与协调的"公私伙伴关系"(public-private partnership,PPP)③,如果网络组织中的行动者无法再次获得从网络中所带来的利益,网络关系最终将会瓦解。④而成员之间经常性的互动与资源互赖,将有助于共同价值与信任关系的培养。

三、新区域主义的基本特征

阿兰·瓦利斯首先对"新区域主义"的特征作了权威性的概括,他指出"新区域主义"至少在五个方面与两阶段的城市区域主义政治理论不同⑤,即治理、跨部门性、协作性(collaboration)、过程和网络;随后,他又把"新区域主义"的特征作了进一步的概括,即区域、多边界。⑥随后,达尼埃拉·温茨海默(Daniela Windsheimer)补充了另外三个特征:开放(open)、信任(trust)和赋权

---

① Stone,Clarence. *Regime Politics:Governing Atlanta,1946–1988*. Lawrence:University Press of Kansas,1989,p.198.

② Kickert,W. J. M.,E. M. Klijn and J. F. M. Koppenjan. Introduction:A Management Perspective on Policy Networks. In W. J. M. Kickert,E. M. Klijn and J. F. M. Koppenjan,eds,*Managing Complex Networks: Strategies for the Public Sector*. London:Sage,1997,p.6.

③ Kooiman,Jan ed. *Governing as Governance*. London:Sage. 2003,p.11.

④ Goldsmith,Stephen and William D. Eggers. *Governing by Network:The New Shape of the Public Sector*. Washington,D.C.:Brookings Institution Press,2004,p.106.

⑤ Wallis,Allan D.. The Third Wave:Current Trends in Regional Governance. *National Civic Review*, 1994,83(3)(summer–fall).

⑥ Wallis,Allan D.. New Regionalism,In Ray Hutchison ed,*Encyclopedia of Urban Studies*,London: Sage 2010,pp.546–548.

（empowerment）。①最后，"新区域主义"还非常强调结果（outcome），这个特征极为容易被研究者所忽视。

强调治理（governance）而非统治（government）。虽然在近二十几年的时间里，治理已经成为社会科学领域中一个被广泛使用的概念，但是不同学科对它的理解各有侧重。"新区域主义"的倡导者——萨维奇（H. V. Savitch）和福格尔（R. K. Vogel）非常乐观地指出："治理"将不可避免地成为 21 世纪城市区域发展的一个重要范式。他们所理解的"治理"指的是在既有的制度下可以利用的一个合作的新模式，而且这个合作的新模式是在地方性组织之间的自愿和多形式的基础之上的。②格里·斯托克（Gerry Stoker）很简单地描绘"治理"是制度和行动者之间的综合体，而且这些制度和行动者是来自政府，甚至是超越政府的。③诺里斯（Norris F. Donald）定义"治理"是在地理范围内政府和居民组成的一个联盟，他们为了控制和调节内部的行为，以及发挥功能或者是提供领域内的公共服务等目的所组织而成的。④道奇（W. R. Dodge）认为"治理"是借由他们对解决问题所涉及的社群利益，不只限于政府的组织单位；解决问题的合作机制必须被视为一个时效性的策略，同时政府组织和公共服务传递的机制也必须可以去执行它。⑤

"新区域主义"处理城市间问题的方式是建立在"治理"的基础之上，根据萨维奇和福格尔、斯托克、诺里斯以及道奇的相关研究，"新区域主义"的治理概念具有以下四个构成要素：①参与主体的多样性，其中涉及政府、企业和社会组织、甚至是公民个人；②参与机制的综合性，"新区域主义"涵盖了政府管理、市场调节以及复杂的网络化结构；③参与规范的灵活性，"新区

---

①　Windsheimer, Daniela. *New Regionalism and Metropolitan Governance in Practice: a Major Smart Growth Construction Project in the Waterloo Region–the Light Rapid Transit–Project.* Berlin: Freie Universität, 2007.

②　Savitch, H. V., and R. K. Vogel. Paths to New Regionalism. *State and Local Government Review*, 2000, 32(3).

③　Stoker, Gerry. Public – Private Partnerships and Urban Governance. In J. Pierre ed. *Partnership in Urban Governance: European and American Experience.* London: Macmillan, 1998, p.39.

④　Norris, Donald F.. Prospects for Regional Governance under the New Regionalism: Economic Imperatives versus Political Impediments. *Journal of Urban Affairs*, 2001, 23(5).

⑤　Dodge, W. R.. *Regional Excellence: Governing Together to Compete Globally and Flourish Locally.* Washington, D. C.: National League of Cities, 1996, p.38.

域主义"的治理既可以是制度化的约束框架,也可以是非制度化的协议;④
参与方式的自愿性,新区域主义强调治理的参与是自愿而非强迫的,自愿的
参与能最大限度地调动参与者的积极性和创造性, 使其实现资源的最佳配
置。丹尼尔·屈布勒和休伯特·海内尔特发现, 从大多数治理的城市实体来
看, 城市的问题是借由各种不同层级的政府和私人部门所构成的合作和协
调网络来解决的。①"新区域主义"吸收了公共选择理论学派的观点,拒斥"传
统区域主义"的"统治"理论,把关注的焦点从正式的制度安排转移到了议程
设置和资源动员的非正式结构和过程。因此,"新区域主义"强调的"治理"具
有与主体横向的联系和地方合作的分权式特征。②概言之,"新区域主义"是
治理能力的发展,而非政府部门的行政扩张。

　　强调跨部门(cross-sectoral)而非单一部门(uni-sectoral)。"新区域主义"
认为有效的区域治理或者地方合作不再被仅仅视为公共权力部门承担的一
切职责。正如同前述从"统治"到"治理"的转变,就意味着政府和非政府组
织、营利部门与非营利部门、公共组织与私人组织,甚至是公民个人都可以
参与到城市治理的过程中去。权力结构不再是固定统一的, 而是灵活分散
的;虽然每一个部门均有其独特的能力和特定的法律授权管辖范围,但跨部
门治理使得城市治理的实践更加具有可行性和实践性,将使得区域议题的
解决更容易产生让人满意的效果。

　　强调协作(collaboration)而非协调(coordination)。协同/协作和协调分别
是测量善治和统治的一个主要的标准。在过去,"传统区域主义的一个主要
目标是改善公共部门在规划和行动方面的协调能力。如今,新区域主义跨部
门治理强调的是协作。大都市治理的目标不仅仅是让公共部门知道该做什
么,而且是对每一部门的独特能力和权限范围作出安排,进而实现大都市范
围的特殊任务"③。阿兰·瓦利斯仅仅指出了城市治理"黑"和"白"的两个方

---

①　Kübler,Daniel and Hubert Heinelt. Metropolitan Governance,Democracy and the Dynamics of Place. In Hubert Heinelt and Daniel Kübler eds. *Metropolitan Governance:Capacity,Democracy and the Dynamics of Place*. London:Routledge,2005,pp.9-10.

②　Savitch,H. V. and R. K. Vogel. Paths to New Regionalism. *State and Local Government Review*, 2000,32(3).

③　Wallis,Allan D. The Third Wave:Current Trends in Regional Governance. *National Civic Review*, 1994,83(3)(summer-fall).

面,但事实上也存在着灰色地带——合作(cooperation)。这里首先要厘清协作(collaboration)、协调(coordination)和合作(cooperation)这三个词的含义。"协调"强调的是参与主体之间是一种上下的等级关系;"协作"强调的是参与主体间存在强势主体主导的合作关系,通常涉及非政府组织或社区领导人在治理问题上的参与;"合作"强调的是参与主体之间的平等关系,通常是指涉及不同政府部门一起提供公共服务或解决区域问题,其方式一开始是来自非正式协议和资源分享,直到功能和结构上的合并。概言之,"传统区域主义"是一种可以被描述为一个等级结构的系统,而"新区域主义"是一个基于网络的系统。

强调过程(process)而非结构(structure)。"新区域主义"范式强调协调的重要性在于其重视过程而不是正式的结构安排。"传统区域主义"以市县联合或形成某些特定目的的机构作为建立大都市政府的结构性方案;比较而言,虽然有时会使用结构性方案作为实现目标的策略,但"新区域主义"专注于政府治理过程,例如远景、战略规划、建立共识、动员资源或解决冲突。

强调网络(networks)而非制度(structures)。"对协作和过程重视程度的提高,也说明了新区域主义对网络状组织而不是正式制度的依赖。这样的网络一般拥有一个稳定的利益相关者核心,它们在特殊的战略领域具有重要的共同利益。"①

强调开放(open)而非封闭(closed)。在"传统区域主义"范式下,区域被视为一个封闭的实体。边界和管辖区都作了明确规定,"传统区域主义"试图根据增长的边界、公共服务的供给和就业市场等来清楚地划定边界。相反,"新区域主义"接受开放的、灵活的和有弹性的边界,区域的界限是随着问题的解决而变化的。

强调信任(trust)而非问责(accountability)。问责是"传统区域主义"集权式官僚制的主要特征,而信任是"新区域主义"的核心特征,涉及区域社会资本和市政基础设施的落实。许多学者假定,拥有高度信任关系的网络将有助于降低成员间的沟通与监督成本,不必再依赖高层级的权力结构介入或透过正式制度来化解集体行动的困境。

---

① Wallis, Allan D.. The Third Wave: Current Trends in Regional Governance. *National Civic Review*, 1994, 83(3)(summer–fall).

强调赋权(empowerment)而非权力(power)。"传统区域主义"认为权力是源于政府的权威,由此"传统区域主义"下的大都市统治通常也被看作一场零和博弈。"新区域主义"的权力来源于赋权,赋权是针对社区和邻里的利益相关者参与区域决策。赋权实际上借助于城市政制(urban regime)的理论,主张广泛吸纳各层级政府(中央政府和地方政府等公共权力部门)、私人部门、非营利组织以及公民个人等的角色,使得"治理"的参与和形式变得多样且复杂。

强调区域(regional)而非大都市(metropolitan)。早期"传统区域主义"的倡导者从中心城市的角度来分析区域。区域被规划为支持繁荣的中心商业区以供郊区居民获取工作。相反,"新区域主义"的倡导者把中心城市看作不可分割的一部分,而不是区域的控制中心。实际上,很多"新区域主义"的实践者在没有主导中心城市的区域内工作。

强调多边界(multiple)而非单一边界(single boundaries)。"传统区域主义"的倡导者习惯用单一边界来界定区域。在理论上,区域应该具备政府在单一边界之内满足不同规划和服务需要的功能,但在实际上,界定区域的单一边界却是一个政治上和功能上的难题。区域边界是基于水域问题而非那些处理空气质量、交通运输、住房或者其他的功能性问题。因为"新区域主义"的倡导者通常不提倡创建政府,他们倾向于随着特定问题的解决而界定区域边界。

强调结果(outcome)。这是"新区域主义"研究者普遍忽视的一个重要特征。作为新区域主义的一种发展方式,精明增长运动(smart growth)近来越来越受到学者的关注。它一般包括以下内容:①紧凑型城市土地开发模式;②保护城市环境资源;③促进城市经济良好运行;④提高城市宜居性和生活质量。这四方面的要求,正是新区域主义努力改良自身以期发展的结果。

四、新区域主义的治理模式

经过一百多年时间,城市区域主义政治理论已经经历了三个阶段的发展历程,而且即将迈向第四个阶段。综观整个发展过程,由于每个区域和地方的政治、经济、社会等因素都有其特征,因此在这些因素的相互作用下,

"新区域主义"在地方治理的运用上呈现不同的模式。①

(一)戴维·鲁斯克模式

在 20 世纪 90 年代初期，一股新兴的研究大都市区治理问题的力量不断发展壮大，逐渐形成了以合作网络为特征的大都市区治理研究的第三阶段——"新区域主义"。作为提倡"新区域主义"的先锋人物，1977—1981 年间曾担任新墨西哥州最大的城市——阿尔伯克基市长的戴维·鲁斯克的著作《没有郊区的城市》是最广为人知的。

在新区域主义者当中，戴维·鲁斯克可能是最早关注城市边界问题的学者。从这一意义上说，与其说戴维·鲁斯克是倡导"新区域主义"的学者，不如说他更像一个"传统区域主义"的学者。②可以看出，"传统区域主义"和"新区域主义"关注的问题具有相似性，其研究问题的方式具有一定的连续性。

在这本书的第一章中，戴维·鲁斯克总结了 24 条经验教训和 4 条"定律"，着重区分了两种类型的城市，把之作为"新区域主义"的基本特征。这两种类型的城市，一种是弹性城市，另一种是非弹性城市。用他自己的话来说，"'弹性'或'非弹性'的界定往往基于一个中心城市的特征而定。对于大都市地区而言，说是弹性地区或非弹性地区主要是指其中心城市的发展状态"③所谓的弹性城市，是指中心城市及其周边的郊区同时在拓展，而且中心城市从其行政辖区内的郊区的增长过程中获得收益，这是一种双赢的局面；相反，非弹性城市是指中心城市处于静态，即体制发展，而外围郊区却不停地增长。

表2.4 戴维·鲁斯克类型的24条经验教训和4条"定律"

经验教训	指标	弹性城市	非弹性城市
经验教训4	人口密度（人口增长）	低（快）	高（慢）
经验教训5	区域范围	增长	不增长，甚至萎缩
经验教训6	中心城市范围	增长	萎缩
经验教训8	发展范围	可以拓展	不可以拓展
经验教训10	中心城市与郊区的关系	"受益"于郊区增长	"施惠"于郊区增长
经验教训13	未来发展规划	目标宏伟	安于现状

① 为了研究的方便，我们采用研究者的名字命名了这些模式。

② Sancton, Andrew. Canadian Cities and the New Regionalism. *Journal of Urban Affairs*, 2001, 23(5), pp.543–557.

③ [美]戴维·鲁斯克：《没有郊区的城市》，王英、郑德高译，上海：上海人民出版社，2011 年，第60 页，注释 6。

续表

经验教训	指标	弹性城市	非弹性城市
经验教训 15	种族割裂程度（通过白人与其他有色人种或者族裔的居住分布差异来衡量）	不严重	严重
经验教训 16	对黑人和西班牙裔的隔离（排斥）程度	不严重	严重
经验教训 17	城市郊区之间的收入差距	轻微	严峻
经验教训 18	地方政府与区域之间的关系	统一的地方政府促进区域整合	分散的地方政府导致割裂
经验教训 19	公共教育与种族隔离的关系	统一的公共教育不易导致隔离	分散的公共教育容易导致隔离
经验教训 21	城郊收入差距与区域经济的关系	城郊收入差距小，促进整个城市区域的经济发展	城郊收入差距大，阻碍整个城市区域的经济发展
经验教训 22	贫困人口	更少聚集	更多聚集
经验教训 23	债务等级	优良	差
经验教训 24	自发的内城重建	出现	没有出现
	经验教训 1:真正的城市是整个大都市地区——包含城市与郊区； 经验教训 2:大部分美国黑人、西班牙裔和亚裔住在城市地区； 经验教训 3:二战后所有的城市增长都采用低密度的郊区形态； 经验教训 7:低密度城市可以通过填充式建来实现增长，而高密度城市则不可； 经验教训 9:一个城市一旦停止发展就意味着开始衰败； 经验教训 11:不恰当的州立法规将束缚城市发展； 经验教训 12:社区邻里可以置城市于发展困境； 经验教训 14:种族偏见决定了发展模式； 经验教训 20:全球化经济制定规则游戏，但地方可以决定自己如何参与游戏。		
四大定律	定律 1:只有弹性城市才能增长（从经验教训 10 推导出来）； 定律 2:分散促进割据，整合促进联合（从经验教训 19 推导出来）； 定律 3:（城市与郊区的）关系确实有束缚作用（从经验教训 21 推导出来）； 定律 4:割据只可能造成更大的割据（从经验教训 24 推导出来）。		

　　资料来源:[美]戴维·鲁斯克:《没有郊区的城市》,王英、郑德高译,上海:上海人民出版社,2011年。表格由作者绘制。

（二）福斯特模式

　　福斯特(Foster, K. A.)对区域主义的理解,做出两点重要的贡献。[1]第一是她建立一个区域促进框架(regional impulse framework)作为衡量区域主义的模式。这个框架界定了影响区域治理的 10 个变量,即天然资源、区域经济的内容、中心城市主宰的范围、共同成长与发展经验的范围、社会经济的相似性、共享服务传送的诱因、支持资源重新分配的范围、政治的相似性、中央

---

① Foster, K. A.. Regional Impulses. *Journal of Urban Affairs*. 1997, 19(4), pp.375–403.

政府的政策作为,以及历史因素等,这些变量在城市区域内彼此交互的影响下决定了一个城市的区域主义是以集中化方式或分散化方式来治理。①第二是她针对城市增长压力提出了一条回应与影响链,即当城市区域面临人口成长压力时,对城市服务的需求就会增加,同时这样的需求也将迫使城市政府在结构上做出必要的变革,如合并、兼并,以及特区等形式。

(三)戴维·汉密尔顿模式

汉密尔顿认为,所有区域主义实际上都是试图对大都市压力增长的政治回应。②这些增长的压力可以分为两个方面,一方面是来自城市发展上实体建设的问题,另一方面则来自城市区域治理体制不能回应环境所产生的问题。随着城市范围的扩张,这种压力已经蔓延至地方政府,而且要求地方政府适应。两种对城市发展的基本政治回应已经影响了城市范围的政府组织。在面对压力之际,地方城市政府通常采取两种政治性的对应策略,以缓和与减轻城市区域的发展困境。一种回应是培育一个集权式的政府系统,另一个回应是培植一个分权式的政府系统。分权式的回应只是一个概称,是指在大都市全地区创设或者培育包含小型的和独立的地方政府和众多特区的一个多中心的地方政府系统。集权式的回应是指鼓励在一个或者一些地方政府下的政治结构的合并。

根据汉密尔顿的论述,另一个研究和分析增长回应的进路是按照是否能促进集权式或者分权式的政府结构和治理,把各种不同的类型进行分类。政府结构(government structure)是指负责服务提供的地方政府,如市、县、乡、镇等;而治理(governance)则是指以功能或议题为导向的区域问题解决,它强调的不完全是政府结构本身,而是以政府参与并引导完成治理的过程及功能,尤其是与其他部门进行合作共同治理。③

根据上面的论述,我们可以得出四大类型,分别是:分权式政府结构回应(decentralized government structure responses)、集权式政府结构回应(centralized government structure responses)、分权式治理回应(decentralized gover-

① Miller,D. Y.. *The Regional Governing of Metropolitan America*. Colorado:Westview Press. 2002,p.102.

② Hamilton,D. K.. *Governing Metropolitan Areas:Response to Growth and Change*. New York:Garland Publishing,Inc.,1999,pp.34–37.

③ Hamilton,D. K.,D. Y. Miller and P. Jerry. Exploring the Horizontal and Vertical Dimensions of the Governing of Metropolitan Regions, *Urban Affairs Review*,2004,40(2),pp.147–182.

nance responses）和集权式治理回应（centralized governance responses）。

集权式回应通过减少重复和推动议程设置来解决区域问题，简化政府结构和治理。分权式结构回应是在众多的一般小型政府中利用大都市区的政治控制促进多中心体系的政府结构。分权式治理回应是以有限的措施保护和允许一般小型政府的多中心体系以保持自己的独立性和自主性。分权式的回应包括集中区域的某些功能，例如在没有损害当地政府基本自治的前提下，利用规模经济的单一用途功能区。从下面的表格可以看出，长期以来，美国城市区域治理的结构及其模式都是多元化的回应模式。

表2.5　戴维·汉密尔顿模式总结

	政府结构 Government Structure	治理 Governance
集权式回应 Centralization Responses	兼并和合并 annexation and mergers	市县 urban county
		功能整合 consolidation of function
		区域治理过程 regional governance process
	市县联盟 city-county consolidation	区域内税基分享 regional tax sharing
		多目的大都市区 multipurpose metropolitan district
	双层大都市政府 two-tier metropolitan government	区域性协调机构 regional coordinating agencies
		联邦—州的辅助和 政策鼓励区域发展 federal and state grant and policies encouraging regionalism
分权式回应 Decentralization Responses		单一目的区域 single-purpose district
	郊区发展 suburban development	本地间协议 inter-local agreement
	简易法人化 easy incorporation law	私有化 privatization
	各种不同形式的一般性地方政府 addition if different forms of general-purpose government	联邦—州的辅助和 政策鼓励碎片化治理 federal and state grants and policies supporting fragmentation
		无权威的区域会议 regional council with no authority
		中心城市的区政府 inner city regional government

资料来源：Hamilton，David K.，Governing Metropolitan Areas：Response to Growth and Change Garland Publishing. New York：Garland Publishing，Inc.，1999，p.36.

(四)西贝特模式

西贝特(R. Sybert)区分了大都市区域主义的四种类型,分别是:单层政府、双层政府、合作和大都市会议。

单层政府方案可以由三个基本的方式完成:兼并(兼并没有被合并的领土)、地方政府联盟(两个或三个功能混杂的地区的合并)、市县联合(一个或更多的自治市和县政府的合并)。

区域组织的双层政府方案是基于联邦主义的理论,区域内的功能委托给区域政府,然而地方的自治组织保留了地方功能,这就创造出了双层系统。双层系统是由三种基本方式组成的:大都市区(一个管理的单位在全部或者一个实质性的大都市区履行一项或若干项紧密相关的功能)、综合的市县规划(所选功能从自治市和其他地方单位向县政府同时转移)、联盟(一个新区域政府的成立分担新的区域责任)。

区域政府的合作性方案模式同样与地方间协议相关,号召在现存的政府组织间进行更大的合作。这种进路体现了用自愿的技术来解决区域性问题,同时保持地方的控制。协议可以采取以下的形式:①跨地区服务协议是指一个单一政府执行服务或者为一个或多个其他地方单位提供机制;②权力共享协议是指两个或者更多的地方政府在联合的基础上发挥功能或者运行一个机制;③非正式合作是指两个或者更多的地方政府在紧急情况下的互相帮助。

区域或者大都市政府的第四种类型是大都市会议。大都市会议是政府的永久性机制,通过定期举行会议讨论和寻求对各种问题的看法。然而由于其缺乏权威性,这个会议机制不能被认为是一个真正的大都市政府。

表2.6　西贝特模式总结

单层政府选择 one-level alternative	双层政府选择 two-level alternative	市议会选择 metropolitan council alternative	合作选择 cooperative alternative
兼并 annexation	大都市区 metropolitan district		本地间服务协议 inter-local service agreement
城市联合 municipal consolidation	市县综合规划 comprehensive urban county plan		联合权力协议 joint-power agreement
市县联合 city-county consolidation	联盟 federation		非正式合作 informal cooperation

资料来源:See Sybert,R., Models of Regional Governance,in Kemp. L. Roger(ed.), *Forms of Local Governance:A Handbook on City,County & Regional Option.* Farland Company Inc Publisher,1999.

（五）莫里利模式

莫里利（R. L. Morrill）在"传统区域主义"的概念基础下，区分了治理的主要组织形式有三种类型，其中包含八种模式：第一种是以协调方式为主的类型，包括①政府议会和②地区领域性组织；第二种是以合作方式为主的类型，包括③地方间协定④公共政府或组织⑤城市区议会或城市区公共服务特区和⑥有限的地方或地域性政府实体；第三种是以联盟方式为主的类型，包括⑦城乡结合和⑧区域政府。

这种三分法显然是以"传统区域主义"的治理模式为基础的，强调了政府部门之间的正式合作和政府的主导作用。但是，莫里利也看到了协调型的治理模式带来的优点，能在一定程度上解决政府部门不能解决的问题，因此由强政府主导的政府管理模式必然向以协调为特征的治理模式转化。

表2.7　莫里利模式总结

职能（类型）	模式	性质特点
以协调方式为主的类型	政府议会	治理
	地区领域性组织	
以合作方式为主的类型	地方间协定	
	公共政府或组织（包括单一和多元化服务的特区）	
	城市区议会或城市区公共服务特区	
	有限的地方或地域性政府实体	
以联盟方式为主的类型	城乡结合	
	区域政府	政府

资料来源：Morrill, R. L.. Regional Governance in the United States: For Whom? *Environment and Planning C*, 1987, 7, pp.13-26.

（六）沃克模式

沃克在他的一篇题为"从大都市合作到治理"（From Metropolitan Cooperation to Governance）的文章中，阐释了对大都市治理进路（区域主义范式）的迫切需求。沃克观察到了几个现象：与之前相比，今天越来越多的大都市区出现了；越来越多的人选择居住在大都市区；大都市区"政治碎片化"的现象依旧持续；大都市区的多样性在增加；但同时，大都市区也出现了不和谐的一面，在对大都市的管理上缺乏一致性的理论，在实践上来自联邦和州的援助在减少。

沃克指出，这些趋势把区域主义指向作为问题的解决办法，因为①在跨越司法辖区的基础上,管理某些特定的功能;②通过提供各种服务,即在扩大财政支持和对某些服务需求的基础上,实现规模经济;③处理由于城市人口快速增长或者时而下降所导致的外溢性服务问题;④通过寻求公共服务更有效的提供方式以期节省资源。

沃克打了一个有趣的比喻,区域主义就好像是官僚们用来寻求解决地方问题的一个金矿,而17个不同的矿工是用来挖掘金子的。解决区域性公共服务问题的17个进路可以根据下述标准把它们排列在光谱上:从最容易的模式到最困难的模式;从政治上最可行最少争议的模式,到有时在政治上是可行的,但实际上是缺乏效率,甚至威胁到地方行政官员的模式;至少很多行政区的意见都使得这些相当激进的改革有时是最有效率的。

表2.8 沃克模式总结

最容易的 Easiest	适中的 Middling	最困难的 Hardest
非正式合作 Informal cooperation		
本地间服务合约 Inter-local service contract	地方特区 Local special districts	一层合并 One-tier consolidation
联合权力协议 Joint-power agreement	职能转移 Transfer of functions	
域外的权力 Extra territorial power	兼并 Annexation	两层重构 Two-tier restructuring
区域的委员会 Regional council	区域的特区和权威 Regional special district and authorities	
联邦支持的单一目的区域机构 Federally encouraged single-purpose regional bodies	大综合区 Metro multipurpose district	三层改革 Three-tier reforms
国家规划和发展区域 State planning and development district	改革的市县 Reformed urban county	
收缩的(私有制) Contracting(private)		

资料来源:Walk,D. B., Snow White and the 17 Dwarfs:From Metro Cooperation to Governance. *National Civic Review*,1987,76(winter-spring),pp.14-28.

(七)米切尔—韦弗模式

米切尔—韦弗(Mitchell-Weave)、戴维·米勒(David Miller)和罗纳德·迪尔(Ronald Deal)等人综合了莫里利的研究,提出了类似的观点。他们还引用沃克的研究介绍说明各种在不同政府之间的协调、治理与政府的策略类型,特别是他适当地评析各种政策在政治执行过程中的难易程度。在沃克所区分的三种类型的前两种中，在米切尔—韦弗等人看来，主要是以城市类型（urban type）为范围的公共服务提供，这是有限的区域治理条件。其中，非正式的合作，或者是地方政府内部的协议，是区域治理策略中较为容易执行的模式；此外，地方特区、兼并、城市与县级的改革则是代表"有些困难"类型的主要治理策略模式。

表2.9　米切尔—韦弗模式总结

难易程度	大都市治理选择的方式
相对容易	（1）非正式的合作 （2）地方内部间的公共服务协议 （3）股份权力的协议 （4）领域外的权力 （5）政府形式的区域议会（COGs） （6）以邦联支持的单一目的行政区 （7）国家计划和发展特区（SPDDs） （8）来自私人游说的合约
中等难度	（9）地方特区 （10）功能转换 （11）合并 （12）区域特别行政区和权力 （13）都市区多目的行政区 （14）都市和县改革
最为困难	（15）单一政府的联合：市县和地区范围的联合 （16）双层政府的建构：联邦结构 （17）三层政府的改革：城市区域范围的结构

资料来源：Mitchell-Weaver,Clyde,D. Miller,and R. Deal,Jr., Multilevel Governance and Metropolitan Regionalism in the USA. *Urban Studies*,2000,37(5-6),pp.851-876.

从区域治理范式的变迁来看，莫里利、沃克和米切尔—韦弗等人所提出的区域治理模式是接近"传统区域主义"所注重的大都市区域政府的类型，即使治理被运用在分析区域合作策略的说明，在实质的内容上却是缺乏来自建构在去中心政治结构的论述，而是仅仅着眼在不同层级之间政府的联盟形式，甚至缺乏从地方竞争的角度来看待区域治理。但实际上，如同前述"新区域主义"所强调的"治理"，是建立公私部门之间的合作等的水平关系。因此，在"新区域主义"的论述之下，萨维奇和福格尔则重新界定了一个区域治理模型，来说明现今区域治理的模式。

（八）萨维奇和福格尔模式

"新区域主义"的倡导者——萨维奇和福格尔从区域政治学的观点出

发,根据结构合并的数量与区域治理的范围,将城市区域问题放置在一条连续带上,构建出区域合作治理的制度光谱。①其中,光谱的一端是属于大范围调整的治理模式,其治理策略包括:单一层级政府、市县合并和双层都市政府。在光谱中间则采取地方政府间的协议、公私伙伴等策略的相互调整治理模式,这种治理安排依赖于政府或行动者网络在区域内达成协调。至于光谱的另一端则属于对区域增长压力所采取的反向对应模式,包括不合作、逃避和区域冲突等治理策略。但是这一区域合作治理模式存在一个问题,即将区域治理策略划分得太广泛,虽然把结构合并与区域治理整合在同一光谱之上,却未能区别结构与治理的差异。

对此,为了弥补上述区域制度光谱的缺失,在综合众多学者的个案研究成果之后,萨维奇和福格尔将十三种不同的城市区域治理模式予以分类,并把分类的项目按照两个不同的指标——"区域政府"和"区域治理"的程度进行排列,提供了关于治理形式的一个简单概念的分析模型。

表2.10 萨维奇和福格尔模式总结

区域政府 Region government				区域治理 Region governance
联合政府 consolidation	多层级政府 multitiered governments	连结性功能 Linked functions	复合型网络 complex networks	公共选择理论 Public choice theory
杰克逊维尔 纳什维尔 印第安纳波利斯 阿森斯 奥古斯塔	明尼阿波利斯 波特兰	夏洛特 路易斯维尔	匹兹堡 梅肯	洛杉矶(1960s) 不伦瑞克

资料来源:Savitch,H. V. and R. K. Vogel,Paths to New Regionalism. *State and Local Government Review*,2000,32(3),pp.158-168.

第一种类型是"联合政府",这实际上是一般所熟知的"传统区域主义"以联合或者兼并作为唯一方法的单一政府形式。这种方法的现实基础来源于数量庞大的地方政府和由此形成的地方"碎片化"问题。戴维·鲁斯克形容这种方法就像一个"大盒子(big box)",它试图借助整合所有的地方政府到一个更大的公共企业中,来实现不同行政辖区之间的社会正义与公平。所

① Savitch,H. V. & Ronald,K. Vogel. *Regional Politics:America in a Post-City Age*. New York:Sage,1996,pp.13-14.

以，由"大盒子"取代众多的"小盒子"是有意义的。原因在于建立架构在众多地方行政单位之上的单一政府在指挥和传递公共政策，以及协调他们的政策执行等方面是比较有效率的。因此在假设上，联合政府的存在可以处理"碎片化"、收入不平衡和城市蔓延等的问题，并且依靠财税收入来加强区域内住宅环境品质、财富的二次分配和土地使用规划等职能。尽管联合政府的构想是相当具有规模经济的，然后政治的障碍却是不可忽略的问题。实际上任何一个地方政府都不愿意把实际的行政权力交付给上一级政府，所以在宪政国家中，实现联合政府以及在联合政府中执行统一政策一直存在着困难和排斥。

第二种类型是"多层级政府"，这是"新区域主义"议题中可以被实施的另一种方式，被视为都市层级（metropolitan tier）的治理策略。它主要是依靠完备的法律来塑造治理的结构，并且它的主要角色既是补充也是排挤原有存在的运行中的政府。从官僚体制与行政程序的考虑而言，多层级政府比联合政府在执行政策的过程上要来得便捷，主要是因为它允许有些问题可以在最适当的情况下及在最基础的地方政府中被管理，同时它也允许区域问题可以借助城市实权的操作来解决。多层级政府的工作重点不是在于建立较高或较低行政层级的实权，而是涉及成为可以处理或宽或窄等各种不同区域议题的政府。因此，与其他模式比较而言，城市层级被认为是较有能力去处理超越许多行政区和执行再分配政策的结构。虽然，这种类型的政府倾向于以和缓的方式来面对介于地方主义和区域主义之间的不同议题，这却是这个治理模式的问题所在：一方面，因为较小的城市拒绝在区域的立场下，被要求接受不受欢迎的公共设施（例如，垃圾焚烧站），或者引入低收入的住宅设施，这使得对区域问题的解决是以绝对的方式强加给地方，将会遇到来自地方反对的阻力；另一方面，由于逾越国家或高层级行政单位治权的边界，城市政府的治理能力则通常会被限制。所以，城市政府常常发现自己处在介于地方基层政府和较高一级政府之间尴尬的氛围中。

第三种类型是"连结性功能"。"新区域主义"的"治理"概念涵盖了介于单一城市及郡县之间的"连结性功能"，即功能性整合，或者是跨地区服务协议。通常，这个连结是在结盟的受挑选的成员（不一定包括区域内的所有成员）彼此之间提供公共服务，例如经济发展或者固体废弃物处理。一些地方政府会根据税基分享（tax sharing）来进一步提供一系列的公共服务和安排。

与兼并(合并)和多层级政府结构不一样,"连结性功能"是相当灵活的,而且不需要增加任何新层级的政府。在过去的一段时期内,功能在政府间可以增加、减少和转移。重要的是,"连结性功能"保护了地方自治实体,同时可以取代较大城市的规模经济功能,进而发挥相当于中型中心城市的效率。此外,"连结性功能"的灵活性可以弥补不稳定的组织成员关系。然而,地方精英特别是公共事业和企业的推动者把"连结性功能"看作不完整的一步和某些较少政治整合的考量。

第四种类型是"复合型网络"。这个进路相当于"没有政府的治理"的理念。它的倡导者设想众多的独立政府通过多个重叠的跨地区协议网络进行自愿的合作,强调的是地区之间的横向联系。拥有交叉服务的众多管理区域意味着公民可以为每一个特定的情况和在发展复杂网络的过程中寻求最优化的安排。总之,拥有交叉服务的管理区不一定是重复的,却是具有目的导向性的。"综合性"能提供最大限度的选择以及公民控制。作为地方偏好的结果,大区域"治理"可以形成自生自发秩序。除了一般的服务网络,这个进路还允许利用税基分享来解决区域间的公平和自愿的土地管理和收购。

第五种类型其实就是公共选择理论学派的代表人物蒂伯特提出的"用脚投票"。在这个类型之下,地方"碎片化"是被允许和支持的,而且这个类型强调政府的较少干预,甚至没有政府这个角色。因为公共选择理论确信政府之间将会自由地竞争,并且个人可以自由地寻找属于自己所偏好的地方公共服务内容,所以,地方"碎片化"是这个模式的一个显著特征。尽管萨维奇和福格尔认为国家或者联邦政府对防止城市蔓延与环境保护等区域合作的工作仍然具有影响力,这对纯粹的公共选择理论模式而言无疑是一项挑战,因为某些公共协调与调节的功能对整个区域的发展而言,是必不可少的。事实上,公共选择理论与复合型网络这两个类型同样是建立在多中心学派的理论基础上,也就是说,同时建立在地方自主的价值与多样性选择的两个条件上。然而在模式发展问题上,复合型网络仍然坚持地方内部之间的合作可以用来处理区域议题这样的信条,但是公共选择理论模型则低估了公众处理问题的协调能力。从概念性的观察和比较来看,复合型网络的类型包括了自愿性的地方集体行动;而公共选择理论模式则完全依赖于在市场规范下的个人决策行为。

针对上述两位学者所提出的五种组织模式,可以发现其主要来自两种传统区域治理的设计：一是单中心体制，将区域视为一个有机的整体架构，前述"联合政府""多层级政府"和"连结性功能"则属于这一类；二是多中心体制，将区域视为多中心区域架构，前述的"复合型网络"和公共选择理论就属于这一类。

（九）戴维·米勒模式

1. 协调型区域主义（coordinating regionalism）

由于区域内拥有各个层级的治理主体，他们在政策规划与行政执行上具有不同程度的自主性，常常会出现多头治理的现象，也就是资源重复配置的问题。因此，协调型区域主义就是要将区域内不同治理主体之间的目标和计划加以整合，使地方（local，市、县、乡、镇）的策略计划与区域性的策略计划能够具有一致性的整体规划方向，进而推动各级地方治理主体在区域政策上的目标与执行能够具有一致性，同时让资源的投入与分配能够实现最适规模与最佳经济效益而发挥最大成果。在这一模式之下，主要有以下四种方式可以采用：①设立特区（ADHOC region，special district），在特区之下，各地方县（市）针对特别的土地使用（land-use）议题，在以共识为基础的前提之下，主要透过论坛（forum）的方式，进行行政事务上的协调。②设立咨询性区域（advisory region），参考规范的做法，类似于上述设立特区的方式，但是仍在地方县（市）自愿参与的前提下，地方政府彼此合作、共同商议、解决区域事务。③设立监管性区域（supervisory region），监管性区域的做法是在区域合作的范围框架下，区域规划或政策由各县（市）政府负责其职责范围内的事务，但彼此相互监督，并定期汇报工作进度，使各个合作的县（市）政府能够在执行成效上具有相同的进度与步骤。④设立授权性区域（authoritative region），授权执行的协调程度远高于前述的三种类型，区域合作的县（市）政府共同成立一个执行特定规划的单位，使其具有法定的执掌实权。与特定规划相关的乡（镇、市）或县（市）政府主管事项的机构，必须接受这个单位的联系和协调，或协助该单位办理特定规划。

2. 行政型区域主义（administrative regionalism）

这是美国区域协作当中最为主要的一种形式，主要可从两种普遍的形态来看：一种是将乡（镇、市）的职权功能转移到特区或县（市）政府，另一种则是各级地方自治团体通过协商的方式建立各种类型的行政协议。行政型区域主义的主要目的在于提高区域内各级地方政府的行政职能与效率。较之协调型区域主义而言,行政型区域主义具有在行政层面上整合度较高,在法律层面上也相对比较密集的特点,因为这当中涉及原有地方自治团体职权的调整、变更或取消,同时行政协议内容的完备与否,也会影响到各种公共服务的供给与法律责任。行政型区域主义主要有以下三种形式:

(1)特区制(special district):特区制的做法是美国区域合作中最常见的一种类型,著名的田纳西流域管理局(Tennessee Valley Authority,TVA)就是一种被赋予特定目的、跨越地理空间与管辖权的特区组织。随着现实上的需要,各州设置特区机构的数目不断增加,有不少的特区是建制在区域的范围之内,整合整个乡(镇、市)以提供特定的公共服务(如环保、电力、医疗等)。此外,特区机构的设置经常是借助地方政府长期对话的沟通过程,以逐渐凝聚共识与塑造机构的合法性,进而使区域性的公共议题获得妥善的解决与良好的公共服务品质。

(2)大市制(urban county/city):在核心—边陲的观点下,在区域中会形成人口集中、经济发展与公共服务较好的核心城市(core city)。在此情况下,区域的发展会过度集中在单一的城市,使得周围邻近地区的乡(镇、市)发展受到影响。对此,大市制的实施是解决因上述情形而导致区域内各地方政府在面临税收不均等、财政收支失衡与公共服务品质不一等问题所相应的一种做法。大市制是以区域内的核心城市为主轴,整合邻近地区数个地方政府,将其部分职能与公共服务转移到核心城市负责;甚至核心城市整合兼并其他地方政府以扩大行政区域与税收规模,使得权责统一。

(3)地方间协议(inter-local agreement):地方政府间协议是最为普遍且易于推行的一种方式。基本上只要地方政府之间具有合作互助的共识与意愿,在完成协议的签订之后即可实施。而地方间协议的做法主要是提供多种公共服务的合作,或者是以促进区域间经济发展的策略为主,鲜有涉及再分配的议题。

3. 财政型区域主义(fiscal regionalism)

这是在现有地方政府架构之上,设置一种区域性的拨款机制,用以处理区域内各种公共议题的支出经费。这种模式虽然没有区域政府的组织形态,但是却具有区域政府经费补助的实质功能。其补助区域内地方政府的经费来自于经济增长,或是推动开发政策之后所带来的税收效益,透过重新分配而使参与者获益。而且在不影响各地方政府的财政基础之上,创造彼此双赢的局面。财政型区域主义有以下三种形式：

（1）税基共享（tax-base sharing）：这种方式是为了解决城市区域内，各个地方政府因财政税收不平衡而导致其公共服务品质不一的问题。具体的办法是以反映区域的需求为主，透过客观的标准建立分配给地方政府的程序措施。而这种税基共享的做法，能够减缓因地方政府的"碎片化"而造成对公共服务与区域居民的负面影响。

（2）文化资产区（cultural asset district）：这是财政区域主义的一种特殊方式。由于中心城市拥有如动物园、博物馆、文化中心等公共文化活动措施，其经济虽然来自于中心城市的预算补助，但使用这些公共活动设施的除了中心城市居民以外，还包括了邻近周边地区的居民。这使得中心城市与邻近地区因公共设施的资源共享，而减少了因公共设施的重复配置所导致的资源浪费。

（3）和平共存策略（peaceful coexistence strategies）：第三种财政区域主义的方式，是为了顺应中心城市在面对自身财政税收不足的情况下而意图兼并邻近区域时，在遭受原有地方政府反弹或地方公民投票反对之后所采取的双赢解决办法。中心城市与邻近的县，或者其他地方政府签订"和平共存"的合作协议解决财政上的困境，并降低因行政区划兼并而导致在政府行政上的损失。借助共荣共存的方式让中心城市与邻近地区的紧张对立能够趋于和缓进而促进相互合作。

4. 结构型区域主义（Structural Regionalism）

这种是根据一个或多个地方政府行政区划的改变所做的相应调整。主要是空间上管辖权的变更，与组织上的结构调整，包括兼并、市—县联盟与合并三种主要做法：

（1）兼并（annexation）：兼并的做法是将中心城市的行政区域扩展到其他地方政府的行政区域，例如中心城市将邻近的乡、镇兼并为其行政区域的一部分，扩大中心城市的土地规模与居民人口数量。

（2）市—县联盟（city-county consolidation）：市—县联盟的做法采取将市政府与县政府整合成单一政府，行政区域扩充的范围涉及全县，但不包括其他县的行政区域。这种做法的目的是减少邻近的行政区域之内，职能相似的政府单位过于碎片化的情况。

（3）合并（mergers and consolidation）：合并的做法是当一个或数个以上的

地方政府整合成一个单一的地方自治团体,使其具有一定的规模,并且提升区域内的公共服务品质并促进行政绩效。

表2.11 戴维·米勒模式总结

协调型区域主义 Coordinating Regionalism	行政型区域主义 Administrative Regionalism	财政型区域主义 Fiscal Regionalism	结构型区域主义 Structural Regionalism
特区 Ad hoc region	专区性区域 The regional special district	税收共享 Tax-base sharing	兼并 Annexation
咨询性区域 Advisory region	新兴的市县 The emerging urban county	文化资产区 Cultural asset districts	市县联盟 City-county consolidation
监管性区域 Supervisory region	地区间协议 Inter- local agreement	和平共存策略 Peaceful coexistent strategies	合并联盟 Mergers and consolidations
授权性区域 Authoritative region			

资料来源:Miller,David Y.. *The Regional Governing of Metropolitan America.* West View Press,2002.

(十)新区域主义治理模式总结

从上述分析可以看出,"新区域主义"的模式具有多样性,不同的研究者从不同的角度对其进行了比较分析和归纳。但总体来说,"新区域主义"的治理模式没有脱离"传统区域主义"的结构调整和公共选择理论学派的市场化操作,但在实际运作过程中,不再过分强调政府和市场的作用,而是试图在二者之间找到平衡,甚至吸纳社会力量参与区域治理。研究者们普遍强调区域治理的结构会影响区域治理的实效,进而影响区域的整体发展。这是他们共同关注的地方。

由于研究的出发点不同,这些模式也呈现各自的特点。例如,戴维·鲁斯克关注的是城市的"弹性",进而探析中心城市与郊区的互动。而福斯特关注的影响变量非常广泛,难以把他的研究进行归类。从实际情况出发可以看出,"新区域主义"的运用是非常广泛的,因此对"新区域主义"模式的归纳总结是不会止步的。

五、城市区域主义政治理论的整体脉络

长期以来，西方大都市区政府和学者们一直围绕着政府的组织模式展开争论。如何组织（实体的或者非实体的）大都市政府，采取怎样的组织形式，既能推动大都市政府公共服务的发展，又能兼顾各地方政府的利益，如何提高大都市政府的管理效率等，这些都成为西方学者研究的重点，也是各国政府一直较为关注的重要问题。正如戴维·鲁斯克所强调的，"传统上，地方政府之间区域合作的根本目标是提供公共服务。在区域范围内设置服务设施往往能够逃避政策和程序，避免增加内城居民的社会负担。这正是改革的核心"①。

"传统区域主义"主张合作而非竞争才能有助于统筹以大都市区为范围的政府，而且在单一政府的巨大架构安排下，更容易达成合作的目的。这种观点来源于传统政治学的方法论，将大都市区视为一个有机的整体（organic whole），采取集体主义的途径来进行组织设计，在区域治理上则表现为区域合并、多层级政府结构和功能联合等策略。相反，公共选择理论学派认为竞争而非合作是促进大都市区的功能、效率和回应的制度安排。这种观点是源自于经济学的方法论，将大都市区视为多中心区域（polycentric region），采取个人主义的途径来设计组织，在区域治理上则表现为复杂的网络、契约以及政府间协议等策略。

"传统区域主义"和公共选择理论学派关于区域治理主张的相互对话，其争论的核心焦点是来自于当代治理研究上的重要课题，即"谁治理（Who governs）""治理需不需要政府"等。

对于区域发展问题是"谁治理"的议题，在"传统区域主义"和公共选择理论学派双方不断的激辩下，同时也催促当前政府官僚系统的再结构化与参与者横向联系扩张的两种不同空间面向的改革。新型的大都市区治理与空间政策的协调不能契合，是研究大都市区合作治理的重要问题，背后牵涉到大都市区功能与地方政府制度结构间不相符合的争论。因此，如果从结构

---

① ［美］戴维·鲁斯克：《没有郊区的城市》，王英、郑德高译，上海：上海人民出版社，2011年，第164页。

功能上来检视"新区域主义",那么"新区域主义"就是具有跨行政辖区的特征,有别于传统科层制的划分,往往是在由下而上地针对不同辖区之间所产生的特定功能需求下,来进行特定职能需求的体制调整。

表2.12 城市区域主义政治理论总结

	传统区域主义 (旧区域主义)	公共选择理论学派	新区域主义
时间跨度	19世纪末20世纪初至20世纪60年代	20世纪50年代至20世纪90年代	20世纪90年代至今
批判的起点	大都市碎片化	传统区域主义;大都市碎片化	传统区域主义和公共选择理论学派
城市发展模式 (组织结构)	单中心治理	多中心治理	网络化治理
关注的 核心问题	公平	效率	合作
理论基础	官僚制	政治经济学(公共选择理论)	治理理论;社会资本;权力依赖
解决方案	建立等级制政府(如单层或联邦式双层的大都市政府结构和其他适当的统一政府结构)	市场(政府或私人部门互相竞争,提过最优质的服务,选民们"用脚投票"自由选择自己的偏好)	连结性功能和复合型网络(政府联席会、区域联盟、大都市规划、城市区域、精明增长和税基分享等方式)
主要批评	自由主义的传统;郊区本身的独立性;联邦式双层大都市政府治理效果不佳;缺乏效率、高成本和代价;种族隔离严重;郊区不愿意反哺中心城市	"经济人"假设失灵;无力解决大都市的公正和平等问题;"碎片化"仍然导致无效率,而且加剧了"政治碎片化"	概念不清、定义不明、难以操作;选择性的、虚弱的区域主义;难以在全球化的经济中获得竞争力
代表著述	斯杜邓斯基:《美国大都市区的政府》;琼斯:《大都市政府》;伍德:《1400个政府》;等等	文森特、蒂伯特和沃伦《大都市地区的政府组织》;比什和文森特:《理解城市政府》;沃伦:《大都市组织中的市政服务市场模型》;奥斯特罗姆夫妇和比什:《美国地方政府》;等等	戴维·鲁斯克:《没有郊区的城市》;尼尔·皮鲁斯:《城市国家:美国的城市如何在一个精致的世界中求得繁荣》;唐斯:《美国大都市区的新视角》;萨维奇:《区域政治:后城市时代的美国》;等等
现实例证	大纽约市;多伦多;迈阿密;伦敦	洛杉矶;圣路易;匹兹堡	路易维尔;博洛尼亚(意大利);鹿特丹;波特兰

六、新区域主义的政策创新

目前"新区域主义"还不是一个统一的学派,但大致来说,赞同"新区域主义"的学者具有相当一致的目标:①大都市主要通过自愿的方式来促进地方政府的合作;②"新区域主义"旨在解决"碎片化"的政府结构所带来的外部性问题;③提供财政和减税的其他方法来繁荣中心城市,使它们能更有效地促进它们所属区域内的经济。①

诺里斯(Norris)主张,"新区域主义"之所以区别于其他的范式,是因为首先,"新区域主义"的倡导者将区域治理的主要理论基础,从效率和均衡的议题转移到区域竞争力的议题上;其次,"新区域主义"对处理问题的方针是不同于"传统区域主义"的政府改革。②

倡导"新区域主义"的代表性学者萨维奇(Savitch)和福格尔(Vogel)认为:"在'新区域主义'范畴下①以地方自治公民为首的社区应该朝外来关注更大的城市区域,并且考虑它们共同的未来;同时②联合政府必需与其他不同层级的政府建立它们的合作网络关系,这是必要的手段。"③

而汉密尔顿(Hamilton)指出:"'新区域主义'关心的话题是涉及①在区域议题上决策的过程;②在区域间安排合作的协议;③必要时,借由国家的力量来处理区域的问题。"④

罗纳德·J.奥克森认为,大都市治理研究"不应去寻求一种唯一正确的组织模式,而应该关注各种可能的治理模式"⑤。正如戴维·鲁斯克在其关于新区域主义的享有盛誉的著作《没有郊区的城市》的后记中,引述汉克·萨维奇的评论,"(你的)探讨主体似乎已经从'没有郊区的城市'转向'带有城市的

①　Frisken,F. and D. F. Norris. Regionalism Reconsidered. *Journal of Urban Affairs*,2001,(5).

②　Norris,D. F. Whither Metropolitan Governance? *Urban Affairs Review*,2001,36(4).

③　Savitch,H. V. and R. K. Vogel. Paths to New Regionalism. *State and Local Government Review*,2000,32(3).

④　Hamilton,D. K.. Developing Regional Regimes:A Comparison of Two Metropolitan Areas. *Journal of Urban Affairs*,2004,(4).

⑤　[美]罗纳德·J.奥克森:《治理地方公共经济》,万鹏飞译,北京:北京大学出版社,2005 年,第101 页。

郊区'了"①。

从西方的治理经验来看,国与国之间的治理形式具有相当大的差异。例如,英国采取的是"以都市为中心的竞争性区域主义"(urban-centered competitive regionalism),而美国采取的则是"郊区导向的竞争性区域主义"(suburban-oriented competitive regionalism), 来克服郊区化与大都市政治的碎片化。②即使是一个国家内部的不同大都市治理,其形式也是多种多样的。正如上面分析的,"传统区域主义"、公共选择理论学派和"新区域主义"的模式是交织的一起的,它们各占有一席之地。而且即使是在同一理论范式基础支持下的大都市治理实践,在具体的形式、具体的运作和规划以及各个区域的治理能力及其所支配的资源都是因地而异、因时而异的。

当前, 学术界普遍认为城市区域主义政治理论获得了各个国家的大力支持,原因就在于这种治理范式并不是固化的,它既没有"传统区域主义"等级制的硬约束,而且也不像公共选择理论学派那样过分强调地区的"资源禀赋"。"新区域主义"既是"没有政府的治理",也是"没有最佳形式的治理"。因此可以预见,因地制宜的城市区域主义治理模式将会更加适应大都市区域治理的发展方向。

七、新区域主义的发展与困境

(一)新区域主义的发展

在上述的"传统区域主义"、公共选择理论学派和"新区域主义"三种进路中,城市是被镶嵌在静止的、既定的和被社会关系决定的被动位置。这将导致上述研究将空间视为结构因素, 忽视城市政府等行动者也能影响城市或空间结构的再生产。③实际上,城市所处的空间是高流动性、瞬息万变,并且是高度复杂的,而非固定或者静态的,因此城市区域不只是经济空间,同

---

① [美]戴维·鲁斯克:《没有郊区的城市》,王英、郑德高译,上海:上海人民出版社,2011年,第170页,后记。

② A.E.G. Jonas,Ward,K.. A world of regionalisms? Towards a US-UK urban and regional policy framework comparison. *Journal of Urban Affairs*,2002,24,p.377.

③ Savitch,H. V. & Ronald,K. Vogel. *Regional Politics:America in a Post-City Age*. New York:Sage,1996,p.16.

时也是领土空间、文化空间与政治空间的产物。①因此正如布伦纳（Brenner）所揭示，由于城市治理的再尺度化（rescaling）过程，与经济活动的全球地方化，以及国家机构在各种空间层次的"地域重构"（reterritorialisation）这两个过程紧密交织，当代城市治理形式必须回应社会、政治与经济地理所剧烈重构出的城市发展。②

在全球化冲击下的大都市治理模式发生了重大的变革，也就是"地域重构"③。所谓"地域重构"是指城市区域的领土空间的收缩或扩张，这是当前资本全球化浪潮的客观要求。全球化具有辩证的相互作用：一方面是资本主义制度下时空压缩的地方化趋势发展（地域解构运动，the movement of deterritori-alisation）；另一方面是具有相对固定空间结构的持续形成和重构——例如城市空间的集聚和城市领土边界的变更（地域重构运动）。由于大都市区是世界经济和领土所属国之间相互竞争的重要平台，因此通过对相对稳定的领土组织结构的持续建构、解构和重构，大都市区将成为承载提升国际竞争力的重要地域载体，大都市区域通过这一过程进而可以成为世界城市，甚至是世界城市区域。

内尔·布伦纳在《解密美国最新的"大都市区域主义"：一个评判性综述》一文中，对资本全球化带来的城市空间地域重构作了详细分析，这篇文章与他后来在《新国家空间》（*New State Space*）一书中提出对"新区域主义"的反思遥相呼应。他在文章中，从动态的视角出发，揭示了城市形态、全球经济和新自由主义国家三者在空间上的新变化。

---

①　Keating, Michael. The Invention of Regions: Political Restructuring and Territorial Government in Western Europe. In Brenner, Neil, Jessop, Bob, Jones, Martin and MacLeod, Gordon, eds. *State/Space*. Malden: Blackwell Publishing, 2003, pp.264–269.

②　Brenner, Neil. Decoding the Newest "Metropolitan Regionalism" in the USA: A Critical Overview. *Cities*, 2002, 19(1), pp.4–5.

③　Brenner, Neil. Globalization as Reterritorialisation: The Re-scaling of Urban Governance in the European Union. *Urban Studies*, 1999(36), pp.431–451.

表2.13　城市形态、全球经济和新自由主义国家三者在空间上的新变化

结构重组和层级调整过程	对城市和区域的影响结果	导致的治理问题	一般性大都市问题的解决措施	选取的实例
城市形态的空间重构：城市聚落空间和生产复合体的分散化和再集聚化	(1)"边缘城市"和"外城(exopolis)"的兴起；(2)强化了大都市管辖范围的碎片化；(3)持续的人口和工业分散；(4)城市问题延伸至郊区；(5)城市蔓延	(1)公共资源与社会需求之间的空间落差；(2)公共服务的低效率传递；(3)城市中心的贫困者和少数族裔的空间集聚增加；(4)严重的交通拥挤；(5)环境破坏	区域增长和环境管理：(1)综合的区域用地规划；(2)"精明增长"计划；(3)区域或大都市增长边界的重构；(4)环境立法的新形式	(1)在新泽西州、俄勒冈州、佛罗里达州、佐治亚州、马里兰州、加利福尼亚州和明尼苏达州，各州州法律获得通过；(2)在波特兰州、明尼波利斯—圣保罗和亚特兰大，大都市机构获得了国家层面批准新规划的权力
全球经济重构：各种资本的全球化、再地域化(re-territorialization)①和地方化	(1)去工业化和再工业化、向"精益生产(lean production)"转化的过程；(2)城市间的竞争加剧流动资本投资在区域的、国家的、大陆的和全球的规模	(1)资本外逃、失业和废弃的工业用地；(2)地方劳动力技能不足；(3)地方工业基础设施落后；(4)提高地方财政约束和降低从地方收税的税收	区域经济发展政策：(1)协调区域工业和劳动力政策；(2)在人力资本和基础设施的区域投资；(3)区域用地规划；(4)区域地方行销	(1)海湾地区委员会(旧金山)；(2)大都市计划(芝加哥)；(3)领衔大费城；(4)大休斯敦伙伴制；(5)大西雅图贸易发展联盟
新自由主义(Neoliberal)②国家的重构：伴随着国家职能扩张和缩小，国家政策也随之"结构(destructuring)"和重构(reconstitution)	(1)联邦权力下放、"精益"政府、"企业型"国家和"复兴"城市；(2)城市/郊区财政不平等加剧；(3)从社会福利制向工作福利制转变；(4)基于阶级和种族的社会空间极化加剧；(5)贫困者的隔离集中聚居(ghettoization)	(1)地方财政危机；(2)经济适用房、学校、公共交通工具和基础设施改善等关键社会服务缺乏资金；(3)强化地方政府的压制功能(警察、监狱)；(4)爆炸性的社会动乱(洛杉矶骚乱)	区域税收共享和再分配安排：(1)税基和税收共享措施；(2)在区域范围内提供低收入住房、公共交通和基础设施发展；(3)在区域内加强立法，反对住房市场中的种族歧视	(1)明尼波利斯/圣保罗的税收共享计划；(2)在丹佛和宾夕法尼亚州阿勒格尼县区域资产区；(3)在明尼波利斯/圣保罗和马里兰州蒙哥马利县努力引入"合理份额"的低收入住房

资料来源：Brenner N.. Decoding the Newest "Metropolitan Regionalism" in the USA: A Critical Overview. *Cities*, 2002, 19(1).

---

① 也就是指资本的地域重构。

② 侧重指经济自由主义。

学者们认为,为了赢得在全球化时代的更进一步发展、提高竞争力,城市区域将会逐渐突破原有的地域空间,跨越国界,晋身成为全球城市。随着后工业时代的来临、新经济的产生、交通通信工具的发达,城市经济的研究已经从过去探讨工业化或城市化的空间结构,转移到探讨全球城市、城市区域和世界城市等概念上,其研究也在世界各地蓬勃发展。

全球城市概念的发展过程,最早可以追溯到 1915 年由苏格兰城市规划师帕特里克·盖德(Patrick Gedder)提出的"世界城市"(world cities);霍尔(Hall)在1966 年与弗里德曼(Friedman)和沃尔夫(Wollf)在 1982 年也分别提出"世界城市"的观念,后来荷裔美籍学者萨斯基亚·萨森(Sassen)在其 1991年的作品《全球城市:纽约·伦敦·东京》中提出"全球城市"(global cities)的概念。随后,斯科特(Scott)等学者又提出了"全球城市区域"的观点。全球城市是一个网络—空间的概念,世界上的重要城市都是全球城市的一个节点(node),节点与节点之间的关系就是网络,网络的性质包括各式各样的技能,而具有主导性与支配能力的城市,便是全球城市中的重要节点。

(1)霍尔的世界城市。霍尔(1966)认为世界城市是政治权力的中心,是政府与国家政治组织的所在地,也是贸易、金融与通讯的中心。但是霍尔仅仅列出伦敦、巴黎、莫斯科、纽约、东京等城市作为论述的对象,并未界定研究的领域。霍尔在《世界城市》一书中,对世界城市这一概念作了全面的概括,包括:①世界城市通常是主要的政治权力中心;②世界城市通常是一个国家的贸易中心;③世界城市是主要银行的所在地和国际金融中心;④世界城市是各类专业人才的集聚地;⑤世界城市是资讯汇集和传播的主要枢纽;⑥世界城市不仅是最大的人口中心,而且集中了相当比例的富裕阶层人口;⑦随着制造业贸易向更广阔的市场扩展,娱乐业成为世界城市的另一种主要产业部门。

(2)弗里德曼的世界城市。弗里德曼以沃勒斯坦(Wallerstein)的世界体系理论作为基础探讨城市的发展,他对世界城市的理论主要有三方面:①1982 年他与沃尔夫提出研究世界城市应该采取的行动,对全球城市做一个空间上网络的串联,并且抛出众多可供研究的议题;②1986 年以后,他构建了世界城市的层级;③1987 年以后弗里德曼接受了全球—地方的观念并认为这些层级会受政治环境变迁、全球竞争的重组、城市之间的竞争、追求非可持续发展的政策所影响。弗里德曼的这些研究确认了世界城市在城市研究中的地位,同时强调城市之间的关系应该超越国家之间的界限。

(3)萨森的全球城市。萨森在其后放弃使用世界城市一词,而采用全球城市替代世界城市,他认为全球城市是全球经济指挥与控制的中心,是金融与工商业服务者的集中地,是创新与高科技产业的集中地,也是各种产业与创新的市场载体,并以纽约、伦敦和东京作为论据。主要的命题包括全球城市的经济秩序与社会秩序。同时萨森于 2001 年再版的《全球城市》中论述了四个观点:①全球化不是单一、同质的力量,地方化活动也属于全球化的过程;②全球城市各有特定的功能,但是分工结构不是依据比较优势;③全球城市与世界城市、网络社会等不同,全球城市是一个真实的存在;④全球城市与全球城市区域的差异在于全球城市区域着重在权力、不平等、边界与竞争的研究上,城市区域的空间尺度更大。

(4)斯科特的全球城市区域。全球城市区域结合了城市区域与全球城市的概念,转化为全球城市区域的空间形态。其意指全球资本主义在具体的空间上集结、组织、动员各种资源,并持续推动资本累计与循环。所以,全球城市区域可以说是全球经济的主要发动机。在全球经济趋势下,面对全球竞争市场,许多城市已经结合邻近区域城市共同发展,与其他城市竞争,而不再以国家与国家的形态进行竞争,形成新型的城市区域(city-region)。但无论是世界城市还是全球城市,都被置于全球化过程的框架下分析讨论,注重的是城市与城市之间的连结与网络关系。过去传统的城市经济分析往往只注重在单一城市或都市区的城市化过程。

无论是萨森还是弗里德曼,他们都认为全球城市是一个网络节点,是主导经济与金融的中心。因此超大型城市、巨型城市可能并不一定是全球城市。而城市区域的观点不仅关注城市规模,同时更加重视城市核心地区与周围地区共同面对全球竞争之下的合作关系。事实上,当前城市发展的过程中,这些区域在高度地方自治权下,早已成为生产、消费、服务、企业控制等中枢,可以自我解决原有缓慢发展的矛盾,跃升为全球经济制度调节的新角色。

在过去对于地区或者是城市之间的竞争采取比较传统和保守的观点,例如克鲁格曼(Krugman)认为地区之间的竞争不能增强当地公司的竞争力,而只是协助企业或公司追求卓越绩效的基本条件之一,企业的竞争仍根植于成本、人力资源、产品等因素。然而随着全球化对于地区或城市的影响的逐渐加深、公共事务的管理与公共服务的提供引进市场竞争机制,城市或地区在国际社会的竞争力将是该国发展的重要指标之一。因此，越来越多的学者认识到重视地区或城市之间的竞争趋势，且以宏观的全球竞争角度，探讨城市或地区间国际性交流合作、全球竞争的事实。例如，博伊恩（Boyne）建立应用于地方政府层级之间竞争的公共选择模型，视竞争为提升效率的必要条件之一，亦即具有竞争力的地区或城市能吸引大规模的企业投资或人们居住，甚至有利于城市化的更新。更进一步，地方政府之间竞争的标准可以以投资流动的情形、企业数目的增加等衡量。利弗（Lever）和图罗克（Turok）则提出一个合理的城市竞争力的定义：在能同时达到增加实质收入、改善市民生活品质及促进地区发展的目的下，该城市所生产的商品和服务能满足更宽广的地区、国内和国外市场的需求。其意指关心的焦点包括产业结构、经济增长的利益与持续性、居住与就业人口的素质，以及环境资源的保护情况等。①

（二）新区域主义的困境

实践证明，"传统区域主义"和公共选择理论学派已经被"新区域主义"吸收和运用，虽然对于"新区域主义"的批评声不绝于耳，但其声音主要来自于全球城市（区域）的观点。与"传统区域主义"和公共选择理论学派相比，"新区域主义"和全球城市（区域）这两阶段的发展方兴未艾，因此贸然对"新区域主义"和全球城市（区域）的未来发展下结论是武断的和不谨慎的。但是"新区域主义"在发展过程中，确实面临一些问题和挑战。

"治理"这个概念可以被认为是"新区域主义"乃至是全球城市（区域）的精髓，很多特征和运作都与此密切相关。但是诺里斯认为，在"新区域主义"倡导者的文献中，"治理"一词因为缺乏清晰、明确的定义而造成了若干问题。②正如研究治理问题的专家鲍勃·杰索普（Bob Jessop）所言："过去15年来，它在许多语境中大行其道，以致成为一个可以指涉任何事物或毫无意义的'时髦词语'。"③为此，我们需要思考下列问题。

---

① Lever, W. F. and I. Turok. Competitive Cities: Introduction to the Review. *Urban Studies*, 1999, 36 (5-6), p.792.

② Norris, Donald F.. Prospects for Regional Governance under the New Regionalism: Economic Imperatives versus Political Impediments. *Journal of Urban Affairs*, 2001, 23(5), pp.559-561.

③ ［英］鲍勃·杰索普：《治理的兴起及其失败的风险：以经济发展为例的论述》，《国际社会科学杂志》（中文版），1999年第1期。

第一，在缺乏明晰定义，特别是缺乏一个可操作化的定义的情况下，我们很难搞清楚区域主义者究竟在讨论什么？他们究竟是在讨论"区域治理"（regional governance），抑或是"区域合作"（regional cooperation）？"区域治理"与"区域合作"是等同的吗？抑或"区域治理"多少在某些方面有些不一样？例如，区域政府的合并与建立其他形式的区域政府之间的差异。面对这一系列的疑问，只能说明在实践领域中，"治理"与"合作"的分野没有我们想象中的那么大。在理论上，"新区域主义"的倡导者或许可以把"治理"与"合作"区分得条分缕析，但是在实际操作的层面上，"治理"与"合作"往往有着大量的交叉和重叠，以至于理论上的区分变得毫无意义。

第二，由于缺乏对"区域治理"的明确定义，我们就很难知道它究竟是否存在。例如，一些观察者或许会宣称正式的公共权威或者特区的存在会有助于履行一些特定的功能以解决区域问题，这就是区域治理的一个表现。但在缺乏区域政府的地区，这种理论解释或许是有效的。然而，伯伦斯（Bollens）对美国南加利福尼亚州的研究表明，真正的区域治理是不需要这一类制度安排的。相反，他发现即使区域范围广阔，功能有限的特区仅仅会形成"一种碎片化的和约束型的区域主义"[1]，而正是这样一种区域主义却承担着"与区域治理真正潜力的微弱联系"[2]。

尽管我们可以宣称，几乎任何一种政府都会安排产生区域治理，这实际上也是一种经验性认识。伯伦斯认为，在南加利福尼亚州的案例中，尽管区域公共权力机构履行着有限的功能，他们也不可能"清楚表达一种有效的区域视角或者策略"，或者改善区域的发展问题。[3]因此，尽管伯伦斯认为这种区域功能正引导着区域的发展方向，这样一种功能仍不能替代真正的区域治理。

第三，因为难以给"区域治理"下一个明晰的定义，如果给分析性概念下一个操作化的定义是不可能的话，那是因为这种做法相当困难。如果我们不能明确地给"区域治理"下一个定义或者识别它实际上是怎样运作的，列如如何使区域经济更具竞争力、如何消除负外部性或者如何帮助中心城市，我

---

① Bollens, S. A.. Fragments of Regionalism: The Limits of Southern California Governance. *Journal of Urban Affairs*, 1997, 19(1), p.117.

② Ibid, p.118.

③ Ibid, pp.106–107.

们就无法知道区域治理是否存在,或者如果真的存在,是否能产出它所宣称的效果。

第四,尽管区域合作毫无疑问比冲突更好,但合作不足以实现"区域治理"。正如安东尼·唐斯和其他学者所认为的那样,合作是对区域问题的所有制度回应中最弱的一种。除此之外,合作与治理不同,因为在很多时候,政党可以主导是否合作,而且在最困难和最具争议的问题上,政党往往选择不合作。然而,这些疑问恰恰就是新区域主义者和大都市改革者共同认为应该在区域内解决的问题。

根据欧美发达资本主义国家的政党制度的安排,达成协议的某一政党与执行协议的政党可能不是同一政党,这就为无穷无尽的协商、争吵甚至是撤销协议留下了不确定性。即使政党达成了协议,但是在其管辖的区域内,它还必须游说各种利益集团和居民同意这个决定。实践的经验表明,在其他县赞成区域主义总是比在当地赞成区域主义容易得多,因为区域主义的做法很可能是游说当地居民放弃权力或者是增加税收。

因此,即使合作在区域内获得成功(例如在所有政党中建立起有效的咨询性机构、在区域性的重要问题上达成协议),政党在合作的问题上仍然存在两个问题。第一,谁去执行这些协议?第二,如果有一个或者更多的政党采取"搭便车"的行为,那该怎么做?

上述四个方面的讨论实际上反映了城市区域主义理论与实践的二元困境。尽管城市区域主义所宣称的价值和特征过于抽象和理想,但是在实践上,城市区域主义在各个国家、各个地区的城市治理中依然发挥着越来越重要的作用。面对全球化的激烈竞争,城市区域主义的功能将会更加完善,治理的水平将会更进一步。

第四节　城市治理理论范式转换的启示

伴随着一百多年城市化的进程, 西方城市治理理论范式已经发生了三次转换:传统区域主义、公共选择理论学派、新区域主义。各范式各有优长和不足, 这些范式的个别要素逐渐被吸收到独具特色的各类城市治理的运作机制上,形成了丰富多彩的城市治理模式。特别是新区域主义的治理理论如日中天,对于中国刚刚进入城镇化早期阶段,如何避免西方发达国家走过的弯路,走统筹协调的精明增长之路,具有重要的借鉴作用和启示意义。

从目前国内的研究现状来看,新型城镇化转型以及城市治理议题多集中于城市规划、区域经济和经济地理、城市社会学等学科领域,而在政治学、行政学、公共管理领域的研究则方兴未艾。学者如张成福、陈瑞莲、孙柏瑛、王佃利、曹现强、张紧跟等人,近年来开始引入新区域主义和城市治理相关概念,在区域协调发展和城市治理模式创新的研究中,逐渐完成了从不自觉到自觉、从零散到系统的发展过程。从研究的主题和内容来看,主要集中于城市治理兴起背景、城市治理基本含义的界定、城市治理模式研究、城市治理的分析框架、城市治理实践、城市治理效果评估,城市治理研究的反思等方面的内容。总体来说,国内学术界有关城市治理的基础理论研究仍然匮乏,主要介绍西方城市治理的具体经验、中国城市个案研究或是市政学理论的阐述;而有关当前城市多中心治理中的政府自身建设、民间组织及企业与政府良性互动参与治理, 以及结合新区域主义理论与中国统筹区域发展背景对城市治理进行研究等问题,国内学术界尚缺少深入的系统性研究,研究力度和视角有待进一步深化和拓展。

综观世界现代文明的历史,伴随着现代工业化发展历程,城镇化成为启动经济增长的引擎和社会政治发展的重要推动力,展望未来,面对大多数发展中国家,21世纪仍将是城市的世纪。对于中国而言,城镇化始终是我国现代化建设的重要组成部分,特别是改革开放以来,城镇化的道路选择和发展路径问题日益突出。党的十六大报告首次提出建设中国特色的城镇化道路的构想;党的十八大报告也明确指出,进入21世纪以来,全球化、信息化时代对新型城镇化发展提出了新的要求, 城镇化发展的水平直接影响着区域经济发展和国际竞争力, 同时也面临着社会政治生活的变迁及由此产生的新的挑战。

经过数十年的发展,中国城镇化发展水平大大提高,中国社会科学院在《中国新型城市化报告(2012)》中指出:中国城市化水平已经超过了50%;而与此同时,传统城镇化模式难以为继,迫切要求转变城市发展方式,这就需要着力提高城市发展质量,走出一条"科学发展""以人为本",城乡融合发展的新型城镇化道路。李克强总理曾表示,推进城镇化,核心是人的城镇化,关键是提高城镇化质量,目的是造福百姓和富裕农民。一方面,我国面临着实现"稳增长""促转型""惠民生"的历史任务,同时面对如何在科学发展观的指导下,实现"城乡区域发展协调互动""工业化和城镇化良性互动、城镇化和农业现代化相互协调"的新型城镇化发展的目标;另一方面,持续扩张的城镇化引发了公共服务供给、基础设施建设、民生建设、社会管理、户籍制改革、财政共担机制、城镇化的治理结构、"城市病"、区域协调发展等广泛的城市治理问题,城镇化高速发展与现代城市管理水平的不适应,为处于转型期的中国城市综合治理能力提出了严峻的挑战。

因此,如何转变城市政府职能,培育城市社会力量,构建由城市政府、经济组织、社会组织共同参与的城市治理体系,理应成为科学发展观指导下我国建设政治文明和和谐社会的重要内容。总之,借鉴国外城市治理的理念和经验,结合我国国情,探讨中国城市治理的基本理论、制度设计、治理模式和战略对策等相关问题,具有较为重要的理论价值和现实意义。

第三章　城市善治理论

> 城邦的长成出于人类"生活"的发展,而其实际的存在却是为了"优良的生活"。[1]

——亚里士多德

城镇化既是现代化的必由之路,又是经济持续健康发展的引擎。根据《国家新型城镇化规划(2014—2020年)》,我国目前常住人口城镇化53.7%,户籍人口城镇化只有36%左右,不仅远低于发达国家80%的平均水平,而且低于巴西等发展中大国60%的平均水平,城镇化发展空间潜力巨大。[2]相对于较低的城镇化水平,旨在全面提高"人的城镇化"的治理水平更低,而这就成为制约新型城镇化健康持续发展的制度"瓶颈"。因此,新型城镇化的可持续发展,还必须有相应的制度和政策上的配套措施,这就需要构建完备的城镇公共治理体系。

城镇化的快速增长,新型城镇化的发展,对城市的可持续发展提出严峻挑战,因此如何管理好一个城市,对城市乃至国家管理者来说,都是一个重大问题。根据联合国人居署的决议,为了加强国际协作,更好地执行《人居议程》,推动了世界城市论坛项目。论坛的议题广泛涉及世界范围内城市经济与社会发展面临的诸如基础设施、住房建设、土地规划、环境保护等重大而紧迫的问题,而所有问题的解决都需要一个总的前提和协调机制,那就是城市治理。

作为国家治理体系的一部分,城市治理水平的高低和能力的强弱,在一定程度上决定了区域乃至国家治理水平的高低和能力的强弱。推动国家治

---

① 　[古希腊]亚里士多德:《政治学》,吴寿彭译,北京:商务印书馆,2011年,第7页。

② 　《国家新型城镇化规划(2014—2020年)》,http://news.xinhuanet.com/house/bj/2014-03-17/c_126274610_7.htm。

理体系和治理能力现代化和新型城镇化建设，是我国国家发展战略同步进入成熟阶段的标准和重要组成部分。不仅如此，两个基本目标之间存在着相互衔接、相互支持的关系，新型城镇化建设关系着我国国民经济能否持续增长，而治理体系和治理能力能否与之相匹配，即是否能够走向善治城镇，是保障新型城镇化建设能否健康发展的必要条件。根据联合国人居署的提法，善治的最终目标是推进城市发展进程，实施城市减贫计划，推动更为公平和包容的经济增长，等等。

除了包容增长之外，城镇善治还要对城市进行增长管理，从而直接关系到城市的可持续发展。可持续发展要求建立公平的社会、可持续的经济和宜居的环境，而这一三位一体的目标目前仍然尚未实现。实施可持续发展的关键在于地方特别是城市层面的执行，其中，政府发挥了规划和协调的轴心作用，对社会、经济和环境三个维度的发展管理加以整合，同时协同包括企业和社会组织在内的所有利益相关者。实现城市可持续发展的基本着眼点，就是在兼顾当前发展和长远发展的基础上，妥善平衡和处理好城市发展过程中"人与人""人与社会""人与自然"的关系。

第一节　善治的起源与发展

从词源学来说，"善治"（good governance）一词实际上是西方发达国家为发展中国家"硬造"的一个术语。冷战结束以后，以美国为代表的西方国家利用世界三大经济组织——世界货币基金组织、世界银行、世界贸易组织，以援助为名向发展中国家输出西方国家治国理政的新理念。善治的概念就是20世纪90年代以来伴随着西方国家治道变革成为政治学和公共行政学的专门术语的。卢梭和潘恩强调指出，作为宪政的核心，法治乃是实施自由主义式民主治理的最低标准。马克思则将善治等同于自我调节式的治理。在马克思看来，只要个人和群体之间存在冲突和对抗，人类永远无法实现真正的自由和善治。

世界银行对治理现象和治理的概念进行了阐述和界定。最初，世界银行认为，治理就是运用政治权力管理一个国家的事务。这就需要调配一国的经济和社会资源，用于经济发展和社会管理。逐渐地，治理的概念开始适用于地方和城市层面，成为地方治理和城市治理。为此，世界银行特别强调了治理的三个独特侧面：

（1）政制形式；

（2）一个国家为谋求发展而管理一国经济和社会资源的过程；

（3）政府设计、塑造、执行政策和发挥职能的能力。①

"治理"一词最初等同于古典的政府和政府的统治行为，而今天，治理却用于描述区域的权威机构对各类空间层次的组织和管理，以及相应的决策、合作和发挥影响的过程。②

彼得斯认为，治理指的就是"管理活动"（governing practices），力图"通过在多元社会主体之间发展新型的关系模式，建构更强的系统性能力，采取集体行动去应对那种交叉性的棘手的政策问题"③。斯多克认为，治理涉及公关部门内部或者公共部门和私人部门或志愿性部门之间跨域性的活动。④具体说，治理可以界定为政府如何明确权责、作出决策以及其他公民或利益相关者如何表达自身诉求而在结构、过程和传统之间展开的互动。

可见，与传统的统治或政府的概念比较而言：其一，治理强调社会的自我调节，而非政府的行政指令；其二，治理强调超越国家与社会的二元分立，通过讨价还价、相互协商、沟通说服等行为实现国家与社会的有效互动；其三，治理强调经济系统的社会性和制度性镶嵌，构建经济系统的社会秩序。

关于善治，国际组织分别给出了自己的定义，1992 年，世界银行提出了十项权威标准：

（1）政治可问责性；

（2）通过定期选举实现政治权力的合法性；

（3）各种社会、经济、文化和专业团体参与治理过程；

（4）法治；

（5）司法独立；

（6）行政问责；

---

① World Bank. *Cities on the Move: A World Bank Urban Transport Strategy Review*. Washington D. C.: World Bank Institute, 2001, pp.1–219.

② OECD. *Cities for Citizens: Improving Metropolitan Governance*. Paris: OECD Publications, 2001.

③ Pierre, J. and Peters, G.B.. *Governance, Politics and the State*. London: Macmillan. 2000, p.14.

④ Stoker, Gerry. *Urban Political Science and the Challenge of Urban Governance*. In: Ion Pierre ed. Debating Governance. Oxford: Oxford University Press, 2000, pp.91–109.

(7)信息自由；

(8)透明性；

(9)有效率而有效力的行政系统；

(10)政府与社会之间的合作。

联合国人居署在城市的背景下建立了一个善治城市联盟，倡议包容利益相关者和提高城市管理水平。倡议认为，城市的善治包括：资源配置的公平性；服务递送和管理的效率性；决策过程的透明性和问责性；免于环境灾害、犯罪和管理决策不良后果的安全性。[1]此外，联合国人居中心指出，"城市的善治不仅仅是一个有效管理的问题；也有与决策过程中的民主、人权和公民参与相关的政治维度"[2]。这一定义强调了公民与政府互动的价值、标准、过程以及制度架构。善治要求保证政治、社会和经济的优先选项建立在社会的广泛共识之上，在发展资源的配置过程中，要能够倾听到最贫困者和最脆弱者的呼求。

联合国发展规划署提出了城市善治的基本构成原则：

(1)合法性与呼求，体现在参与和共识两个基本导向上。所谓参与就是，所有人都可以或直接或通过合法的能够代表其意愿的中介结构在决策中发表自己的见解。这种广泛的参与建立在言论和结社自由的基础上，同时也需要建设性的参与能力。所谓共识就是，善治需要调停不同的利益而就何谓最佳利益以及如何实现最佳利益达成广泛共识。

(2)战略性导向。领导人和公众对善治和人类发展都有广泛而长期的愿景，而且都清楚人类发展所需之物为何。同时也能够体认和理解这一愿景所立基础上的历史、文化和社会的复杂性。

(3)绩效，包括回应性和有效性两个方面。回应性体现为制度和过程要力求服务于所有利益相关者。有效性体现为制度和过程能够产生最有效利用资源的结果。

(4)问责，包括可问责性和透明性。可问责性要求政府、私人部门和社会组织中的决策者为公众和利益相关者负责。透明性建立在信息的自由流动基础之上。过程、制度和信息要直达利益相关者，保证利益相关人充分的知

---

①②　United Nations Centre for Human Settlements（UNCHS–UN Habitat）(2000)．The Global Campaign for Good Urban Governance. *Environment & Urbanization 12*. no.1：pp.197–203.

情权。

（5）公平，体现为公正和法治两个方面。公正意味着所有人都有机会提高或维持自身的福祉。法治意味着法律框架应该是公平的，应该得到公正的实施，特别是关于人权的法律。

第二节　善治城市的范式转移：原则与议题

在城市治理与善治的范式出现以前，城市统治（urban government）的范式长期在城市管理领域居于统治地位。城市统治主要是通过功能性和政治性的手段服务于市民，往往出现牺牲整个社会的利益去满足少数精英利益的情况。而城市治理模式则是社会组织和私人部门自下而上推动公共服务供给的备选模式。城市治理要求所有利益相关者参与城市事务的管理，城市转型、全球化、分权化和民主化成为推动城市治理的基本驱动力。自20世纪90年代以来，"治理"一词勃兴，用以揭示公共行政领域科层制向网络关系的范式转换。根据联合国人居署的定义，"城市治理是个人与机构、公共部门与私人部门，对城市公共事务的规划与管理"①。

从静态意义上讲，城市治理是个人与机构、公与私、规划与管理城市公共事务的总和。从动态意义上讲，城市治理是一个通过协调和合作行为将各种相互冲突的利益加以持续整合的过程。治理由一套复杂的机制、过程和制度构成，个人和其他利益团体可以借此通过正式或非正式的渠道表达自身的利益，达到求同存异的功效。在传统范式的意义上，政府垄断了对城市的管理活动，而随着城市化的快速发展，单凭政府自身已经无法应付复杂而多变的城市现实，能够解决现实城市问题的管理模式呼之欲出。从利益相关者的角度审视，治理与城市化是相互兼容、相互依赖的，城市善治是实现城市可持续增长和发展的一个重要支柱，城市化的可持续发展有赖于政府、社会组织和企业通力合作。一般而言，政府的作用是为城市建立一个政治和法律框架，提供基本公共服务和公共物品，企业则是通过就业和税收创造财富，社会组织则是促进不同利益群体之间的政治和社会互动、对话和协商。这样，城市的政府、企业和社会组织三个部门之间就可以在治理的环境下进行

---

① UN-HABITAT, 2004.10. http://www.unhabitat.org/documents/UN-HABITAT_AR_2004.pdf.

有意识的建设性互动和交流活动。这种互动必须基于所有利益相关者的有效参与,法治、透明性、回应性,以共识为导向,公平、效率和有效性,问责性以及共同的战略愿景。①

城市治理如何落实于实践,如何调动各个部门之间的充分潜力,特别是企业如何按照市场原则办事,强化自身的社会责任,建立公私伙伴关系(PPP),进而积极参与城市治理,这是问题的关键。为此,2004年,联合国人居署接受了全球城市治理联盟的建议,在城市治理概念的基础上又提出了善治城市(good urban governance)的概念,即通过实施政治、经济、社会和行政权威来管理城市实体。进而人居署认为,善治城市需要遵循下列七项原则:可持续性、权力下放、公平、效率、透明与问责、公民参与、安全。②上述原则或规范旨在提高城市环境中人的生活条件。借此,公共部门、私人部门和包括城镇居民在内的其他利益相关者可以加强城市治理能力建设,推动城市的可持续发展。此外,上述原则也为解决城市管理和城市行政面临的挑战设置了整体框架。每项原则之间都相互衔接、内在融贯,一个原则的执行必须以另外一个原则的执行为前提。原则为城市治理的利益相关者提供了基本的行动指南,有利于构造城市治理所需的内外环境,内在环境方面,利益相关者可以明确各自的行为规范,外在环境方面,利益相关者还可以据此参与构建城市治理体系的政策制定和战略实施。具体说,原则如下:

(1)可持续原则。可持续原则体现于城市发展的所有维度。可持续性要求城市利益相关者对现在和未来世代的社会、经济和环境需要之间作出平衡。这种代际公平要考虑到资源的效用、城市的减贫、长期关怀、对人类可持续发展的战略愿景,以及基于公共善对不同利益的整合等。可持续原则要求所有利益相关者积极参与城市发展事业,就城市发展战略、城市发展规划等重大问题展开广泛协商、建言献策。

(2)权力下放原则。在城市环境下,基于成本收益的考量,服务传递的配置机制应该遵从就近管理和贴近地方的原则。这一原则的目标是要强化简政放权,推动地方民主,从而在政策层面及时回应市民之所需。进而言之,公民应该得到充分赋权,获得充分自由权和自主权,以保证政府对公民负责。

(3)公平原则。公平意味着在决策过程中将所有利益相关者包容进来,

---

①② UN-HABITAT,2004.10. http://www.unhabitat.org/documents/UN-HABITAT_AR_2004.pdf.

并给所有利益相关者提供城市生活必需品。公平要求权力共享,无歧视地提高所有人获得和利用城市资源的机会。公平就是要建立一个包容性城市,这是城市可持续性发展的重要因素之一。包容性城市需要创造可以保障所有人社会、政治和经济安全的环境,这意味着所有公民都有平等的机会获得健康、教育、就业、营养、饮用水安全、卫生,以及其他基本服务。

(4)效率原则。效率原则是为了保证服务的有效传递和资源的最优配置。城市资源的成本效益化管理对于所有利益相关者来说是命运攸关的,特别是参与城市管理的企业或私人部门。同时,只有当所有利益相关者能够基于各自的比较优势,才能最好地实现效益。效率原则主要是针对企业或私人部门来说的,二者通过产业和产品生产创造城市财富,培养具有创造性的城市经济环境,政府就可以使私人部门或企业运行变得更为优化。

(5)透明与问责原则。透明和问责对于城市利益相关者来说至关重要,只有透明和可问责才能真正建立起信任与开放,以协作和伙伴的方式解决城市面临的诸多挑战。透明和问责原则要求所有核心利益相关者秉持高度的专业精神和正直的人格行事。

(6)公民参与原则。所有城市都多少会面临一个基本困境,由于固有的行政和管理方面的结构性因素的制约,难以形成政府与社会之间有意义而且富有建设性的对话,这就需要充分的公民赋权,充分调动社会资本、开掘公共资源。公民参与意味着公民和公民团体应该积极参与城市的公共生活,并为城市生活的公共善做出应有的贡献。人才是一个城市真正的财富,也是人类可持续发展的目标和手段。为此,边缘或弱势群体的参与尤其重要,妇女和穷人在决策过程中必须要得到赋权,从而有效地参与城市公共事务的管理和公共决策的过程。

(7)安全原则。安全就是保护生命、财产和自由权利免受侵犯。安全是公民获得和实现公民自由的前提保障。伴随着全球化和城市化的深入发展,包括社会治安在内的城市问题变得越来越复杂和多样,各种城市危机威胁着城市居民的生命和财产安全。为此,城市必须力求避免人际冲突、社会危机和自然灾害,从而为所有利益相关者带来安全感和稳定感,促进社会和谐和安宁。这就要求,一方面,培养和谐宽容、尊重多样性的城市政治文化;另一方面,城市也要依靠社会中介组织发挥安全阀的作用,鼓励具体执行和实施机构以及其他社会服务供给者之间的合作。

根据上述有关城市治理与善治的概念和原则，可以归纳出六项城市治理的研究议题。

议题一：构建符合城市治理原则的基本制度。首先，任何城市治理都必须建立基本的制度规范和规则体系。其次，要探究城市治理遵循的脉络背景，即城市发展的历史文化、制度沿革、风土人情以及风俗习惯，这类特质构成了城市发展的前提条件。此外，当城市发展到一定阶段，还需要国家发挥整体规划者的角色进行"顶层设计"，一方面积极鼓励城市治理，另一方面大力推动边疆地方的城市化进程，落实国家可持续发展的长远目标。为此，城市治理的发展需要有相应的配套制度和政策措施，以及清晰且可预期的游戏规则可供遵循。

议题二：营造适于公民参与的民主治理环境。城市治理的"治理性"集中体现为城市范围内所有利益相关者对城市事务的共同参与，包括所有层级政府、个体公民、志愿性团体、社会组织。善治城市尤其强调对公民赋权，通过赋予公民的参与权利，提升公民社会的决策能力，进而逐渐改变城市权力的形态。由于国家与地方治理机制不尽完善，加之地方政策的复杂性，这就决定了地方政策从制定到执行都需要充分考虑地方性，必须与当地民众密切联系，让民众参与地方共同决策。这一方面赋予了政策执行的正当性，另一方面也间接提升了公共政策的效能。

议题三：在城市治理过程中建立公民问责机制。政府应该接受问责机构的监督，受城市人民委托进行公共服务的地方政府尤其如此。公民问责是行政问责的一部分，是行政问责的深化。公民问责，是指由公民个人依法启动国家的制度资源，对行政机关及其行政人员的行政活动进行质询和审查的权力监督活动。公民问责遵循以"私权"限制"公权"的逻辑，以实现对公民权利和公共利益的保障和救济。这种责任不仅仅限于公共事务或受争议事件，财务预算、财政政策、预算编制等都应包含在内。除了要有透明化的正式公开机制，还必须具有回应性强的公私互动机制。

议题四：健全城市治理过程中的协商审议机制。协商民主要求透明的政府施政过程，可促使公民在管理自身的同时，对公共事务进行审议协商，协商的过程可以促进参与者集思广益，共同去批判审视相互的主张，谋求共同的利益，建立一个知识信息与社会资本的分享机制。这就要求通过政府的赋权行为，使公民在自我管理的基础上对公共事务进行协商审议，谋求共同的利益及建制一个共同的社区。

议题五：吸纳和包容城市治理过程中的利益相关者。从城市整体而言，利益相关者包括城市政府、中央政府、市民、其他地方政府、流动人口等。从城市某项事业而言，利益相关者只包括与此有关系的人或机构。利益相关的人会比不相关的人更关心城市发展，因此建立包容而非排斥的城市治理结构更有利于城市的善治。

议题六：可持续发展的善治理念是城市治理的目标。城市可持续发展可视为城市中政治、社会、经济、物质环境等网络互动协力与共同演化的过程，在这一过程中，一方面要确保居民福祉的提高，另一方面不会危害到都市的内外环境，并有助于减少城市的生态环境破坏。

综观城市治理二十余年的发展趋势，总体上是以城市管理为轴心的，比如城市基础设施和公共服务等。而实际上，城市治理是一个复杂的政治过程，而非简单的管理过程。治理本身是一个中性词，可以是专制的或仁慈的，有效或无效的，善治则是在共同价值取向和实践规范前提下共同追求的实践标准。常见的误解是认为城市的善治能够包治"城市病"，而实际上，城市善治是解决公平、可持续性等城市问题的必要而非充分条件。为此，联合国人居署将城市善治视为让城市变得更为宜居和核心的关键要素，并推动全球城市善治运动，大力推进善治从理念到实践。

第三节　探索善治原则下的中国城镇公共治理体系构建

对于中国来说，城市治理与善治严重滞后于城镇化的发展速度，尚处于亟待开拓的实践和研究领域，从城市善治范式到城市善治的实践更是一个重大挑战。当前，我国的新型城镇化面临许多"老问题"，特别是从"物的城镇化"转向"人的城镇化"的问题，尤其需要通过城市治理体系和治理能力的现代化来解决。具体说，按照善治要求建立的城镇公共治理体系包括目标、主体、结构、任务、保障、格局、基础和体制。

（一）可持续发展是城镇公共治理的基本目标

可持续发展的理念在中国城市发展领域的应用，一般是与城市经济发展和资源可持续利用以及环境可持续发展联系起来的，比如国务院印发的《全国资源型城市可持续发展规划（2013—2020 年）》。相对而言，对社会和文化维度则相对缺少关切。而新近出台的《国家新型城镇化规划(2014—2020年)》第五篇"提高城市可持续发展能力",则充分考虑了经济增长、社会治理和环境保护三者平衡协调发展的重要性。并在第十八章以"推动新型城市建设"为题,阐述了"绿色城市""人文城市""智慧城市"的可持续发展理念,进一步明确了我国城市可持续发展的价值取向和实践路径。①

(二)要明确城镇公共治理的主体,推进新型城镇化进程中的城市民主和市民有序参与城市治理

城镇公共治理的主体是多元的,从利益相关者的角度来看,各级政府以及非政府组织、个体公民、社区组织、利益集团、企业等都是城镇公共治理的主体。

首先,新型城镇化是"人的城镇化",人才是城市的根本财富和可持续发展的动力源泉和终极目的。因此,只有真正实现了人的包容性可持续发展,才能提高市民的可持续发展能力,从而最终才促进城市经济的可持续健康发展。因此,城镇居民是中国城镇化治理的基本主体,只有对市民充分赋权,特别是妇女和穷人等弱势群体要得到充分赋权,才能积极参与市政决策,发扬城市民主,推动城市可持续发展。

其次,城市政府是城市治理的轴心,扮演了城市利益协调者、资源分配者和发展规划者的角色。对于城市治理来说,各级政府的治理职能各有分工,中央政府负责顶层设计,包括基本的制度安排和宏观政策的制定;省级政府负责本地区的总体安排和配套政策;城镇政府则负责制定本行政区城市和建制镇的具体方案和实施细则。

此外,社会组织、企业等也是城镇治理的关键利益相关者,也需要对社会组织和企业"赋权"。企业是城市经济增长的基础,城市治理的水平,诸如公共服务、软件环境、法治状况等因素,对企业的成长至关重要。而企业"用脚投票"反过来也决定着城市经济的发展走势。只有企业充分参与包括规划战略和经济决策在内的城镇治理,才能使企业与城市可持续发展形成稳固的增长联盟,国外将这种合作关系称之为公私合作伙伴关系(PPP)。此外,各类社会组织在提供社会服务方面也发挥着各种组织特有的作用。在中国,如何结合各自优势,包括政府购买社会服务,实现政府、企业和社会组织的良

① 钱振明:《基于可持续发展的中国城市治理体系:理论阐述与行动分析》,《城市发展研究》,2008年第3期。

性互动,建立适合中国国情的公私合作伙伴关系,仍然需要进一步探索。

(三)建立和完善城市公共治理结构,提升城市政府治理能力

公共治理结构是包括政府、社会组织和企业在内的治理主体之间的行动框架。根据《国家新型城镇化规划(2014—2020年)》,目前城镇公共治理要"顺应城市社会结构变化趋势,加强党委领导,发挥政府主导作用,鼓励和支持社会各方面参与,实现政府治理和社会自我调节、居民自治良性互动"[①]。

目前,我国实现善治城市的目标,必须要正确认识社会组织和广大市民参与城镇治理的积极性。在城市公共治理结构中,政府和企业的结构偏重,而社会组织则缺乏有效的正式参与政策过程的体制机制,有序化、组织化、结构化程度低。目前来说,我国现有治理格局决定了政府的主导作用不能削弱。这就要求,一方面,培育社会组织的自组织能力和自治水平;另一方面,构建多层次、多手段的权力制衡与监督机制,实现城市政府、企业和社会组织的均衡协调发展。

(四)切实转变政府职能,提供全体城镇居民共享的基本公共服务,即基本公共服务均等化,乃是城镇化治理的核心任务

以人为本,公平共享是新型城镇化发展的基本理念,目前,我国城镇化尚处于粗放型发展阶段,"土地的城镇化"速度超过了"人的城镇化","产城融合"程度不高,城乡统筹能力弱。为避免"有增长、无发展","有数量、无质量"的"中等收入陷阱",追求优质的新型城镇化,提升城市基本公共服务水平构成了城镇化治理的核心任务。

简单说,提升城市基本公共服务水平,要从以下三个方面着手:其一,优先发展城市公共交通。为了避免"摊大饼"式的城市无序蔓延,实现城市"精明增长"和紧凑布局,"以公共交通为导向"(TOD)的城市发展模式成为世界主流。TOD模式对于缓解当前中国快速城市化进程中土地利用和交通拥堵之间的矛盾具有重要的指导意义和借鉴作用。其二,加强市政公共设施建设。"和谐宜居"是城市发展的理想目标,而实现这一目标的前提就是"建设安全高效便利的生活服务和市政公用设施网络体系"[②],这已经成为未来十五年中国城市基本公共服务的基本目标。其三,完善基本公共服务体系。首

①②　《国家新型城镇化规划(2014—2020年)》,http://news.xinhuanet.com/house/bj/2014-03-17/c_126274610_7.htm。

先,要明确自中央到城市各级政府提供公共服务的范围和边界不同,并在此基础上确立城镇政府的职能边界和供给范围;其次,公共服务体系要逐渐完善公共服务供给方式多元化,引入市场机制和社会力量,实现城镇公共服务生产和供给方式的优化与均衡;最后,根据经济社会发展状况和财力水平等综合因素,构建可持续的城镇公共服务体系。

（五）建立可持续的公共财政体制是健康合理城镇化的基本保障

"国家财政蒸蒸日上,省级财政稳稳当当,市级财政摇摇晃晃,县级财政哭爹叫娘,乡级财政精精光光。"这句话形象地说明了城镇政府财政的困境。由于中国的财政制度,决定了市级公共服务投入上的财政压力大,财政能力不足,主要依赖中央政府的转移支付和预算外支出,于是出现了"跑部钱进"和"土地财政"的现象。为此,①要求城镇政府根据本行政区基本公共服务的事权划分,承担相应的财政支出责任,增强原有市民和新增市民(农业转移人口)的公共服务保障能力;②建立可持续的财政金融制度,比如城市政府融资平台、债券制度等;③按照善治要求,建立多元高效的公共服务供给机制,降低公共财政负担,提高公共服务效率和质量。

（六）中国城镇化公共治理的总体格局是统筹城乡,推动城乡一体化发展,实现从"城乡分治"到"城乡共治"的转型

20世纪80年代以前,我国是城乡二元结构,实行的是"城乡分治"或市县分置的城乡管理体制。为打破城乡二元结构,1982年后我国开始推行"市管县"体制,形成了以行政方式将城市和周边农业腹地结合为一个经济和生态系统,形成一个以互补和积极性的城乡关系为特色的城市区域(city-region)。[①]自此,城市政府成为唯一管理城乡边界的政府级别,开始推行"城乡共治"的市管县的管理体制。

而自20世纪90年代以来,有关城乡共治的城市管理体制的争论不断,对"市管县"体制弊端的批判再到试行"省管县",二者孰优孰劣,争议较大。如果就"城乡共治"的驱动力即行政主导而言,在行政化的限度内讨论"市管县"和"省管县"的优劣,可能永远找不到解决之道。就"市管县"对于城乡共治的效果来说,从"切块设市""整县改市"到县市合并、撤县设区、撤市设区等运用行政手段、通过行政区划调整的方式推行"城乡共治",引发了诸多地

---

① 薛凤旋:《中国城市及其文明的演变》,北京:世界图书出版社,2010年,第292页。

方之间的利益冲突,无序扩张也相应地增加了管理和协调成本。就"城乡共治"的城市治理而言,欲求真正实现统筹城乡,这里的问题似乎并不在于省管县还是市管县,而在于城乡之间真正的融合程度,而非行政整合程度。而时下行政化造市无疑给大城市的无序蔓延起到了推波助澜的作用,人为制造的城乡统筹假象无法实现"城乡共治"的目标。

在这方面,美国的大都市区模式很值得借鉴。大都市区是一种自然形成的城乡高度融合的城乡共治模式。而大都市区治理模式(metropolitan areas governance)的主要优势在于它是一种高度融合的功能区,而非行政区,也就意味着不需要通过行政整合实现统筹发展和地域融合,也就避免了中国的省管县或市管县体制的行政化弊端。这既符合善治的内在要求,又有利于城乡融合和统筹发展,以城带乡、以工促农的全面协调发展。

(七)城市增长以及对城市增长的管理是城市可持续发展的前提条件和城市善治的基础

增长是城市发展的第一要义,无论对于发达国家还是发展中国家来说,都是一样重要。而不当的开发,容易破坏原有优美的景观,引发严重的生态问题,并直接带来噪音、污染、交通拥挤等"城市病"问题,破坏了居民生活质量。可见,增长与繁荣不一定会改善生活质量,也很可能降低生活质量。这就需要改变盲目增长的观念,在确保生活环境质量提升的目标下,对城市增长进行严格的管理与规制。简言之,就是要有效控制城市特别是大城市规模,防止因开发而盲目的扩张蔓延,通过增长管理的方式,避免城市蔓延现象造成城市生活质量降低。

目前中国的增长仍然处于较低阶段的粗放型发展阶段,"经营城市"的理念主导了"企业家型城市"的发展,政府与开发商形成的增长联盟在推动城市化快速发展的同时,也导致了过于重视"物的增长"特别是"土地的增长",而忽视了"人的增长"。而善治则建立在城市"精明增长"的基础上,精明增长使城市增长走向良性增长,而欲使都市走向良性增长,则应避免被都市无序蔓延(sprawl)现象所支配。因为城市、郊区、小城镇、乡村社区或荒野地区长期的利益容易被都市病态的恶性增长所伤害,从而产生都市肥大症的病态成长现象。

（八）根据不同的城市类型，建立不同的城市（城际）治理体制，以期达到城乡统筹、城际一体、区域协调效果

中国的城市治理体制可以根据权属关系分为纵向治理和横向治理两种类型。从直辖市（省级）、计划单列市（副省级市）、地级市、县级市，属于纵向治理的范畴。总体而言，中国目前的城市管理体制体现了单一制的原则，决定了府际关系上城市政府对中央和上级政府在财政、法律和行政上的高度依赖。而诸如市（省级、副省级、地级市）、辖市（县级市）、城市联盟、城市群，则属于横向治理的范畴。

我国习惯于纵向科层管理体制，而城市群等横向治理体制在结构、功能、边界、目标等方面都尚不清晰。《规划》提出："以城市群为主体形态，推动大中小城市和小城镇协调发展。"相对于大城市来说，中心城市和小城镇在统筹基础设施和公共服务方面能力不足，而城市群的发展则可以通过合理规划统筹城乡，实现基础设施和公共服务的一体化发展。城市群的发展要求，实现整个城市区域的城市基础设施和服务一体化，而非仅限于个别城市或城镇；吸引私人部门参与广域发展项目；提高解决诸如环境污染等跨域性城市问题的能力；实现城乡包容性发展等等。因此，城市群内部的协作治理将成为城市群能否真正产生集群效应的关键，但其中广泛涉及区域规划、都市圈规划、行政区划调整、空间地域结构重组，跨部门、跨地区、跨领域的协商与协议等诸多公共治理问题。

总体来说，目前国家新出台的《国家新型城镇化规划（2014—2020年）》，一定程度上勾勒了构建新型城镇公共治理体系的蓝图，反映了善治的部分要素，如包容，可持续等。但具体实践仍然有进一步需要落实和不断改进的地方。

第四节　精明增长理论与城市善治

一、"精明增长"的治理理念契合于科学发展观指导下的新型城镇化

城镇化是所有现代化国家工业化的产物，中国的城镇化与中国的现代化和工业化进程密不可分。近些年随着我国城镇化步伐的加快，城镇化已经

成为世界金融危机后中国下一波经济增长的引擎和主导。城镇化带来的人口集中以及由此对供水、交通、住房、环境和养老服务等方面的公共需求形成了特定的城市治理问题。我国原有的城市增长方式是一种蔓延式增长，单一强调城市人口的增加、空间的扩张，而没有相应地为增长人口在土地使用、居住环境、公用事业等方面进行合理规划和均等化服务供给。这使得我国的城镇化凸显出巨大的发展隐患和深层的动力困境，蔓延式增长下的城市已经成为中国经济、社会、政治多维发展过程中各种弊端的集中爆发区。

党的十六大报告首次提出"走中国特色的城镇化道路"，随后新型城镇化的内涵逐渐明确，即"走集约、智能、绿色、低碳的新型城镇化道路"，城市从外延式增长向内聚式发展转型。就新型城镇化之"新"，在政策层面上无论是党的十八大报告还是各领域学者都给出了一揽子方案。事实上，新型城镇化之新不仅仅在于政策之新，而在于其不再以单一维度来推进城镇化，是将城镇化进程中的土地规划、地方财政改革、环境保护、公共服务等方面的个别政策整合并进行一体化的政策规划。对城镇化的政策发展目标而言，不外乎社会平等、经济发展和环境保护，这些目标对应着城镇化进程中的一系列问题，如公共服务均等化、城市产业集聚、水污染和城市垃圾治理。这些问题是相互交织的，因而新型城镇化是不可能在实现某一目标方面高歌猛进而不在其他目标上有所建树。科学发展观所强调的统筹发展是新型城镇化背景下的城市治理理念。

进入 20 世纪以来，美国城市化出现了迅速扩张的增长态势，形成了大规模向郊区蔓延的发展模式，类似于今天中国的城市"摊大饼"现象，部分城市甚至已经进入了人口负增长和后工业主义时代，城区面积仍然大幅度增加，开发与环保、粗放与集约、增长和效率、发展和分配的矛盾非常突出。由此，也带来了一系列事关城市可持续发展、生态环境问题和社会民生问题。为此，1994 年，美国规划协会率先提出了城市精明增长项目规划（smart growth project）；1997 年，马里兰州州长又进一步提出了包括城市精明增长区法案等五项法案的精明增长新活动。简单说，"精明增长"最初倡导的是从城市规划的角度出发，主张在提高土地利用效率的基础上控制城市扩张、保护生态环境、服务于经济发展、促进城乡协调发展和人们生活质量提高的发展模式。稍作延伸阐述，"精明增长"与科学发展观所提倡的理念高度契合，其核心要旨就是保证城市社会平等、经济增长、环境保护三位一体、和谐共存，对于新型城镇化建设和增长方式的确立与战略转型都具有具体的指导和借鉴意义。

二、"精明增长论"的理论兴起与实践反思

"精明增长论"来自美国 20 世纪 90 年代以来对城市主要是大都市区问题的治理引发的反思,根据美国精明增长在线网(Smart Growth Online)的概括:"'精明增长'的推动力来自城市人口的转变、环保的注重、地方财政的困难和对增长的复杂意义的新认识。这些都代表着新的需要和新的机会去推行'精明增长'"。"精明增长"的概念是仁者见仁,迄今为止尚无明确的定义,其内涵取决于不同的背景、视角和时空条件。首先,精明增长概念和理论的提出反映了新区域主义的治理理念,直接回应了城市蔓延(urban sprawl)和环境可持续发展的现实问题。

"精明增长"是对 20 世纪 70 年代以来美国和加拿大城市发展实践和政策经验的理论反思。布劳恩(Braun)等人认为:"精明增长脱胎于北美城市区域的治理困惑;美国长期受到城市无序蔓延、政治碎片化和滞涨政治的困扰",特别是城市区域迅速蔓延导致了诸多消极后果,"野生动物栖息地和绿地的消失,农地被挤占,糟糕的空气质量,水质变差,经济效益下滑,市政成本上升,健康问题频现,缺乏流动性,以及社区和地方认同的缺失引发的消极社会成本等等"。因此,精明增长运动倡导一系列主导城市发展逻辑的新规则,推动各项制度变迁,减缓城市蔓延以及由此产生的消极后果。布劳恩认为,精明增长作为一项综合策略显示了四项内涵:经济效率、环境保护、优质生活、社会公平。虽然内部存在着分歧,不同的精明增长观却都支持和提升公交系统,鼓励步行和骑车,保护开放空间和农地。"精明增长并不是不增长,而是说,它追求重新焕发已经建成的环境的活力,而且在一定程度上有必要促进城区边缘的有效开发,建立更加宜居的社区。"

美国大都市区(metropolitan regions)为促进城郊开发产生了城市蔓延的复杂政治经济状况,由此也出现市政碎化和治理真空的结果,精明增长正是为应对这一现象应运而生的。尤其是在美国以及一定程度上的加拿大,区域层面上无法解决城市蔓延这一广泛存在的消极后果。传统改革派或说"旧区域主义"(old regionalism)倡导的巨人政府方案利弊互现,在欧洲和加拿大的局部区域巨人政府方案尚可运转,而美国的情况却截然不同,"文化上就抵

制对财产权的限制,同时,在城市持续蔓延中拥有确实经济利益的利益集团也进行了有效的院外游说活动"。在"旧区域主义"盛行时期,特别是在美国,代表选民利益的管理组织保证了区域权力具有强大的约束力, 力图在区域层面管理增长的努力随处可见,由此也出现了"大规模的城郊化,城区和城郊在服务供给方面的非经济性, 城区迅速恶化的空气质量以及开放空间的消失"。

巨人政府方案的失灵呼吁新的方案和途径来解决如何有效地治理超大型城市和大都市区, 从而将旧区域主义自上而下的倡议和举措的效果降到最低限度。比如,由于缺乏信任关系,加之区域机构缺乏相应的权威,地方机构不愿意将规划权力委托给区域机构等现象的存在。而地方和区域机构之间的这种冲突几乎无法通过传统的治理途径即旧区域主义的自上而下地与巨人政府进行调和。精明增长理念与运动提出的目标与策略就是为了缓解排他性的分区制和对地方机构的 NIMBY(Not in my back yard 的缩写,用于表示当地居民反对当地的某项发展项目)态度。精明增长运动在获取地方支持的意义上促进了整体性的规划和空间开发观念。此外,在重建优质生活方面,公私行为者的介入、参与和协作也是精明增长运动的核心要素之一。在这一意义上,精明增长也是落实新区域主义治理理念的实践途径。

为了实现可持续发展的目标, 关键的问题在于不仅要关注增长在哪里能够最利于实现,而是要明确这种规划的增长如何实现。这里就涉及区域增长的实际规划和决策过程, 治理和新区域主义的理论和实践正是在这一背景下兴起和发展起来的。只有所有的利益相关者和行动者切实参与到精明增长原则的执行过程当中,经济、环境和社会的可持续发展才能在区域层面得到落实。特别是处理区域事务和区域增长的困境就会导致对传统的自上而下的"旧区域主义"的修正,新区域主义就是要在城市政府、社区组织、企业组织及非营利组织等之间,通过合作和协力,建立一种城市治理的策略性伙伴关系。新区域主义在城市管理和大都市区治理上表现出五项不同于"旧区域主义"特征:第一,在议程设定和资源动员上,强调从政府(government)到治理(governance)。第二,在处理区域性的跨域问题方面,由单一部门主导转向跨部门参与,突出了效益倍增的协同作用。第三,强调协作(collaboration)优于协调(coordination)。"旧区域主义"主要是强化政府的规划与协调功能,而随着区域治理的跨域性和复杂性不断增强, 对合法性和动员力的强调使得公私各方行动者之间的协作逐渐优于了协调的功能。第四,强调过程优于结构。以协作治理为核心的新区域主义改变了静态的将过程视为资料分析和规划的传统视角,将过程视为发展出一套区域愿景和目标、塑造利害关系人共识及动员资源以达成目标的动态过程。第五,合作网络(networks)优于正式结构(formal structures)。对协作和过程的强调显示了新区域主义对网络组织而非正式结构的依赖。这种网络结构一般具备稳定的利益相关者核心,借助主体间的自组织方式进行协调。

进而言之,首先,在规划和操作的层面上,精明增长最大限度地表达了北美的新区域主义话语,也反映了新规划范式和新城市主义的政治面向。这一面向提供了一系列力图在区域层面管理增长而非在地方层面限制增长的策略。精明增长主要针对的是限制城市蔓延、有效使用税收、建立更为宜居社区的土地利用和开发活动。精明增长的概念尽管仍然存在着分歧和争议,但其定义大体上包含了如下观念:重视发展与自然资源的平衡和可持续发展;强调管理而非限制增长,承认城市对生活品质的重要性,强调府际间合作是解决增长问题的关键,等等。当然,事实上并不存在整齐划一的解决方案,按照精明增长在线网的表述,精明增长更为强调"混合式多功能的土地利用;垂直而非水平的紧凑式建筑设计;能在尺寸样式上满足不同阶层人们的住房要求;步行式社区;创造有个性和富有吸引力的居住场所感觉;增加交通工具种类选择;保护空地、农田、风景区和生态敏感区;加强利用和发展现有社区的开发;做出可预测、公平和效益的发展决定;鼓励公众参与"。简言之,根据布劳恩的观点:"精明增长的概念常常等同于可持续发展,并与三个目标的实现紧密相关:环境、经济和社会平等。只有当这三个目标实现了,精明增长的概念才得到了充分落实,良好的生活品质才能够得到保障。"

其次,精明增长从城市社会可持续发展的角度出发,主张通过降低人际、区际和部际之间的不平等来提升社会的内聚力,从而实现由发展型城市向分配型城市的转型。如何让城市增长带来的财富为城市居民所共享,这一问题从来都是伴随现代城市经济发展而来的核心社会政治议题,这就涉及财富的增长与分配、效率与公平原则的平衡与协调,传统的通过增税等再分配的办法在照顾公平的同时往往损害效率,不利于财富的可持续增长。在这方面,精明增长的实践采用了税基共享的机制。税基共享就是选择某一区域财政收入来源,将一部分比例的税收放到一个由区域内所有自治当局共享的公共基金之中，然后根据反映区域需求的客观标准将税收分配给具有成员资格的地方政府。税基共享机制充分考虑了增长和分配的辩证关系，避免了简单再分配的负面效应，也有利于缓解地方部门和单位之间的恶性竞争，促进不发达地区公共服务和基础设施的改善。

最后，自 20 世纪 80 年代以来，全球化浪潮席卷世界，里根政府推行政府改革，大幅削减联邦福利拨款，大大减少了地方基础设施和公共服务所需的财政来源。随后，进入 90 年代，新公共管理运动和治理理念的推行，以权力下放、合同外包的重塑政府运动广泛推行。一方面，城市政府要面对全球化趋势，提高城市区域的竞争力；另一方面又要提供优质高效的公共服务。以土地开发为主导的财政来源受到了来自环保势力的强烈反对。由此，"精明增长"理论和运动倡导城市"管理主义"、城市"企业家精神"，以此在提高城市财政收入的同时又能有效地提供公务服务的质量和水平。

三、推动中国新型城镇化转型期的精明增长型城市善治

虽然各国发展的阶段和国情不尽相同，精明增长理论的形成和发展是在西方发达国家城市化进程中针对城市蔓延及由此产生的城市治理问题的产物。但精明增长理论与实践在倡导社会、经济和环境全面协调、可持续发展的城市发展理念和实践经验，对于进入城镇化的快速增长期和新型城镇化转型期的中国社会来说，精明增长的理念也是与科学发展观的基本内涵和指导思想内在相通的，只是实践当中的具体措施和政策选择不同而已。根据党的十八大报告的阐述，"新型城镇化"意味着在推进城镇化过程中要更加注重内涵式城镇化发展，具体说就是，以城乡统筹、城乡一体、节约集约、生态宜居、和谐发展为基本特征的城镇化，是大中小城市、小城镇、新型农村社区协调发展、互促共进的城镇化。从目前通行的国际标准来看，城镇化率处于 30%~70% 是快速发展阶段。2011 年中国城镇化率为 51.3%，正处于加速发展的区间。不过需要指出的是，相关研究表明，我国 51.3% 的城镇化率，是按城镇常住人口统计的，其中还包括了 1.6 亿的进城务工人员。如果按户籍来算，人口城镇化率只有 35% 左右，远低于世界 52% 的平均水平。

总体来说，我国的城镇化速度虽然较快，但质量并不高，而与此同时产生的城市问题却非常突出，我国人民居住环境和建设正面临着城镇化加速

发展带来巨大的压力和挑战。随着大量人流快速向城市聚集,生态破坏、环境污染、能源紧缺、交通堵塞、居住困难等问题也日益突出。而要走新型城镇化道路,建设经济、社会和环境协调发展的绿色宜居城市,创造人与自然和谐共存的环境,这才是可持续的城镇化,才是有质量的城镇化。要实现新型城镇化转型的目标,就需要理顺以下四个方面的关系:城市扩张与合理规划的关系、增长和分配的关系、发展和治理(各利益主体利益的协调)的关系、经济增长与环境保护的关系。显然,这是一个涉及经济、社会以及环境三个维度的政府综合治理的命题。因此,借鉴和吸收发达国家精明增长的理论框架与实践经验,实现新型城镇化的城市治理创新,将是中国未来相当长一段时间政府管理和社会治理的重大问题。

从经济维度上来看,精明增长首先回应的是城市缺乏合理规划、无序扩张即所谓城市蔓延的问题。由粗放增长到紧凑增长,由做大到做强,才是实现精明增长的明智选择。在中国,城市规划表面上是一种经济管理过程,用精明增长理论的术语来说就是增长管理的问题,而深层次或说背后的政治过程则涉及城市治理的一系列问题。围绕中国特色的城市蔓延和城市规划形成的精明增长型治理模式,可以分为三个方面加以讨论:

其一是以"造城运动"为特色的低水平城市化和无序扩张现象。在这一过程中,一些地区把城镇化当成推涨地价、房价的契机,大举圈地扩建,竞相"造城",这将是变形走样的"城镇化"。城市规划本应是政府的基本职能,而往往在那些设计图纸上表现为科学合理的规划,却因地方政府和开发商之间形成的紧密政商关系和庇护网络而形成了独具地方特色的政治经济关系和利益输送格局。此外,以政绩为中心的地方官员考核方式也导致了地方政府成为推动增长的机器和以财富为导向的企业家,也造成了"一任市长,一任规划"的怪圈,导致科学的规划往往陷入不科学的执行偏差。为了防止"造城运动",必须按照科学发展观和精明增长的要求,改变片面追求财富增长的线性思维及由此形成的绩效考核机制。"精明增长"不是反对增长,而是按照中共中央政治局会议的要求,积极稳妥地推进城镇化,增强城镇的综合承载能力,提高土地节约集约利用水平,有序推进农业转移人口市民化,并强调加强房地产市场调控。

其二是大都市区的形成和治理问题。进入 21 世纪以来,在类似北京、上海这类超大型城市或区域性的中心城市蔓延过程中,在东部沿海等发达地区形成了大都市区(metropolitan areas)的"摊大饼"现象,大都市区的出现是以区域内某一中心城市为核心,以社会经济紧密关系形成的城市区域(city areas)现象,因此,大都市区大大超出了原有行政区划所设定的管辖范围,比如,北京作为大都市区的范围就远远大于北京市的行政区域,这个范围甚至达到了天津的行政区域,而天津则一度被戏称为北京的七环。这一大都市区或区域主义发展的概念在国内称为一体化,如京津一体化等。在这一意义上,原有的城市治理内涵就大大扩大了,大都市区现象以及由此产生的大都市区治理问题不只是一个空间的模式变化,更超出了原有行政区域意义上的狭义的城市治理概念。这就需要打破各自为政、地方政府本位主义的府际关系的调整和变革,同时也成为不论是中央或是地方各级政府都亟须控制、管理和协调的重要问题。这一急剧发展的社会经济现象和空间变革趋势一方面成为中国下一步可持续发展的内原动力,另一方面也给决策者提出了难题和挑战。

大都市区的出现和勃兴作为统筹区域发展和新型城镇化转型的新热点和新动力,是有别于传统计划经济时期的空间聚集现象,是区域化和全球化的内在要求。而在这个经济蓬勃发展的区域主义,以及与全球经济接轨、提升区域乃至全球竞争力的背景下,以往有关的提法和政策建议,不论是城乡互动,或是以小城镇为中心的发展模式,都不是最佳的政策建议和发展策略。因此,中国在新的全球化和区域化的经济环境中,如何重新面对新的城镇化和大都市区发展无疑事关下一轮增长的可持续性,而如何找到适合中国当前国情、区情的区域治理模式,来助推区域经济的增长和繁荣,则是目前中国面对全球化的强大压力亟须解决的治理难题。

其三,精明增长提倡的治理创新要求从政府主导向公共治理转变。而目前,中国城市和大都市区区域治理执行中最大的特色,更多地却还是由来自于国家不同层级的政府的作为和表现。也就是城市和区域政策的执行与决策过程,都是经由各级政府直接或间接领导下实现的。私人部门以及有关的第三部门或非政府组织只是在政府的规制和引导下发挥协同作用的。事实表明,即使在中国经济最发达的东南沿海地区,特别是与全球化接轨最为紧密的大城市,如上海、广州等地,私人部门,包括私人企业与投资者,与非营利组织所代表的第三部门,在城市治理的表现上仍然是被动而软弱的。这与西方社会所强调多中心治理的路径,以及非政府组织在治理中发挥的重要作用是完全不同的。在中国,治理的模式显然是以国家治理为中心的巨人政府模式或全能型政府模式,其间可以涉及区域治理,或是地方乃至城市发展的层面,都是在国家政府(national government)的管理范围之内。这个缺乏众多不同角色和行为主体参与的治理结构,不仅反映了政府主导型的治理方式,同样反映了中国治理的"由上而下"(top-down)的治理模式。不过,精明增长的治理创新要求从政府主导向公共治理转变在某些领域仍然是有意义的,特别是涉及各地重大建设规划需要充分征询民意,更重要的是把项目推向市场,以市场为主导而不是以政府为主导来解决资金配套问题,对于财政紧张和资源匮乏的城市政府来说,更应该重视建设规划方面的公共参与。

从社会维度上来看,精明增长倡导增长与分配的均衡,强调城市的发展就是人的发展。对于中国的城镇化来说,精明增长的社会维度就是实现包容性增长,让改革的成果惠及全体人民。具体表现在两个方面:一是城镇化过程中城市居民的福利增长和权益实现问题;另一个是统筹城乡,保障农民能够在城镇化过程中受益的问题。第一个问题的解决主要是转变城市发展思维,将过去单纯追求城市增长的目标转变为以建立服务型政府为目标,提高城市政府的公共服务水平,建立惠及全民的社会保障体系。第二个问题比较复杂,既涉及在城市的农村进城务工人员,又涉及农村的农民。新型城镇化的一个鲜明内涵就是"转移劳动力市民化的城镇化。只有劳动力的非农业化和劳动力的空间转移不是真正意义上的城市化,仅有人口的集聚和产业的优化而没有生活质量的提升、人居环境的优化也称不上高质量的城镇化"。城镇人口社会管理制度的改革应首先建立城乡统一的居住地登记体制,在此平权基础上才能使外来人口在医疗、住宅、养老等方面享有与城市人口平等的权利。应综合运用城镇化建设政策等多种政策手段,为最终形成稳定的"橄榄形"社会结构创造条件。尤其要搞好小城镇建设,为乡镇企业的发展提供更多的优惠政策,更好地吸收农民工,为其提供更多的保障。农民工的市民化是一项涉及国家多项基本制度的、复杂的系统工程,不能依靠某项政策的单兵突进,而必须进行包括户籍管理制度多领域统筹推进的制度创新。

从环境维度上来看,精明增长概念的提出是为了调和发展与环保的矛盾。在我国,从建设资源节约型、环境友好型社会,到大力推动生态文明建设,努力建设美丽中国,实现中华民族永续发展目标的提出,再到各地推动生态城市、低碳城市、宜居城市、田园城市的口号的提出,都充分显示了我国对环境保护和生态文明的重视。对于城市政府治理创新来说，生态文明建设任务的实现首先要将环境质量纳入政府基本公共服务的范畴，使之成为一种公共产品。李克强在第七次全国环保大会上提出将环境保护纳入基本公共服务范畴，这意味着政府将负有提供环境公共服务的责任。良好生态环境包括清新空气、清洁水源、安全食品，这些都是人类生产生活的必需品和政府作为生产者和监管者必须提供的公共产品。历经三十多年快速发展，我国提供物质产品的能力有了大幅提高，文化产品的生产能力也在快速进步，但相对而言，提供生态产品特别是优质生态产品的能力实际上却提升得较慢。这主要是由于发展和环保的关系在经济欠发达地区仍然是一对矛盾，资源环境约束仍然很大，先发展后治理，梯度推进的策略仍然占据主导地位。

第四章　大都市区治理理论

　　早在 20 世纪中叶,西方发达国家就已经完成了传统意义上的城市化进程。但是这些国家的城市化进程并没有终止,而是迈入了一个新阶段,也就是大都市区化阶段。从世界范围来看,大都市区化是城市化进程中的普遍现象。从 20 世纪 50 年代开始,西方发达国家城市的发展模式与发展速度发生了显著变化:一方面城市产业和就业岗位集聚,使得人口、资金和技术以更快的速度向大城市及其周围地区聚集;另一方面城乡之间交通发达,城市由长期的向心发展转为向相对分散的郊区化发展, 城市高收入阶层从中心城区外迁,工业和服务业也随之出现郊区化倾向,造成郊区急剧扩张,大城市边缘新城镇大量出现。这种城市集聚和扩散的双向运动推动大城市地域迅速扩张,并与周围小城镇连成一体,同时由于城市外迁人口仍在中心城市上班,在郊区与中心城市之间形成了稳定的通勤流。这样就形成了以大城市为中心,与周围地区保持社会经济密切联系的城市化地区,使中心城市与周边地区共同构成内部相互关联、有一定空间层次、地域分工和景观特征的巨型地域综合体,传统单个核心城市逐渐演变为大都市地区。

　　大都市区的产生与成长是当今世界城市化进程中的一个重要特征,也是 21 世纪世界城市化发展的主导趋势。伴随着全球经济、社会人口和通信技术的变迁,大都市区的出现不仅穿透了国家与国家之间的疆界关系、改变了中央与地方之间的互动关系, 也使得城市区域空间形态与规模发生重组与变化、地方基础设施规模与社区结构发生巨大转型,进而对原有地方行政管理模式提出新的要求与挑战。随着经济全球化的深入发展,全球经济与社会的竞争,在相当程度上表现为这些大都市区之间的竞争,大都市区处于全球竞争网络的枢纽节点位置, 已经成为参与全球竞争的基本组织体与空间单元。在新的时代背景下,大都市区发展状况直接影响着一个国家或地区的经济活力,并且在未来发展中发挥主导作用。这种大都市区的形成与发展,不仅成为全世界各国地方政府发展的趋势，同时也在中国的一些地区体现出来。在大都市区化的影响之下，以功能区域为导向的大都市区范围超越了城市行政区域，因此，产生许多计划、行政不易协调或配合的问题，诸如行政协调配合、资源争夺及财政负担，运输规划及管理配合，公共设施使用计划不协调以及公害防治等。这些大都市区问题凸显了大都市区内各地方政府间各自为政、本位主义、缺乏从区域面来考量与实施，也呈现区域之间各种功能目标协调的重要性，同时更说明研究大都市区治理问题的紧迫性。

第一节　大都市区概念的界定

一、城市化与大都市区化的概念界定

从世界范围来看，大都市区化正日益成为世界城市发展的新阶段。需要指出的是，大都市区化与城市化的概念和背景是不同的，不能混为一谈。大都市区的形成和发展有着深厚的理论和时代背景。从理论上看，对规模经济的追求、城乡的相互作用、技术进步和基础设施的发展都是影响大都市区形成和发展的重要因素。在多方面力量的共同推动下，大都市区化日益成为世界范围内城市发展的规律性现象。

城市化(urbanization)是指由非城市转变为城市的过程。普遍的观点是，城市化是指一个国家或地区城镇人口的持续增长。在此过程中，生活在城市地区的人口比重日益增加，并且向大城市不断集中。人口自然增长与人口迁移是城市化发展的主要因素，并且与工业资本主义发展的社会结构变革密切相关。由于规模经济和集聚经济所带来的种种益处，城市日益成为人类社会生产、分配和交换的焦点。从这种意义上说，城市化是工业化的结果和必要组成部分。

从地域角度来看，所谓大都市区化是指"以大城市为轴心横向扩展，从而使其市区和郊区规模不断扩大、城市化水平不断提高的过程"①。与较为宽泛的城市化概念相比，大都市区化更精准地概括了大都市区在城市化中的

---

① 王旭：《美国城市发展模式：从城市化到大都市区化》，北京：清华大学出版社，2006年，第315页。

地位和作用,同时突出了城市化在地域上的整体特征,有利于人们认清城市发展的总体趋势。大都市区化是城市化发展到一定阶段的必然现象,不能混同于传统的城市化,更不宜等同于郊区化。在大都市区化进程中,中心城市的辐射作用一直存在,而且也正因为如此,才形成了以城市为中心的不同于传统行政区划的新的地域组织形式。

与城市化、大都市区化相联系,还存在一个"逆城市化"的概念,也就是人口从大城市居住区向外离心扩散的过程。从西方国家的情况来看,"逆城市化"这一现象在特定历史时期是客观存在的,这是由大城市膨胀的推力和小城镇的拉力共同作用的结果。"逆城市化"最早是由美国著名的经济地理学者布莱恩·贝里针对美国 20 世纪 70 年代出现的大城市发展趋缓的现象提出的。该提法问世之后,很快在美国得到广泛流传,在中国也很有市场。"逆城市化"观点的一个重要论据是强调郊区化的发展,也就是把郊区化看成是与城市化相反的潮流。这实际上是模糊了郊区化和大都市区化的关系。美国的经验表明,郊区的优先发展现象主要集中在大都市区,而非其他地区。就这一意义而言,郊区化与大都市区化以及城市化并不是完全对立的,甚至可以说是大都市区化的一种特定形式。

二、大都市区形成的原因

大都市区的形成和发展是多种力量共同作用的结果,其中包括对经济效益的追求、城乡之间的二元互动、技术进步以及基础设施的完善等。

首先,对经济效益的追求是大都市区形成和发展的根本动因。城市空间结构是人类社会经济活动在空间上的投影,它的形成和演化是城市利益相关者——居民、企业和政府追求规模经济行为在地域空间的表现。从理论上讲,各个城市行为者追求规模经济的行为都是理性的,但若干个体理性行为进行加总并最终反映在城市空间上,则有可能出现城市过度膨胀而导致交通拥挤、地价上升、环境污染等非理性后果。在这种情形下,城市必然通过向外扩散来重新获取规模经济效益,分散到一定程度后又走向新的集中。在这种"集聚—扩散—再集聚"的循环反复过程中,城市化得以在更大空间范围推进,从而出现了大都市区这一新的城市空间组织形式。

其次,城乡二元主体相互作用是大都市区形成和发展的直接动力。从空间相互作用的观点看，城市化就是通过城乡相互作用使城市功能在人类生活中的作用不断增强、城市空间份额不断提高的过程。由于各个城市行为者对规模经济的追求，城市空间范围不断扩大，对外围地区的影响得以加深，当这种影响发展到足以使外围地区强烈地表现出与中心城市的一体化倾向，即其经济结构实现了与中心城市高度关联的非农化的时候，就产生了中心城市与其外围地区共同组成的大都市区。

再次，技术进步是大都市区形成和发展的路径依赖。大都市区的本质特征是城乡之间的密切联系，而密切程度与外围地区的非农业化水平直接相关。在传统技术条件下，大部分的非农产业都具有城市区位指向的特征，但二战以后的技术革命使得这一格局发生了根本性变化。技术进步减少甚至部分消除了传统区位因素对产业布局的约束，改变了"城市从事工业、乡村从事农业"的城乡分工结构。特别是随着后工业社会的到来，服务业取代制造业成为中心城市的主导产业，而传统制造业则逐步从中心城市向周边地区扩散。中心城市和外围地区建立了基于不同技术水平和资源优势的产业关联。同时，技术进步带来的交通技术改进大大扩展了人类活动的空间尺度，产业和居民区向郊区转移，城乡一体化倾向更趋显著。

最后，完善的基础设施是大都市区形成和发展的物质支撑。城乡之间的相互作用是以人员、物资、资金、信息的流动实现的，并通过交通、通信等基础设施传递、扩散。因此，完善的基础设施可以大大提高区域的通达性，从而使城乡联系达到最佳。综上所述，对规模经济的追求和城乡空间的相互作用是普遍存在的空间经济规律，借助技术进步带来的产业空间重组，并通过基础设施的作用，就可以使上述规律得以发挥到极致，从而推动大都市区的形成和发展。

三、大都市区的定义和界定标准

（一）大都市区的定义

大都市区（Metropolitan Area/Metropolitan Region）[①]这一术语并没有一个

---

① Metropolitan Area 和 Metropolitan Region 在中文中都是指代大都市区，但是这两个英文短语的使用范围是不同的。欧洲国家通常使用 Metropolitan Region，欧洲以外的国家和地区，例如阿根廷、巴西、加拿大、法国、印度和美国大多使用 Metropolitan Area。

明确的定义。在国际上,尤其是欧洲,大都市区是用来描述高度城市化的城市区域,这些城市区域的特点是人口密度高以及经济、政治和文化活动集中。此外,大都市区成为全球城市网络的组成部分,表现出一种特定的治理结构,这种治理结构为核心城市及其腹地之间的管辖权合作提供机制。

我们可以从经验视角和规范视角对大都市区定义作出区分。前者侧重于为"大都市区是什么"提供一个功能性描述,后者则将大都市区视为全球商品、资本、信息和人口流动网络的关键节点,将全球网络与本地经济和社会活动连接起来。为了将大都市区和其他区域类型区分开来,迄今为止的空间规划主要是从四个功能方面来描述全球化背景下的大都市区:创新与竞争、决策与控制、门户、象征。基于这种区分,大都市区的一系列标准和差异得到学界的认同并被用于区分不同的类型。与对大都市区的描述性解释相反,规范性解释关注的是大都市区应当如何解决当前空间发展遇到的问题和挑战。

(二)大都市区的界定标准

大都市区作为统计概念起源于 20 世纪初的美国。此后,德国、英国、加拿大、澳大利亚和日本等西方国家借鉴美国经验提出了类似的概念。这些概念除了名称不同之外,区别主要体现在中心城市人口、通勤率等统计指标上。大都市区是城市地域空间形态演化的高级形式,中心城市规模、经济腹地范围以及中心与腹地之间的联系强度,这三个要素是界定大都市区的主要标准。需要指出的是,在实践中,不同的国家对大都市区的定义是不同的,官方和学界的用法也不统一。因此,"应将大都市区的统计数据视为解释而不是铁的事实"[1]。

1. 美国对大都市区的界定

美国对大都市区的界定标准中最为权威的规定来自美国预算局(美国管理与预算办公室)。早在 1949 年,美国预算局就提出了大都市区的概念和界定标准,在而后的五十多年时间里,美国大都市区的概念以及界定经历了多次变革和反复。1967 年,美国预算局对大都市区的概念规定为"一个一体化的具备可识别的大型人口核心的经济和社会单位"[2],到了 2000 年,美国

---

[1]　Dpuatu, HGL. *Study on Sustainable Urbanization in Metropolitan Regions*. The Asian Development Bank, 2007, p.10.

[2]　U. S. Bureau of the Budget. *Standard Metropolitan Statistical Areas*. Washington D. C., 1967, p.Ⅶ.

管理与预算办公室对大都市区的概念更新为"包括一个可识别的人口核心和具有核心的高度一体化的毗邻区的区域"①。

2. 日本大都市区的界定标准

日本参照美国的经验,也提出了类似的概念。1954年,日本提出了本国的"标准城市地区"概念,规定满足以下几个条件的地区可以称为"标准城市地区":中心城区人口在10万人以上,并且是市政当局或县政当局所在地;与中心城区社会经济联系密切的外围地区人口密度在每平方千米170人以上;纯农户占全部家庭户数的50%以下;向中心市的通勤率在20%以上或向中心市打电话平均每人每月70次以上。但后来这一界定标准逐渐被放弃,城市功能地域被具体化为各种"城市圈",如被广泛应用的生活(通勤)圈、商业圈等。20世纪50年代,日本行政管理对都市圈界定的标准以一日为周期,可以接受城市的某一方面功能服务的地域范围,中心城市的人口规模须在10万以上。1960年日本提出了"大都市圈"概念,规定大都市圈中心城市为政令指定市,或人口规模在100万人以上,并且邻近有50万人以上的城市,外围地区到中心城市的通勤率不小于本身人口的15%。②

1965年日本科学技术厅还明确规定"到中心城市就业、上学的依赖程度在3%以上和年人口增长率在0.1%以上的地区可纳入大都市圈范围"。20世纪70年代之后,日本政府和学者多次对都市圈进行了界定。虽然这些界定的标准各异,但主要包括两大类四个方面:第一类是中心城市的界定标准,主要包括人口规模和白天与夜间人口比较两个方面;第二类是外围地区的界定标准,主要包括城市化标准和到中心城市的通勤率两个方面。虽然在用词上,日本的"都市圈"与美国的"大都市区"存在差别,但从概念内涵上看,二者是一致的。例如,按照日本《地理学词典》上的定义,都市圈是指城市通过对其周边地域辐射职能而发展,以城市为中心形成的功能地域、节点地域,它并不仅仅是一种概念上的地域构造,而且是一种具有功能的社会实体。③

① U. S. Office of Management and Budget. Standard for Defining Metropolitan and Metropolitan Statistical Areas;Notice. http://www. Whitehouse.gov/omb/fedreg/metroareas122700.pdf,转引自洪世键:《大都市区治理:理论演进与运作模式》,南京:东南大学出版社,2009年,第17页。

② 张京祥、邹军、吴君焰:《论都市圈地域空间的组织》,《城市规划》,2001年第5期。

③ 陶希东:《跨省都市圈的行政区经济分析及其整合机制研究——以徐州都市圈为例》,华东师范大学博士论文,2004年。

从这一定义可以看出,日本大都市圈的概念类似于大都市区,在本质上都是功能区域。只是在具体界定上,日本的大都市圈突破了美国大都市区的地域范围,其直径可达 300 公里,人口可达 1000 万人以上。[①]

3. 德国对大都市区的界定

德国也有类似的大都市区概念,称为“城市区域”。最初是在 20 世纪 50 年代由德国学者奥拉夫·博斯泰特提出的,并且得到当时的联邦德国政府的肯定。和美国大都市区一样,德国的城市区域同样也包括一个位于大城市之中的城市化的社会经济单位。但德国城市区域的基本地域单元为自治市或自治区,而不是美国的县,并且在城市区域内划分不同的分区,每种分区具有各自特有的标准。在最初的划分方案中,博斯泰特教授提出连续自治区的聚集体人口必须不少于 8 万,并且还要满足特定的标准。德国城市区域又被划分并细分为不同的分区。那些环绕在中心城市周围的地域,如果人口密度和劳动力标准方面能够达到中心城市的标准,那么这些地域就被称为“辅助地区”,并且和中心城市一道共同组成核心地区。核心地区之外,是两种更低城市化水平的分区,称为“城市化分区”和“边界分区”,并且边界分区再细分为较近和较远两类。与美国的大都市区划分体系相比较,二者在中心城市的概念上差别不大,只是德国将美国中心城市之外的区域再细分为辅助地区、城市化分区和边界分区。

除此之外,加拿大、英国、澳大利亚和瑞典等欧美国家都有类似大都市区的概念,只是名称各异。如加拿大叫“国情调查大都市区”,英国称为“标准大都市劳动市场”,澳大利亚名为“国情调查扩展城市区”,瑞典命名为“劳动—市场区”。当然,除了名称上的不同之外,在具体的界定标准上,这些国家与美国也存在较大的差异。但如果不考虑具体数字问题,在界定指标上,可分为三大类:中心城市人口、通勤率和就业情况。

综观美国、日本、德国等国家对大都市区的定义,我们可以看出,虽然彼此在界定的标准上存在一定的差别,但概念的核心内涵是一致的,即主要包括三个方面的内容:经济中心、经济腹地及中心与腹地之间的经济联系。而这正是功能区域的三个重要特征。因此从本质上说,大都市区是功能区域的一种形式。另外,如果我们分别对美国和日本对中心城市界定的人口规模标

---

① 谢守红:《大都市区的空间组织》,北京:科学出版社,2004 年,第 22 页。

准各自进行纵向比较,不难发现,这一指标是逐渐下降的,也就是中心城市人口规模的门槛越来越低,这在很大程度上与美国和日本一直存在的郊区化趋势有关。总而言之,大都市区是城市发展到较高阶段产生的城市空间组织形式,是一个由大的城市人口核心以及与其有着密切社会经济联系的,且具有一体化倾向的邻接地域组合而成的功能区域,一般以县作为基本单元。通常,它不是一级行政单元,而是城市功能上的一种统计单元。这里需要指出的是,大都市区中心城市的数量并不是只有一个,如果若干中心城市也就是城市化区域功能上密切联系,地域上连为一体,那么这些中心城市可以组成一个整体性的大都市区的核心。

四、与大都市区相近的概念

一些用于描述城市(区域)的相关术语和概念有助于更好地理解大都市区在本地和全球背景下扮演的角色和作用。因此,有必要辨析一下相关概念。

(一)世界城市

"世界城市"(world cities)这一概念最初由霍尔于 1966 年提出,突出了城市的多重角色:政治权力(国内和国际)和相关的政府机构的中心;国内和国际贸易中心;银行、保险及相关金融服务中心;信息集散中心;文化、艺术活动中心。[1]后来,弗里德曼描述了世界城市的 7 个特征:整合世界经济;全球资本、市场和商品流动的关键节点;直接反映在生产和就业的结构和动态的控制功能上;国际资本集中和积累的主要场所;世界城市的形成使得工业资本主义的主要矛盾即空间和阶级极化问题变得日益突出;世界城市增长产生的社会成本趋向于超过国家的财政能力。[2]

(二)全球城市

在 20 世纪 90 年代,萨森区分了全球城市(global cities)和世界城市之间的区别,认为前者是全球化进程的一个新产物。新技术、电信和信息技术的发展已经导致了经济活动分散化和集聚化并存的状态。空间分散和全球整合已经为全球主要城市创造了一种新的战略角色, 从而导致了一种新的城

---

① Peter, Hall. The World Cities. *Geographical Journal*, 1966, 132(3).

② Friedmann, J.. The World City Hypothesis. *Development and Change*, 1986, 17(17), pp.69–83.

市类型(本质上不同于历史上的银行和贸易中心)的产生。在萨森看来,全球城市以四种新的方式构成了一个"虚拟经济周期",具有以下功能:对于控制的需求使得城市成为"指挥中心";随着城市成为领导经济部门的"关键部位",引发了对金融和商业服务的需求;为了领导这些经济部门,城市成为生产领导与创新的结点;城市为主要经济部门的产品构建市场。①

（三）大都市

大都市(Metropolis)这一术语是关于城市功能的另一个广泛的概念。布尔多—勒佩奇和赫里奥特将大都市定义为:集聚了复杂行动的主要协调功能并在世界范围内行使这些功能的城市。②虽然这一定义强调了大都市与前述概念在某种程度上的相似性,但是并没有清晰地指出大都市与世界城市或全球城市相比在经济或社会变化上的差距。此外,这一大都市概念未能确定这种类型的城市的空间范围。鉴于这些城市及其腹地或多中心城市间功能联系的存在,从区域角度来理解更为恰当。国际学界通常认为,如果一个城市在区域甚至是整个国家发挥着重要的商业、文化和政治功能,它可以被称作"大都市"。大都市通常拥有50万以上的居民。全球城市则是这些大都市的政治、文化和商业影响力在全球的拓展和延伸,例如纽约、东京或伦敦。

（四）巨型城市/超大型城市

鉴于不断提高的城市化水平,联合国在2012年将巨型城市(mega-city)定义为一种新的人口聚居区。在2011年,23个城市群(urban agglomerations)已经具备了巨型城市的资格,因为它们至少有1000万居民。③除了巨型城市之外,联合国人居署在2006年还提出一个新的术语——超大型城市(meta-city)来描述拥有大量卫星城且人口超过2000万人的城市。④许多超大型城市群所容纳的人口甚至超过某些国家的总人口,是人类历史上前所未有的现象。例如,在2006年时,大孟买的人口已经比挪威和瑞典总人口的总和还要多。

---

①　Sassen,Skaia. *The Global City:New York,London and Tokyo*. Princeton University Pres,2001.

②　Lise,Bourdeau-Lepage and Huriot Jean-Marie. The metropolis in retrospect:From the Trading Metropolis to the Global Metropolis Recherches Economiques. *Economic Review*,2005,71(3),pp.257-284.

③　Kent,Anthony. Governance and Planning of Mega-City Regions. *Urban Policy & Research*,2012,30(3),pp.1-3.

④　UN-HABITAT(2006). Cities:Magnets of Hope.

第二节 大都市区治理的概念界定

一、大都市区治理的概念界定

西方学术界对大都市区治理的界定,大多数受到治理理论的影响。在西方的学术界,不少学者用合作或协作来定义大都市区治理,认为大都市区治理就是特定地域范围内政府、私人和非营利组织等不同主体之间的合作。例如,道奇认为区域治理包括两个方面的内容:不仅仅指政府机构,还包括所有共同体的利益,这些利益受到挑战的影响,并且是形成决策所必需的;及时制定战略所必需的协作解决问题的机制以及执行战略所必需的统治制度和其他服务提供机制。[①]在这一定义中至少忽略了两个问题:其一是统治制度或结构,其二是制定或执行针对整个区域的权威决策的方式。当然,按照人们之前的理解,区域治理的确可以在没有政府的条件下发生,但是这些自组织的规则是在城市议会中起草和通过的, 这一过程如果没有政府的参与或主持是很难实现的。而且,权威性也是政府的一大特征和优势,因此在区域治理过程中如果没有政府的参与与协调,很难保证区域(大都市区)治理政策措施的顺利出台和执行。

在对大都市区治理概念的界定中, 是否应该将具有权威的政府模式包括在内是一个重要的分歧。持否定论者以巴罗为代表,他认为,大都市区治理是在大都市区层次缺乏正式的大都市政府的情况下, 对大都市地区的治理。此类治理依赖特别目的的实体、地方政府的共同努力以及不同层次政府间的安排而得以实施。考虑到大都市区功能和地域上的碎片化,只有通过不同机构和政府间的制度性安排,合作与整合才能得以实现,因此大都市区治理是政府间关系在其中发挥主要作用的治理体制。[②]一些学者又走到另一个极端,将治理与合作对立起来。例如诺里斯认为,大都市治理意味着在一个

---

① See Dodge, W. R.. *Regional Excellence: Governing Together to Compete Globally and Flourish Locally.* Washington, D. C.: National League of Cities, 1996.

② Barlow, I. M.. *Metropolitan Government.* London and New York: Routledge, 1991, p.294.

特定地理范围内，出于控制或规制内部行为以及面向整个地域执行职能或提供服务的考虑,而采取的政府或居民的联合。大都市地域内的治理是权威的,面向整个地区范围,并且涉及强制要素。也就是说,如果必要,那么跨越地域的治理决策和行动将被捆绑在一起,并且是强制性的。而合作是指在一个特定地理范围内，出于控制或规制内部行为以及面向整个地域执行职能或提供服务的考虑,而采取的政府和非政府组织的自愿联合。这些组织必须参与合作,但不能强迫它们开展或听从合作运作实体作出的决策。合作可以是双边或者多边的,也可以不是地区范围的,合作缺少强制要素,没有强迫服从决策的权力。①可见,在诺里斯的定义中,大都市区治理与大都市区合作是截然不同的,甚至是对立的,是否具有强制性的权威是二者的本质区别。这实际上是一种传统的或者称之为狭义的大都市区治理的定义。

　　在对上述几种大都市区治理定义进行比较分析之后,我们认为,大都市区治理是指在由联系密切的中心城市与其腹地构成的特定的地域范围内,政府、市民和社会组织等主体通过政府、市场或合作等调控方式采取的解决整个地域范围共同存在的问题,并提供公共物品和服务的联合行动。

二、大都市区治理的内涵

　　依据上述定义,我们认为大都市区治理需要具备以下四个构成要素,或者说是特征:

　　第一,明确的地域空间。大都市区治理首先是一个空间的概念,也就是说,大都市区治理需要有明确的地域范围,这也是大都市区治理与一般意义上的治理概念的重要区别。大都市区治理的地域空间,也就是"大都市区",主要是经济意义上的功能区域，也就是具备一定经济功能由中心及其腹地构成的经济联系密切的地域范围。与封闭性的行政区域不同,功能区域应该是开放性的和动态性的。区域空间不是一个决定资格界限的地域,而是一个由合作过程决定的功能和行为空间,伴随着中心和外围关系的延伸和扩展,区域的边界也将随之向外扩展。不过在一定时期内,区域的边界又是相对固定的,实践中划定的区域边界决定了参与者的范围,边界的扩展或者是新参

---

① Norris, D. F.. Whither Metropolitan Governance? *Urban Affairs Review*, 2001, 36(4), pp.532–550.

与者的加入都需要按照一定的规则和程序来进行审核。

第二,跨行政辖区,也就是超越单一地方政府管辖范围。地域空间只是形成区域治理的必要条件,而不是充分条件。形成大都市区治理的根本原因是某一地域范围内客观存在着共同的问题或利益,这些公共问题制约该地域范围内若干地方政府单位发展的空间和能力,并且任何某一成员无法独自解决这些问题,而需要各个地方联合起来,寻求彼此间的共同利益,解决共同面对的问题。

第三,完善的制度保障。正是由于跨行政单元的特征决定了大都市区治理的过程是一个集体选择和行动的过程。各个主体之间既存在合作,也存在竞争的关系,而通过制定有效的制度与规则,避免彼此之间的恶性竞争乃至冲突,促进区域合作,也就成为大都市区治理的核心内容。大都市区治理是涉及所在区域范围内公共、私人和社会等多主体参与的社会协调过程,要保证这一协调机制正常有效的运作,就必须有完善的制度基础作为保障。如前所述,治理的权威不一定来源于政府,但是权威的行使必须是合法的,这对于政府部门如此,而对于私人及社会组织等非政府部门也同样如此。一方面,政府部门必须具有公众认可的合法地位,这样才能长期有效地行使权力,而合法性不足甚至缺失,必然破坏公众对政府部门规划和决策的信心和支持度,从而破坏政府对社会的掌控和协调能力;另一方面,对于私人和社会组织等非政府部门而言,由于缺乏政府的强制权威和对公共资源的控制力,因此赋予法律认可的权威地位就更为重要,这样才能保障这些非政府部门的独立性与公正性。

第四,多元化的参与主体。这说明大都市区治理的组织结构本质上是跨界的。区域发展和控制职能不是由独立的地域当局或行政主体来行使,而是在政府、市政和私人组织之间进行分工合作,同时规划、执行和监控的权力被委托给特定的单位,以保证权力及其行使部门之间的相互制衡。在一个特定的区域内,存在不同的利益群体,例如政府、企业、社会组织等。不同的利益群体的价值取向和利益要求是不同的,因此大都市区治理不应由政府进行垄断统治,而应由政府部门、私营部门及第三部门等不同行为者共同参与。其中第三部门包括志愿团体、非盈利性单位、非政府机构、企业集团、合作社、社区互助组织等。第三部门分别致力于解决各种不同的社会和经济问题,在出现于市场经济和公共部门之间的被称为领域中活动。在治理理论中,不同的行为主体的地位是平等的,不存在行政上的隶属关系,它们共同扮演协调治理社会经济的角色。

第三节　大都市区治理的理论流派

从大都市区治理面临的挑战不难看出，大都市区治理的核心议题是地方政府结构与地方政府合作问题。考虑到本书第二章已经系统地梳理了大都市区治理(城市)的三大理论流派即传统区域主义、公共选择学派和新区域主义，因此本章侧重于探讨有关大都市区政府结构和大都市区治理主体的相关理论。

一、府际管理理论

(一)府际管理理论的提出

府际管理(intergovernmental management)是国际上对政府间合作模式问题研究的一种称谓,它是关于协调与管理政府间关系的一种新型治理模式,是为了实现公共政策目标和治理任务,以问题解决为取向,通过协商、谈判和合作等手段,是依靠非层级节制的一种网络行政新视野。[1]府际管理理论是基于 20 世纪 90 年代世界各国政府再造和地方政府间伙伴关系的建立而提出的。当前,府际管理理论已经成为公共行政学科中新出现的课题。经济合作发展组织(OECD)认为经济可持续发展问题、区域经济发展失衡、应对全球化冲击和为弥补私营部门和 NGO 伙伴关系的缺陷等问题是促使府际管理理论兴起的重要原因。实际上,近几年日渐兴起的"多方治理"的政府间活动也就是府际管理,美国、澳大利亚、英国、德国等一些西方发达国家,在政府治理改革中,相继推出跨区域和跨部门的、以合作为基础的互惠的政府关系模型——府际管理模式,来取代原有的府际关系(inter-governmental re-lation)模式。府际管理是 20 世纪末在联邦主义、府际关系理论基础上形成和发展起来的,它以解决争端、协商对话、网络参与为基本特征。20 世纪七八十年代,美国政府间的关系发生了重大变化,出现了政府、市场、社会共同来参

---

① 汪伟全:《论府际管理:兴起及其内容》,《南京社会科学》,2005 年第 9 期。

与,以应对公共需求的府际管理趋势。20 世纪 90 年代以来的世界各国政府再造方案、全球治理运动都不同程度地推动了府际管理的产生和发展。府际管理吸纳了治理理论的精华,除注重各级政府间的关系外,还重视公、私部门的协作,追求建立一种平等关系。府际管理的特征①主要包括以下三个方面:

第一,府际关系以问题解决为焦点,是一种行动导向的过程,通常允许政府官员采取必要的手段,去推动各项具有建设性的工作。府际管理则是一种更为开放的思维,强调政府系统内与系统外的互动,以解决问题为导向,激励官员积极主动的合作。

第二,府际管理是了解和处理政府组织变迁的一种方法或工具,可以用来解释各级政府如何以及为何用特定的方式进行互动,并可提供采取有效策略行为的建议。府际管理语境下的政府组织往往具有宽松和谐、变革创新、平等对话的文化氛围。

第三,府际管理强调联系、沟通以及网络发展的重要性,这些途径是促使府际间计划得以顺利开展的正面因素。府际管理主张政府组织从层级制向扁平化、网络化转变,使沟通变得更为快速、便捷,减少了行政成本,提高了行政效率。

(二)府际管理理论的主要内容

府际管理是改善政府间关系的一种新型思维框架,代表着以合作为基础的互惠的政府关系模型。府际管理一方面强调政府间在信息、自主性、共同分享、共同规划、一致经营等方面的协力合作;另一方面强调公私部门的混合治理模式,倡导第三部门积极参与政府决策。府际管理的主要内容有:

1. 协调性、依赖性的网络型结构。府际管理克服了传统官僚体制的弊端,重新安排中央—地方政府(省、市、县、乡镇)之间的关系。府际管理突破金字塔形的层级限制,将整个行政组织体系视为网络状组织。各级政府都处于信息枢纽中,能便捷地获取平行或垂直的信息;可以根据公共服务内容和服务对象,采取灵活的组织形式;不同政府间的资源实现共享,实现资源配置优化;对重大或者突发事故协调控制,实行项目管理和危机联动管理。

2. 公共产品和服务的多元化供给。府际管理把民营企业、非营利性组织、公民个人也纳入管理的视野。E. S. 萨瓦斯强调公共产品与服务的分权

---

① 参见赵永茂:《府际关系》,北京:社会科学文献出版社,2012 年,第 237~373 页。

化,主张依据公共物品的性质,采用不同的市场分权策略,包括政府服务、政府出售、政府间协议、合同外包、特许经营、政府补助、自由市场、志愿服务、自我服务等形式,将原来由政府直接从事和生产的公共物品,分散给民营企业、非营利组织甚至公民个人,并经由多样化、混合式和局部性的制度安排,将多个服务供给主体有机地联系在一起,彼此既合作又竞争,构成一个高效的公共物品与服务供给机制。①

3. 项目和管理功能上的府际间转移。府际管理主张依据效率原则,把相关公共物品项目和管理功能进行府际间转移。府际管理还设立政府理事会和地区规划理事会等机构来处理公共物品的外部性问题。

4. 多方协商、调和的合作机制。府际管理注重建立合作型的组织结构,主张政府的作用是协商和协调公民和各种社区团体的利益,营造共同的价值观;实现政府政策目标的机制是建设公共、私人和非营利性机构的联盟,以满足相互一致的需要。理想的组织结构是一种合作型结构,由内部和外部共同领导。这种合作型的组织结构,既包括政府系统内的各级组织,也包括系统外的企业、公民和非营利性组织的参与。

5. 小社区、跨邻里的大都市区治理结构。大都市区中"巨型政府"在安排和提供很多公共服务上的"大而无效"以及居民对大都市改革的普遍质疑,说明"一个社区,一个政府"的治理模式是低效的。府际管理理论认为,大都市中高度集中的政府通常不能及时地对市民的偏好、生活方式和其他城市问题作出及时反应,他们要求管理城市的政治单位应该足够小,以便城区里的政府官员能够更加充分地了解不同公民团体的偏好;公共官员将尽可能贴近公民以使他们对不同邻里的生存条件给予不同的回应;政府官僚机构要尽可能小,以便管理。②邻里政府(neighborhood government)和邻里议会(neighborhood councils)的创设为解决跨社区的问题提供了良好的途径。在美国洛杉矶,邻里政府和邻里议会广泛运用于包括供水、跨区域的污水、消防、邻里街道等跨社区问题。

6. 目标导向、网际沟通的冲突解决方式。府际管理抛弃了过去联邦主义

---

① 参见[美]E. S. 萨瓦斯:《民营化与公私部门的伙伴关系》,周志忍译,北京:中国人民大学出版社,2002 年。

② [美]文森特·奥斯特罗姆等著,《美国地方政府》,井敏、陈幽泓译,北京:北京大学出版社,2004 年,第 42 页。

和府际关系处理冲突时主要依靠上级政府的权威、法律裁判的方式,而是突出了目标管理、网际沟通、价值愿景、多方参与、对话和协商的冲突解决、管理机制和手段;强调组织互动与网络关系,利用不同功能的专业网络解决问题的过程;围绕以目标结果导向,强调评估、执行、监督等功能,实现问题的解决及协调、能力建构。同时,府际管理还强调区域治理,通过跨行政区域界线的区域治理,通过以政策议题为导向的资源整合以使其发挥综合效益,提升整体区域的竞争力。

二、竞合理论

美国哈佛大学教授亚当·布兰顿伯格和耶鲁大学教授巴里·内尔布夫提出了竞合理论(cooperation-competition theory)。他们认为,地方政府在推动本区域发展时,也受到同一区域内其他地方政府行为的影响,彼此之间呈现既竞争又合作的关系。这一理论运用博弈论的方法,分析了组织间既竞争又合作的关系。①在此基础上,意大利卡塔尼亚大学教授迪格里尼和博康尼大学教授布杜拉提出了组织间共同创造价值的"竞合优势"概念,并进行了系统化的分析。②

竞合理论的出发点是不同政府间的利益及目标不完全一致,也即意味着它们之间既有利益一致的地方,也有相互冲突的地方。传统的竞争理论强调分配利益时的"零和游戏"性质,一方得益即意味着一方受损,彼此间几乎没有合作的可能性。竞合理论认为,在竞合状态下,一个地方的最高利益并不必然是另一地方的最高利益,即不同地方政府间的利益及目标不完全一致。它们之间的合作能够产生价值,但这个价值的总量与合作的性质是相关的,合作和分工得越好,创造的价值就越大;反之亦然。但在分配利益的过程中,不同地方政府间存在着明显的竞争关系,都希望从合作产生的利益中分得更大的部分。如果利益分配机制达不到各方的预期,就会影响到未来合作的态度、行动,进而影响到合作能够创造的价值总量。在这种情况下,在事前,参与竞合的不同地方政府对合作的前景是不明确的,对竞合能够给自己

① See Brandanburger, Adma M.& Baryr M. Nalbeuff. *Co-operation*. New York:Doubleday,1996.

② See Dagnino, G. B. and Rocco. E.. eds. *Coopetition Strategy:Theory, Experiments and Cases*. New York:Routledge,2009.

带来多大利益的认识,取决于对方的认识和对方可能采取的行动。从事后的效果看,如果上述博弈过程进展顺利,不同地方政府间的关系就会进一步走向合作;反之,如果上述博弈过程进展不顺利,不同地方的关系就会退化到纯粹的竞争关系,甚至恶性竞争。①

三、区域公共管理理论

在经济全球化、社会信息化、区域一体化、政治民主化、公共治理多中心化这一复杂性社会背景下,伴随着区域公共问题的大量凸显并呈现急剧增加的趋势,传统的基于行政区划刚性约束的"行政区行政"治理模式,囿于其"封闭性"和"内向性",日益脱离现代"区域性"和"外向性"治理实践的需要,愈发显得不合时宜。因此,传统的"行政区行政"政府治理形态,面临着向现代的区域公共管理模式的结构转型。

（一）行政区行政的产生及其总体特征

所谓行政区行政,简单地说,就是基于行政区域界限的刚性约束,地方政府对社会公共事务的管理,在一种切割、闭合和有界的状态下形成的政府治理形态。行政区域的法定划分是行政区行政的载体和依托。通过考察人类政治发展史可以发现,行政区域的划分并不是从来就有的,而是一个从产生到逐渐演变的过程。事实上,行政区划是生产力发展到一定阶段的产物,是随着地缘关系逐渐取代血缘关系而产生的一种上层建筑形态。简而言之,自从有了国家和政府,才有了按地缘关系进行区域划分的行政区划,也才有了依托于行政区域刚性约束的行政区行政活动。因此,行政区行政是政府治理社会公共事务的历史形态和主导形态。

从政府治理的社会背景来看,行政区行政适应了农业社会和工业社会的资本诉求,是封闭社会和自发秩序的产物。它发端于农业社会下自给自足的小农经济基础,契合了政府专制统治的传统。自工业社会以来,基于韦伯的"现代理性"而构建的稳定的"科层制"结构,更使得行政区行政模式的封闭性和机械性发挥到了极致。从政府治理的价值导向来看,行政区行政的根

---

① 朱文晖:《走向竞合——珠三角与长三角经济发展比较》,北京:清华大学出版社,2003年,第73页。

本特征在于，它是以地方政府、有着明确的行政区域界线的管理为出发点的。这是因为，在传统的相对封闭的农业社会或工业社会中，社会的公共事务相对简单，因而传统的统治型政府的职能主要是政治控制，在进入工业社会后逐渐增加了经济发展和社会管理职能。从社会公共事务的治理主体上看，政府是管理国家和地方行政区域内部公共事务的唯一主体。从本质上讲，行政区行政这种政府治理形态，是一种垄断型治理模式。在这种模式下，政府是全能的，需要处理所有的社会公共问题，制定各种公共政策并执行。从公共权力的运行向度上看，行政区行政模式强调政府管理权力运行的单向性和闭合性。也即是说，根据科层制所内含的层级分设和层级节制的基本原则，政府公共管理权力在行政区域或行政部门内的运行是自上而下的单向度运行。从公共事务的治理主体和机制上看，行政区行政习惯于政府的官僚机制，排斥和拒绝市场和社会等多元主体。但是这种治理机制，容易阻碍社会的生存空间和其他行为主体的积极性，不利于社会公共问题和公共事务及时和有效的治理。

（二）区域公共管理理论的产生

行政区行政作为政府治理的一种主导形态，是历史发展和社会生态演进到一定阶段的产物，或者可以说是人类社会行政区划史的伴生物。因此，只要民族国家没有消亡，民族国家内部行政区划依然存在，作为"科层制"空间实现形式的行政区行政将永远存在，而且也将继续作为社会公共事务治理的主导性制度安排。然而从行政区行政的上述几个特征来看，它也存在很大的缺陷，例如僵化的行政区划管理导向、单一治理主体、单向度的权力运行方向等。在人类进入现代社会乃至后现代社会之后，公共管理面对的是一种全新的十分复杂的社会环境。地方政府面临着越来越多的跨域性问题，单一地方政府无法解决。区域公共问题的大量出现，对基于行政区划刚性约束的行政区行政提出了严峻的挑战，它要求建构一种区别于传统范式，又能弥补行政区行政缺陷的新的政府治理形态，进而催生了区域公共管理这种崭新的治理机制。

区域公共管理，突破了以单位行政区划的刚性约束和政府统治为要义的行政区行政的缺失，成为复杂社会和风险社会下区域公共事务治理的基本框架。在政府治理的背景上，区域公共管理是开放社会和信息社会的产物，它迎合了全球化和区域化的需要。因为在这样一个充满风险和不确定性的复杂社会形态下,市场变得无界化,信息出现爆炸化,社会公共事务表现出高度复杂化。在政府治理的价值导向上,区域公共管理以公共问题和公共事务为价值导向,而非以行政区划为出发点。它摒弃了传统的"内向型行政"的弊端,奉行合作治理的观念,把大量跨越国界和行政区划的公共问题和公共事务纳入自身的治理范围。在社会公共事务治理的主体上,区域公共管理的主体是多元化的。它既有政府,也有企业和社会组织的参与,形成了区域政府与公民社会和企业等多元主体共同治理区域公共事务的新格局。在公共权力的运行向度上,区域公共管理凭借的是多元的、分散的和互动的权威,彼此间是合作网络的关系。它主要通过合作、协调、谈判、伙伴关系、确定集体行动目标等方式实施对区域公共事务的合作治理。这种合作治理的实质是建立在市场原则、公共利益和认同基础上的相互合作。在区域公共事务的治理机制上,区域公共管理理论认为,针对不同层次、不同类型的区域公共问题,必须借助于科层制、市场机制、合作机制、组织网络等混合机制对其进行"多中心治理"。

四、区域多中心治理理论

区域多中心治理理论是关于区域公共政策和政府职能优化的理论。从20世纪70年代末开始,西方政府治道变革,重塑政府形象的主要方向就是推进政府职能市场化、政府行为法制化、政府决策民主化和政府权力多中心化。在美国学者迈克尔·博兰尼提出"多中心"一词和对"多中心秩序"解释的基础上,20世纪90年代,美国印第安纳大学政治理论与政策分析研究所的埃莉诺·奥斯特罗姆和奥利弗·威廉姆森等人据此创立了多中心治理理论。这一理论以严谨的理论与实践关怀的精神展示了其颇具现实解释力的理论风采,以严密的制度分析、理性选择的逻辑论证展示了其制度理性选择学派的独特魅力。迈克尔·麦金尼斯认为,"多中心"治理理论是相对于传统的单中心理论而言的,意味着无中心、反对权力的垄断和集中化。①埃莉诺·奥斯特罗姆等人的"多中心理论"是以自主治理为基础的,其基本观点在于,随着

---

① ［美］迈克尔·麦金尼斯:《多中心治理与发展》,王文章、毛寿龙等译校,上海:上海三联出版社,2000年,第63页。

社会的不断发展进步，民众对于政府的期望愈来愈高，也愈来愈趋于多元化，而传统的以政府为中心的"单中心供给"思路在庞大的需求面前是缺乏效率和回应性的，因此需要权力分散、管理交叠和政府市场社会多元共治，允许多个权力中心或服务中心并存，构建政府、市场、公民共同参与和多种治理手段的应用的治理模式。

多中心治理理论是多元治理模式产生的理论前提，它虽然是公共政策和政府职能优化的理论，但对大都市区治理也提供了有益的启迪，为政府主导的大都市区治理结构转变提供了理论依据。在市场经济发展的背景下，由于市场主体的多元化，利益需求的多样化，单一的大都市政府显然落后于市场发展的需要，嵌入市场因素的大都市区治理模式成为趋势和必然。

第四节 大都市区治理的模式

一、大都市政府模式

根据政府的层次以及权力在不同层次政府间的分配，我们可以将大都市政府结构分为两种类型：单层的大都市政府结构、双层的大都市政府结构。

（一）单层大都市政府结构

一般而言，单层的大都市政府结构主要是通过行政区划调整来实现的。在西方大都市区改革的实践中，行政区划调整又可以分为两种形式：一是大都市地区中心城市兼并周围没有形成法人地位的地区，建立一个覆盖整个大都市地区范围的大都市政府，由这类政府采取行政集权，消除该区域原有地方政府的所有独立权限，实行统一的经济社会规划；二是在涉及区域事务的某些方面，通过中心城市政府与所在县政府及其县域内若干郊区政府的合并，在特定领域内进行规划与合作，或者是强化城市县政府的职能，在一定程度上实现城市县对郊区在规划、基础设施等方面的控制权。[1]这类大都市政府的改革，通常发生在大都市区完整包含在一个县的辖区范围内的情况下。

---

① 罗思东：《美国大都市区政府理论的缘起》，《厦门大学学报》(哲学社会科学版)，2004年第5期。

按照这一改革方案,各地方政府保持原有的地方自治权限,大都市政府在地域和职能上都是局部的, 也就是大都市政府在地域上并不能覆盖全部的大都市地区,在职能上并不实行所有的公共服务职能。在快速城市化的背景下, 兼并是中心城市在大都市地区保持主导地位最有效也是最为直接的方式,是大都市政府的早期形式。总体而言,兼并主要通过两种途径进行:一是中心城市根据州的法律, 将其周围尚未组成自治政府的城市化地区并入城市地域,从而扩大城市疆界;二是中心城市通过与其邻近的市、县相融合而扩大。前者是激变式的城市扩张,可以在短时期内迅速扩大城市范围,收效快,但受到的阻力也较大。后者是渐变式的城市扩张,将城市扩张分解为不同部分和阶段分别进行,这样可以减少城市扩张的阻力和困难,但是城市扩张的过程则相对漫长。在 19 世纪末 20 世纪初,不少美国的大城市通过兼并的方式实现了城市的迅速扩张,纽约就是一个典型的案例。

大都市政府的另一种主要的结构改革形式是市县合并。市县合并是指大都市地区的中心城市政府同其所在县城的县政府进行合并, 县政府的传统功能被整合到新的统一政府当中,或是保持其独立功能,而由新的政府向县域范围内没有成立政府的地区提供服务。[①]该地区的郊区城镇可以继续保留其特殊的自治地位,同时作为交换,市县合并取得了关键的创设目标:统一的税基、集中的规划与分区权,这些目标对于整个大都市地区经济社会的统一与协调发展至关重要。虽然在城市化进程中,中心城向外扩张的冲动不断膨胀,但是由于行政界限的限制, 中心城市的这种扩展不可能是无止境的,超越行政区划界线必须通过市、县行政区划上的调整才能得以实现。这就促进市县合并,以满足城市扩张的需要。此外,一些牵涉到整个大都市区范围的政策,由于中心城市和郊区行政分割,实施的效果就会大打折扣,这也推动了一些地方市县合并的开展。

一般而言, 兼并和市县合并可以获得以下五个方面的好处:①节约成本,从短期来看,合并政府运行的成本可能会增加,但是从长期来看,如果合并后的政府运作得当,那么政府的运行成本还是会降低的;②提高效率,合并消除了原来城市和县政府的职能重叠,有利于提高新政府的行政效率;③提高政府权威,合并后的政府在政府权限、法律地位和税收等方面都有所提

① 罗思东:《美国大都市区政府理论的缘起》,《厦门大学学报》(哲学社会科学版),2004 年第 5 期。

高,这样有利于提高政府的权威;④增强规划能力,合并后的政府可以运行更为复杂的规划体系,更好地处理土地盲目开发、城市无序扩张和政治分割等问题,改善公私合作关系,从而增强政府的规划能力;⑤增强政府的责任感,作为一个统一的整体,政府的职责和过失就不能继续在分离的城市和县政府之间互相推诿,从而有利于增强政府的责任感。不过,通常市县合并的效果并非立竿见影的,甚至在一些情况下,很可能适得其反。

由于涉及解散一个或更多的地方政府,因此完全合并成为市和县的市民所共同关心的问题。合并必须以全民公决的形式通过,这样就增加了合并的难度。一般来说,城市周边地区的县倾向于否决合并,因为县的居民担心城市瓜分相对较为富裕的郊区的财政收入。而少数族群一般也不太赞同合并,因为合并之后更大的选区会增加他们当选的难度。由于存在这些争议,地方政府在权衡合并的收益与成本之前,必须先考虑一些问题,包括规划、分区、服务的层次和设备的维修问题,以及与国家法规、政治感受、税收、债务限制和社区感情等有关的政治环境。在综合考虑这些因素之后,地方政府作出总体合并是否可行的判断。

除了市县合并之外,有些合并涉及两个或者两个以上的自治当局合并成为一个单一的自治当局,这种合并也称之为"联合"。从历史上看,作为建立大都市政府的一种重要方式,"联合"在19世纪美国东部大城市的"帝国主义式"扩张中更为流行。后来由于受到多方抵制以及合并法规的完善,特别是"没有自治当局可以被迫联合或合并,除非该自治当局的大多数选民同意该联合或合并"的规定,使得联合或合并越来越困难。

由于兼并和合并都是从自身的局部利益出发,而非着眼于大都市区整体的发展,不仅造就了美国等西方国家大都市区的政治分治以及奇特的空间地域格局,而且在大都市区政府分治的形式下,单个城市政府一般均难以提供供水、垃圾处理、公共交通、金融等公共服务,各城市之间存在不同的利益要求,因此难以实行有效的统一计划,这就使得这种政治分治的政府模式日益成为城市大都市区发展的障碍。①在这一情况下,西方的学者和决策者纷纷探索包括构建双层制大都市政府结构在内的大都市区政府组织与管理的理论和实际问题。

---

① 刘君德:《中国行政区划的理论与实践》,上海:华东师范大学出版社,1996年,第447页。

（二）双层大都市政府结构

双层大都市政府又称为联邦式大都市政府。在传统区域主义的大都市区改革方案中，双层的政府结构是较受欢迎的重组方式之一。在这一结构中，第一层次政府也就是大都市政府负责区域范围的职能，第二层次政府也就是地方政府负责地方层次政府的职能。双层结构既提供地区范围的重要公共服务，同时也允许地方职能有效执行和大都市区内市政当局的自治，最大限度满足了功能和社区要求。构建双层大都市政府需要考虑许多问题，主要包括：地域范围和大都市区政策的边界、低层单位的规模和边界、两个层级政府之间的职责划分、大都市区主体的代表基础以及双层政府之间的关系。

第一，大都市区地域范围和大都市政策边界问题。大都市政府应该有充足的地域范围，以保证大都市区系统在地区范围内顺利运行，它的政策边界应该考虑大都市中心和它周边郊区及远郊之间行为的模式。

第二，低层政府的规模和边界问题。低层政府的规模和边界应该根据大多数重要地方服务的功能和共同体要求来决定。方法之一就是先以功能原则建立一个个基本单位，并将这些基本单位组合成一个区域层面的政府系统。每一个低层政府应该有足够大的地域范围以执行重要职能，同时要足够小以服务大都市区内地方的利益和需要。低层次政府的理想化模式还应该具有相似的规模，以保证政府的能力和资源的平衡性。此外，低层政府的边界应该考虑学校、商店中心和社区设施等有关的布局模式。在考虑大都市区和低层单位的规模和边界问题时，需要将系统的和社会地理的方法结合起来。大都市政府更适合采用系统的方法，主要由功能要求决定规模。而对于低层政府来说，重点应该是社会地理和共同体模式。也就是说，社区模式并不适用于大都市区层次，因为大都市区的范围太大，不太可能以社区为基本单位来构成。不过，这不等于说社区因素可以在总体上被忽略，因为有效大都市政府必须能够代表足够水平的公共利益以保证民主过程中的公众参与，而这正是社区模式的功能所在。

第三，两个层次政府之间的职责划分问题。两个层次政府之间的职责划分实际上是两个规模政府之间的职能分配。虽然这一问题在地方政府重组过程中并不常见，但是有些机构和学者还是对这一问题进行了研究，最为权威的要数美国政府间关系顾问委员会1963年的报告，该报告试图区分地方和地区范围的服务。

第四，大都市区的代表基础问题。在谈到决定大都市区代表依据的时候，根本的选择是在由低层政府单位代表组成的政府和直接由市民选举的政府之间进行权衡。通常前者更容易建立，不会使选民负担过重，减少两层政府之间严重观念分歧的可能性。不过后者建立的政府更能以大都市区的利益作出决策，更不会为内部的竞争和冲突苦恼。如果采用前者，那么必须依据一个代表程序决策，主要有三种选择：每个低层单位有一个代表名额；每个低层单位有一个或更多代表名额，这取决于人口规模；每个由若干低层单位组合的团体有一个代表名额。如果大都市政府由直接选举建立，那么必须考虑选举是普遍的还是按照选区进行，如果是后者，那么必须仔细考虑选区的规模和结构。

第五，双层政府之间的关系问题。如果要避免政府间问题，那么需要特别注意两层政府间关系的本质。这是一个建立大都市政府有效结构的更为复杂的方面。这个问题很大程度上取决于结构的其他要素，如大都市区层次代表的本质、政府总体系统的特征以及地方自治程度等。这需要定义三个问题：①低层单元服从大都市区政权；②在低层政府是主要的地方政府机构这一意义上，低层单位是优先的；③两个层次需要互补，在政府系统中具有同等地位和等级。两个层次政府间关系的本质很重要，因为它决定了共同承担的职能能否有效履行以及公共服务供给的中介规模可以通过政府间合作调解的程度。

二、多中心治理模式

按照"多中心"治理理论的观点，公共产品和服务的供给和生产是两个不同的概念和环节。地方政府的一个主要职能就是提供公共产品和服务，但是它不必一定要承担生产的职能，也就是可以通过和私人部门签订协议，也就是建立公私伙伴关系（public-private partnership），将公共产品和服务的生产职能转交给私人部门。此外，对于某一地方政府而言，除了与私人部门进行合作之外，它还可以通过与其他地方政府合作，来共同承担或者转移公共产品和服务生产的职能。

（一）公私伙伴关系

公私伙伴关系是 20 世纪 80 年代以来西方国家政府治理创新中出现的

一个概念。在公共政策分析中,特别是经济发展、技术转移和城市治理领域,伙伴关系已经成为流行的词汇。公共和私人部门都发现,它们各自的资源有限,与此同时它们的需求和机会却在不断增长,这使得它们越来越相互依赖。它们也发现,互相支持和与其他部门的主体建立良好的伙伴关系是十分有用的。在经济社会联系日益密切的背景下,如果没有其他主体的参与和帮助,不管是公共或是私人部门,仅靠独自的力量维持系统运转将会变得越来越困难,这就直接引发了对公私伙伴关系需求的不断上升。如今建立公私伙伴关系已经成为当今世界各级政府改革的重要方向,在区域治理特别是大都市治理领域也同样有着一席之地。

虽然学者们对城市公私合作伙伴治理存在不同的认识,但是我们可以从三个方面进行理解:首先,从广义上,就是指公共部门和私营部门共同参与城市生产和提供公共物品与服务的任何制度安排,如合同承包、特许经营、补助等制度;其次,它是指一些复杂的、多方参与并被民营化了的基础设施项目;再次,它指的是企业、社会上层人物和地方政府官员为改善城市状况而进行的一种正式合作。①也就是说,对城市公共服务提供者、消费者和生产者三者关系的重塑与再造,通过打破传统的公私边界,提供跨边界公共服务,以更好地满足市民的多元化需求,提高城市整体管理能力。

在理论研究和实践应用中,英国是城市公私伙伴关系研究和实践的主阵地,主要集中于城市复兴和发展计划。当今在经济全球化、信息化、网络化的背景下,随着伙伴制研究的深入和英国成功实践的鼓舞,强调公私互动的合作伙伴治理模式在不同经济水平国家、不同地域层次、不同公共领域、不同状态下都得到了普遍的运用。如今这场城市治理领域的伙伴制改革,已经迅速从英国波及欧盟、美国乃至印度和非洲等世界其他国家和地区,并且成为世界范围内城市治理改革的重要方向。

(二)地方间协议

地方间协议(inter-local agreements)的外延很广,包括行政长官之间为交换信息的非正式"绅士协定"到地方政府之间为了共同承担公共服务而正式签订的协议。概括而言,这些协议一般规定了两种可能的情况:其一是一个地方政府单位执行一项服务,或为其他地方单位提供一个设施;其二是两

---

① 陶希东:《公私合作伙伴:城市治理的新模式》,《城市发展研究》,2005 年第 5 期。

个或更多的单位联合执行一项职能或是共同提供一项服务，或者是若干在紧急时期的互相帮助。这些协议一般来说不需要经过选民的批准。通过跨地方协议提供的服务可以分为三个类型：①面向公众的直接服务，如图书馆、公共健康和福利；②为政府提供的服务，如个人测评、联合采购、数据处理、征税和评估；③在紧急情况下的合作援助，如警报火灾和抓捕罪犯的警察行动。大多数的跨地方协议在两个政府之间为了某一单一的行为签订，大多数与服务而不是与设施有关，很少是永久的，在实践操作中，所有的都是以特殊职能的州立法权威为基础的。

目前美国大都市地区内的跨地方协议形式多样，主要有非正式合作协议（Informal cooperation agreement）、地方间服务协议（inter-local service agreement）、一揽子服务协议（package of service）、联合权力协议（joint-powers agreement）和职能转移（transfer of functions）等。

（三）专区

专区一般是由州议会或地方政府根据州法律授权，提供一项或有限几项数目的特定功能，拥有充分的行政和财政自主的单独的政府单位，通常被称为"行政区"（district）、"管理局"（authority），"委员会"（board）。并非所有的行政区或管理局都被美国人口普查局承认为地方政府，许多带有指定的行政区或当局称谓的单位在法律上与县、市、镇或镇区以及州政府关系密切，以至于在政府普查统计中将其划为附属机构，而不是独立的专区政府。例如，不少法定的当局、委员会、企业以及其他组织形式具有特定的政府特征，但是这些单位按照法律规定受到州或独立地方政府的行政或财政控制，因此只能称之为隶属机构。总体而言，一个单位要被称为专区而不是附属机构，需要具备三个特征：作为有组织的单位而存在、政府特征和实质性的自治。

专区的建立程序和组织结构由各州法律规定，少数专区经过州议会通过专门法律成立，但大多数情况下由当地居民根据一般授权法律创立。建立专区通常需要经过三个步骤：第一步，倡议人起草一份请愿书，在有关的居民中传阅，请愿书应说明拟建立的专区类型和管辖范围，获得规定数目的居民签名或财产所有者的担保；第二步，请愿书应递交给某个政府机关，一般是递交给县委员会，县委员会根据该专区是否有必要设立来决定批准还是拒绝；第三步，若经县委员会同意，一般应就此举行公民投票，如通过，专区即成立。专区通常由3~7人组成的委员会进行管理，委员经区内选民选举或由州、县或市政府官员任命产生，任期不等。

专区没有固定的组织和结构模式，或者独立，或者依附于另一个政府单位。独立型专区由公众选举产生的委员会管理，依附型专区由别的政府单位组织而不是由市民创建，其委员会由州、县、市、镇这些单独或联合组织特区的单位选择，即由各级政府官员任命。最受限制类型的依附专区在形式上只不过是一单独征税区域。这种专区允许在其边界之内以一单独税率向纳税人征税，所得收入专款只用于在其区中提供的某一具体的服务供应。这种税收专区能有效地获得更好的财政平衡。

由于专区仅仅具有一种或两种职能，并且民意对其的设置和取消起着关键性的作用。因此它们在大都市区内面临着较大的压力，需要采取的方式就是增强公众对它们的依赖，这包括对它们提供的服务感到满意，或者是使公众相信它们所提供的服务对于区域的福利是必不可少的。例如，公共运输专区需要说服人们使用公交汽车、地铁等公共交通系统，这可以给它们带来相应的收入增长，同时它们也需要大力宣扬大众交通如何有益于环境保护，如减少汽车尾气排放量，进而说明它们对整个地区生活质量的改进所做出的贡献。

专区通常不断寻求扩展它们的业务范围。例如消防区最初的产生可能仅仅是对紧急电话和灭火的反应。为了提高自身的重要性，它们可能扩展到消防教育、烟雾警报器安装以及建筑物检查等。垃圾处理区最初可能仅仅负责垃圾填埋场的工作，但是它们也逐渐将业务扩展到废弃物再利用等领域。为了维持运转和发展，某些专区需要人们或者直接购买它们的服务，例如购买一张地铁票，或者为它们的业务缴税。由于在市政当局和县域范围内，这些特殊目的的政府存在职能重叠的情况，因此它们经常要与一般目的的政府单位为同一税收来源（如财产税）而展开争夺。在这种环境下，专区就需要确保它们的服务能够在竞争中胜出。而且，有些专区职能需要投入大量的资金来建设公共设施，例如污水处理厂，因此不少专区通常需要选民支持它们发行债券来保持它们运转的现代化和效率。

第五节　大都市区治理面临的主要挑战

一、政治碎片化导致的管辖权冲突

19 世纪中后期开始，伴随着经济的迅猛发展，西方国家的城市化进程明显加速。但是在西方的地方自治传统下，数量众多的地方政府成为城市尤其是大城市向外扩张的限制。由于地方自治传统的影响，西方特别是美国地方政府一直以来都存在着政治碎片化问题，这在大都市区层面表现得尤其突出。这十分类似于欧洲巴尔干半岛上的众多小国，这种情况被美国有些学者称为大都市区政治"巴尔干化"。一般来说，任何关于大都市政府的讨论都是以是否批判大都市区内的政治碎片化问题作为起点的，这也就成为大都市区治理理论演进的逻辑起点。

所谓大都市区的政治碎片化问题，"是指在单一城市地区内存在大量的地方政府单位"①。大都市区的政治碎片化包含两层含义：地域意义上的碎片化和职能意义上的碎片化。前者指每一个地方政府都对城市的一部分具有统治权，而没有一个覆盖整个区域范围的单一的政府单位；后者指一个特定地区内地方政府职能在若干个主体之间进行分割，而没有一个统一的单位来履行这些职能。以这两个标准来衡量大都市区的政治碎片化问题，那么就会存在两种极端的情况：其一是整个区域完全由诸如自治市这样的常规性地方政府单位拼凑起来进行治理，也就是极端的地域碎片化；其二是整个区域完全由交通委员会、规划组织等这样的单一目的机构治理，也就是极端的职能碎片化。大多数的大都市地区的政治碎片化情况都处在这两个极端之间，也就是兼有地域碎片化和职能碎片化的特征。

大都市区面临的最主要的挑战是大都市区内部的多元行动者和多层政府之间的协调问题，即政治分割与行政碎片化问题。随着越来越多的居民移居到环绕在中心城市周围的社区，越来越多的地方政府被牵扯进困扰大都市区治理的碎片化问题之中。多元行动者之间的协调问题是国际上大都市

---

① Barlow, I. M.. *Metropolitan Government.* London and New York：Routledge, 1991, p.18.

区普遍面临的问题①,多层政府之间的协调问题大多是由地方自治造成的。

不同部门之间复杂和令人困惑的相互关系在孟买大都市区表现得很明显。尽管孟买大都市区发展局(Metropolitan Region Development Authority)名义上是大都市区治理的权威机构,事实上,大都市区发展局在一些重要服务的规划和供给上几乎没有影响力。印度学者很早就意识到这一问题, 认为"大都市区发展局要么没有承担起特殊的任务,要么是自身结构的缺陷使得它们难以承担发展大都市的远景"②。例如,孟买大都市区郊区的铁路建设依赖印度铁道部这样一个中央政府部门,两条带状铁路是由独立的机构运营,这些机构之间都坚持各自的政策和行动,在服务整合(service integration)方面并不积极。

二、政治碎片化导致的公共产品供给问题

在政治碎片化的条件下,每个地方政府只负责提供辖区内的公共产品,这样就会导致在公共产品供给上出现与规模经济的要求相矛盾以及公共产品供给的外部性问题。但是由于居民对公共产品偏好上的多样性,使得碎片化的大都市区能够更好地满足这些对公共产品不同的需求。因此,规模经济的要求、外部性和需求的多样性的重要性对比情况,在很大程度上决定了对大都市区碎片化问题的认识和评价。公共交通、供水、有线电视网、电话网等公共产品也具有明显的规模经济要求。这样的公共产品由碎片化的地方政府独自提供显然是不经济的, 因此这就存在一个由哪级政府提供或者是用什么方式提供这些具有显著规模经济要求的地方公共产品问题, 这也就是大都市区治理所要解决的一个重大问题。除了规模经济的要求之外,某些公共产品还具有很强的外部性,这样就刺激了地方政府的"搭便车"的倾向,导致公共产品供给不足,造成区域间公共产品生产领域的"囚徒困境"。

居民生活在大都市区,需要解决交通、教育、医疗等基本服务,这些基本

① 大都市区面临"碎片化"问题是一个国际现象,一些学者对经济合作与发展组织国家(OECD)的436个大都市区政府间碎片化问题进行了系统研究。参见 Hoffmann-Martinot, V. and Sellers, J. M.. *Metropolitanization and Political Change*. Wiesbaden: VS Verlag für Sozialwissenschaften, 2005.

② Shivaramakrishanan, K.C. and Leslie Green. *Metropolitan Management: The Asian Experience*. Oxford University Press, 1986, p.47.

服务关乎大都市区居民的生存问题。因而,大都市区治理的核心内容之一就是解决基本公共服务的供给问题。大都市区服务供给面临的悖论问题是,服务对象是整个大都市区,而服务类型和供给系统的能力却局限于范围和幅度很小(和整个大都市区相比)的城市区域内。此外,服务供给的效能低、反应慢、质量差,滞后于大都市区居民的发展需求。贫民窟现象是发展中国家大都市区服务供给不足问题最直接和最深刻的体现。联合国发布的《印度城市贫困报告(2009)》指出,印度的城市贫困人口超过 8000 万,其中,四千多万人口居住在城市贫民窟,孟买人口中的 500 万居住在贫民窟内。贫民窟基础设施极其落后,一半以上的贫民窟甚至连公共厕所都没有。由邦(State)或城市地方机构(Urban Local Bodies,ULBs)修建的公共厕所大多因缺乏维护而被废弃。

三、透明与问责问题

在许多国家,尤其是发展中国家,不仅国家层面腐败严重,大都市区层面也存在着严重的腐败现象。印度大都市区的腐败问题在发展中国家是典型代表。印度大都市区的交通、自来水和污水处理、电力等服务以及国家级的"城市更新行动"等都需要大量投资,大规模的项目资金为权力寻租提供了机会。根据印度媒体研究中心(Centre For Media,CMS)的调查,"大约三分之一的德里大都市区居民在过去的一年至少行贿过一次,大约 62%的德里大都市区居民经历过一次索贿或者不得不求助于有影响力的人物"[1]。此外,在公共安全、护照、铁路、电力、水资源供应、通信、土地使用与建筑许可以及医疗教育方面等,几乎大都市区公共服务的所有领域都存在不同程度的腐败现象。腐败以缺乏透明度和问责为主要特征,增加了公共服务供给的成本,制约了城市基本公共服务的供给,这是对印度大都市区治理最具有破坏性的因素之一。

---

[1] Centre for Media Studies(CMS). *India Corruption Study 2015:Perception and Experience with Public Services in Delhi*. p.4.

第六节　结论与启示

一、大都市区治理模式是多样的

从技术层面来说，检验不同治理模式与方式的优劣或许是很简单的。例如可以挑选出不同治理模式的典型案例，然后建立一套系统的评估指标体系和评估方法，对这些案例进行比较，从而得出结论。事实上，这种简单的方法是不可行的。因为事实上大都市区治理的模式并不是千篇一律的，就算是同类模式之下的具体形式也存在较大的区别。以大都市政府模式为例，在组织结构上，它可以是单层、双层乃至多层的，在达成共识的形式以及设计、范围、职能和权力等方面，不同的案例也存在较大的差别。以美国为例，迈阿密、明尼阿波利斯—圣保罗和波特兰一般被看作典型的"双层政府"，但它们相似之处仅仅在于形式上：迈阿密的大都市政府局限于一个单一县内部，而明尼阿波利斯—圣保罗的大都市政府扩展到跨越 7 个县，而波特兰几乎覆盖全部的大都市统计区。在职能上，迈阿密大都市提供地区范围的服务，明尼阿波利斯—圣保罗要平分区域负担，而波特兰的职能是一个"保护伞"，负责专门的职能。总之，大都市政府是很复杂的，它可能是共同的种类，但是它具有很多的分支。我们认识每一个大都市政府与众不同的特征，鉴别一个或两个标签并不足以覆盖各个类型。

这一问题同样体现在多中心治理模式上。考察以政治碎片化为特征的多中心治理结构，我们不难发现，不同的案例并不总是具有同样的职能。以美国为例，匹兹堡在美国算得上是最为破碎的大都市区。它的自治县内有超过 300 个政府，只为 140 万人口提供服务，包括 12 个居民不超过 1000 人的城市。然而就在这样破碎的形式下，还是存在一个统一的商业精英网，它们通过公私伙伴关系将区域联系在一起。此外，路易斯维尔也在名义上是相当破碎的，在它的自治县中存在 120 个以上的政府。但是正式的破碎被跨地方协议和公私伙伴关系所战胜。在政治碎片化同样典型的纽约大都市区，具体情况也不一样。一个世纪以前，当纽约将 5 个县合并成一个单一的市政府的时候，它成为美国第一个"区域政府"。如今，它作为一个中心城市与周边区域开展"地位战争",深陷地方冲突的漩涡之中。纽约致力于扩张它的边界并且沿着选择性、自组织的路线运作,这就需要允许有限的跨边界合作。事实说明,不管是多么强大的中心城市,都需要与邻居进行合作。

二、政府在大都市区治理中居于主导地位

虽然大都市区治理的主体是多元的,但是这些主体之间的地位并不是完全平等的,政府的地位高于其他主体。以美国为例,许多区域性实体是在各级政府的扶持下发展起来的,也就使得大多数的区域性实体缺少正式的权威,而从诞生之日起,就处于一种尴尬的境地。它们必须察言观色,按照其他人的命令行动,与其他政府和部门周旋,将条块分割、支离破碎的政权连接在一起。有时,它们还经常成为"替罪羊",被怀疑强加了繁重的立法工作,或是在为特定的利益集团服务。在美国,学者和舆论界对包括跨地方协议、公私伙伴关系和专区在内的多中心治理结构情有独钟,因为它们具有非冲突性和弹性特征。如今,这种赞美所谓"多中心结构"的声音充斥在美国的各大学术刊物和主流报纸,认为这是最好的大都市区治理模式,并且各个大都市区都能够从中享受"没有大都市政府的大都市治理"。毋庸置疑,这种观点如今在美国大受欢迎,成为不少学者和政客追捧的对象。但是必须承认,这种观点确实具有可取之处,但是它事实上误解了多中心治理的本义。

大都市区治理对于中国区域协调发展具有重要意义。中国区域发展已经暴露出不少问题,迫切需要从区域的角度来协调利益矛盾和冲突。顺应大都市区化趋势,推动大都市区的协调发展,将是中国改革和发展过程中不能回避的问题。当前,中国已经存在某些协调区域利益、进行大都市区治理的政策措施与地方创制,如行政区划调整、城市联盟、区域(大都市区)规划等,并且取得一定的效果,但也存在较多问题,需要进一步改进。未来中国要根据特定大都市区的情况,综合运用大都市政府、市场化竞争和地方合作等治理模式,因地制宜全方面地推进中国大都市区治理的改革。

第五章　城市群治理理论

第一节　从府际关系到城市政制

一、"区域"概念界定：多学科视角

"区域"是一个弹性概念，具有内涵上的不确定性和外延上的无限延伸性。它是一个介于系统科学（包括系统论与系统分析方法）、地理学（包括自然地理、经济地理、区域地理等）、经济学（包括经济理论与经济分析）、人口学（包括人口理论、人口地理、人口预测与控制方法）、计算机科学（包括计算机模拟与信息系统）和政治学（包括国际政治、行政管理等）等多门学科之间的研究对象，在此基础之上又发展成为区域科学。

从学科发展的历史来看，"区域"的概念最早是依附于地理学提出的。1954 年 12 月 27—29 日，美国地理学者瓦尔特·艾萨德（W. Issard）联合一些地理学家、社会学家、规划工作者、工程师等成立了区域科学协会（Regional Science Association），并出版了第一卷论文集。关于区域科学与地理学的从属关系问题，自其诞生之日起就争讼不断。一部分学者认为区域科学是独立于地理学的，但更多的学者认为区域科学是地理学的分支学科。在地理科学的影响下，学者们对区域问题的研究逐渐深入，先后有学者从规划的角度提出了不同的理论，如霍华德的"田园城市"理论、盖迪斯的生态型区域规划学说、芒福德的区域整体发展理论。在争辩的过程中，学者们也逐渐明晰了城市、城市体系以及城市职能属于区域科学的范畴。

经济学研究者也很早地从经济增长和发展的角度来研究区域问题。学者缪尔达尔提出的"循环累积原理"（the principle of circular causation）、赫希

曼在《经济发展战略》中提出的"涓滴效应"（trickling of down effects）和"极化效应"（polarized effects）、佩鲁提出的"增长极理论"（growth pole）都是经济学研究区域的经典理论。地理学也积极向经济学汲取养分，逐渐发展出劳动地域分工理论、地域生产综合体理论、区位理论、可持续发展理论、循环经济理论以及景观生态学理论来研究区域问题。

随着欧盟一体化的进程，在关注国际政治经济发展的同时，国际政治学者也同样注意到了区域的问题。美国著名国际关系专家詹姆斯·H.米特尔曼（Mittelman）根据区域经济合作的层次，把区域主义划分为"宏观区域主义""次区域主义"和"微观区域主义"三种类型。①作者在其专著中指出，第一层次的划分是指类似于亚太地区的宏观区域；第二层次的划分是指类似于中华经济区，是以非正式的组合将中国的香港、澳门、台湾和中国南部省份广东和福建联系起来；第三层次的划分是指领先省份、出口加工区和工业园区。这一划分方法把研究视角从超国家（跨国）到次国家（地方），再集中到区域，甚至是次区域（城市），或者是更小的单位。

从国际政治的视角出发，1964 年由小马修·霍尔登（Matthew Holden, Jr.）提出，"大都市区政治与国际政治是相似的，即两者都不是在政治共同体中，而是在外交体系中出现"②；也就是说，这种理论将大都市区比作一个由主权国家组成的国际体系。与主权国家的行为类似，大都市区政府也寻求发展经济和争夺资源，提供公共物品和基础设施建设。因此，"它们还试图扩大自己的疆域（兼并），组织各种攻守同盟（郊区市政联盟），创建'微型联合国'（政府间议事会），以处理它们共同存在的问题"③。

政治学与行政学意义上的区域，一般指的是国家或地方的政治行政辖区。虽然，新区域主义的立足点是"区域"，但实际上对于"区域"的界定并没有一个精确而公认的定义。一般而言，新区域主义背景下的"区域"是指城市区域（city-region）。具体来说，从不同国家的情况出发：类似于美国预算局所提出的"大都市区"以及日本政府与行政管理学界提出的"都市圈"；相对而

---

① ［美］詹姆斯·H.米特尔曼：《全球化综合征：转型与抵制》，刘得手译，北京：新华出版社，2002年，第133~135页。

② Goodman, Jay S.. *The Dynamics of Urban Government and Politics.* New York：MacMillan, 1980, p.205.

③ 孙群郎：《美国大都市区政治的巴尔干化与政府体制改革》，《史学月刊》，2003 年第 6 期。

言,国内城市群的提法较为普遍。根据研究者的文献归纳,一般有城市群(urban agglomeration,urban cluster)、大都市带(megalopolis)、大都市区(metropolitan area)、有卫星城的大都市(conurbation)、城镇功能组合区(desakota area)、城镇群(town cluster)、城市功能区(urban function area)、城市场(urban field)、城镇体系(urban system)、城市地区(city region)、都市连绵区(metropolis interlocking region)等概念。这些概念大体上可归结为对城市群发展状态的描述,当然其间也有一定的区别。其实不同的概念产生的背景不同,也就体现为城市群发展的不同阶段。

另一方面,由于"区域"概念的灵活性,而产生了跨域治理(cross-boundary)的问题。"与其类似的概念有英国的'区域治理'(region governance)或'策略社区'(strategic community)、美国的大都市治理(metropolitan governance),以及日本的'广域行政'等各国的经验。"①新区域主义突破了行政辖区(jurisdictions)的界限(boundary),由此带来了府际关系的一系列变化。区域问题不仅表现为一种外在的区域政治权力的空间投影,而且体现为一种内在的政治思想方式与内涵。

二、在实践中发展的"府际关系"

通过新区域主义的分析视角,府际关系发生了两个根本性的转变。第一,从"城市政府"发展到了"区域政府"。第二,从府际关系发展到了"城市制度"。一般而言,城市政府指的是地方政府。但是在不同的国家,由于其政治体制不一样,城市政府的构成也就相应有所区别。

(一)中国城市政府体系及其类型

中国城市政府体系的主体是地级市。规定城市资格的法律十分繁复,其中包括了国家宪法、国务院颁布的条例及规定。

1954 年通过的《中华人民共和国宪法》实际上已经明确规定了城市人民政府行政地位依次分为四个层次,即省级的直辖市政府、省级与县级之间的较大的市(即地级市政府)、县级的市政府及镇政府。这个区分一直沿用至今。

1955 年 6 月《国务院关于城乡划分标准的规定》和《国务院关于设置市、

---

① 林水波、李长晏:《跨域治理》,台北:五南图书出版公司,2005 年,第 3 页。

镇建制的决定》,对市、镇设置的标准作了更加具体的规定:"第一,除直辖市外,其他市均属于省、自治区、自治州领导的行政单位。聚居人口 10 万以上的城镇,可设置市辖区。第二,镇是属于县、自治县领导的行政单位,县级或县级以上地方国家机关所在地,以及聚居人口在 2000 以上,有相当数量的工商业居民,确有必要的可以设置镇。第三,工矿基地,规模较大,聚居人口较多,由省领导的可以设置市建制或市辖区。"①

1984 年,国务院颁布的《城市规划条例》规定了城市"是指国家行政区域划分设立的直辖市、市、镇,以及未设镇的县城。"

1989 年 12 月 26 日按照七届全国人大常委会通过的《中华人民共和国城市规划法》解释,我国的城市"是指国家按照行政建制设立的直辖市、市、镇"。由此可见,在我国,"城市"和"市"是两个有区别的概念。前者是指直辖市、市及建制镇,而后者则不包含建制镇。

《中华人民共和国城市规划法》同时规定:"大城市是指市区和近郊区非农业人口五十万以上的城市。中等市是指市区和近郊区非农业人口二十万以上,不满五十万的城市。小城市是指市区和近郊区非农业人口不满二十万的城市。"②

1993 年 8 月,国务院批准民政部《关于调整设市标准的报告》,规定县级市升格为地级市必须具备下列标准:"市区从事非农业生产的人口 25 万以上, 其中市政府驻地具有非农业户口的从事非农业生产的人口 20 万以上;工业总产值在 20 亿元以上;第三产业发达,产值超过第一产业,在国内生产总值中比例达 35% 以上;地方本级预算内财政收入 2 亿元以上,并已成为若干市、县范围内的中心城市。"③

2014 年 11 月 20 日,国务院发布了《关于调整城市规模划分标准的通知》,通知中规定的城市规模划分标准调整为:"以城区常住人口为统计口径,将城市划分为五类七档。城区常住人口 50 万以下的城市为小城市,其中20 万以上 50 万以下的城市为 I 型小城市,20 万以下的城市为 II 型小城市;城区常住人口 50 万以上 100 万以下的城市为中等城市;城区常住人口 100 万以

① 浦兴祖:《当代中国政治制度》,上海:复旦大学出版社,2011 年,第 180 页。
② 《中华人民共和国城市规划法》第一章第四条。
③ 《民政部关于调整设市标准的报告》第二条。

上 500 万以下的城市为大城市，其中 300 万以上 500 万以下的城市为Ⅰ型大城市，100 万以上 300 万以下的城市为Ⅱ型大城市；城区常住人口500 万以上 1000 万以下的城市为特大城市；城区常住人口 1000 万以上的城市为超大型城市。"①

由于中国是单一制国家，中国城市政府的类型也呈现单一制的特点。《中华人民共和国宪法》规定，中国城市政府的领导体制是由本级人民代表大会领导，而本级人民政府由本级人民代表大会产生，既是本级人大的执行机关，又是地方国家行政机关。

（二）区域政府

由于区域性公共问题的出现，城市政府并不能单独依靠自己的力量去解决，这时候，区域政府的出现就显得有必要了。

20 世纪前半叶，美国学者保罗·斯杜邓斯基（Paul Studenski）在其著作《美国的大都市政府》中提出，美国大都市区的主要政治问题是其地方政府的碎片化，其唯一符合逻辑的发展方向是兼并为区域性的大都市政府。②

关于区域政府的概念，目前存在不同的看法。在中国大陆，区域政府的概念无论是在实务界还是在理论界，都相对陌生。普遍的看法是把区域等同于行政区域，在此基础上，区域政府等同于地方政府。有论者指出，在"企业"和"国家"之间，多了一个"区域"。在我国，对微观经济的调节单靠宏观经济显然是不够的，必须依靠中观经济共同作用。微观经济是企业和个人，中观经济就是区域政府。③宋月红认为："当代中国的区域行政可划分为中央直辖市区域行政、普通省制区域行政、民族区域自治制度区域行政和特别行政制区域行政四种类型。"④可以看出，宋月红使用区域政府更多的是指省级层次的政府，而不是跨行政区划的区域。孙兵直接把区域政府与省级政府作为等同概念来使用。⑤乔耀章指出："所谓区域政府或地域政府是相对全国性政府

---

①　《我国城市标准首增超大城市 按"常住人口"划分》，《北京青年报》，http://www.chinanews.com/gn/2014/11–21/6799373.shtml。

②　See Studenski, Paul. *The Government of Metropolitan Area in the United States.* New York: National Municipal League, 1930.

③　陈云贤：《区域政府是中国模式的根本所在》，《瞭望》，2011 年 3 月 7 日。

④　宋月红：《行政区划与当代中国行政区域、区域行政类型分析》，《北京大学学报》，1999 年第 4 期。

⑤　孙兵：《区域协调组织与区域治理》，上海：上海人民出版社，2007 年，第 5 页。

而言的，主要是指一定区域内的两个以上为促进区域发展而寻求相互协调与合作而促进区域发展而寻求相互协调与合作进而促进区域公共事务综合治理而构建的横向的政府组织机构的集合体。"①中国台湾学者认为："区域政府系源自于都会发展,跨越行政区域之界限,所为总体发展或称广域行政的组织设计。"②

本书认同从以下方面来认识区域政府："从组织形式上,区域政府或表现为一种地方政府形态,或表现为一种地方自治组织。从组织结构上,区域政府是地方政府区域化的表现形式,甚至表现为城市政府的某一区域。从组织边界上,区域政府有时还与地理学上的区域概念紧密相连,它往往不表现为具体的行政边界,甚至无法表现出明晰的地理边界。从组织功能上,区域政府是基于区域性公共事务治理而产生的,区域政府不仅仅是解决区域公共问题的临时性安排,更是提供区域公共服务的政府制度设计。"③

(三)城市政制

"府际关系"的第二个根本性转变就是从"府际关系"发展到了"城市政制"。从发展的脉络来看,美国的"府际关系"理论是最为丰富和完善的。从建国初期的联邦主义、府际关系,到后来的府际管理、府际协调,进而又发展出了伙伴关系、网络治理、协作治理、地方治理,以及跨域治理,这些理论都促使对府际关系的研究日臻成熟和精致化。就联邦主义而言,是以静态观点来描述联邦和各州政府间的权力分配,联邦和各州在各自管辖范围之内,享有相互合作却又各自独立的关系;府际关系则是从动态层面来把握联邦制度中各级政府相互间政治、行政、法律和财政的关系。府际政治,是以政治上不同党派的互动与合作关系为探讨对象,其特别重视在法定程序上、政策原则上,以及资源转移上领导地位的自主性和权力;府际管理,则从管理过程面来探讨不同组织间如何发展联合行动和寻求可行的联合。

"政府间关系"的核心在于"政府"。在这个意义上,存在两种略显不同的观点。一是将政府职能部门排除在关系之外,认为政府间关系是指"各级政府间和各地区政府间的关系,它包含纵向的中央政府关系与地方政府间的

---

① 乔耀章:《区域政府管理问题初探》,《新视野》,2006年第6期。
② 李长晏:《区域发展与跨域治理 理论与实务》,台北:元照出版有限公司,2012年,第36页。
③ 姚尚建:《流动的公共性——区域政府研究》,北京:北京大学出版社,2012年,第22~23页。

关系、地方各级政府间关系和横向的各地区政府间关系"①。陈振明持相似的看法,认为"政府间关系是指中央政府与各级地方政府之间纵横交错的网络关系,它既包括纵向的中央政府与地方政府、各级地方政府之间的关系,也包括同级地方政府之间以及不存在行政隶属关系的非同级地方政府之间的关系"②。二是将政府职能部门纳入政府范围之内,认为府际关系"包括中央政府与地方政府之间、地方政府之间、政府部门之间、各地区政府之间的关系"③。

城市政制理论(urban regime theory)主要由斯通(Clarence N. Stone)等人创立。城市政制理论关注的是城市机制是如何形成的、该机制如何持续、持续的条件与环境是什么、城市机制的成员是哪些人、这些成员如何运用权力或者如何发挥影响力等。

针对这些问题,城市政制理论认为,城市的政体是指城市政府与市场构成的结构,或是政府和非政府部门(企业界和社会组织)之间的非正式合作关系。斯通将城市政制定义为一种"可以获取制度性资源的一个非正式的和相对稳定的群体,并借此能使该群体在治理决策中获得一个持续的角色"④。实际上,城市政制也可以说是一种相对稳定的非正式的伙伴关系,是政府部门与工商业利益群体之间共同运作、制定政策的非正式制度。

新区域主义理论就是要借助城市政制理论,把政府、市场、社会三者整合到城市或区域之中。通过网络化的协作机制,充分发挥三者的优势、调动彼此的资源,弥补各自的不足。

因此新区域主义理论关于府际关系的变化,可以用下图来描述:

---

① 林尚立:《国内政府间关系》,杭州:浙江人民出版社,1998年,第14页。

② 陈振明:《公共管理学———一种不同于传统行政学的研究途径》,北京:中国人民大学出版社,2003年,第145页。

③ 谢庆奎:《中国政府的府际关系研究》,《北京大学学报(哲学社会科学版)》,2000年第1期。

④ Stone,Clarence N.. *Regime Politics:Governing Atlanta,1946–1988*. University Press of Kansas,1989,p.4.

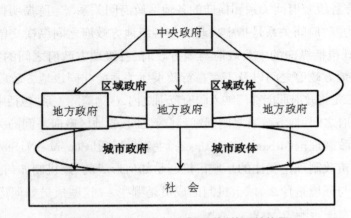

图5.1 区域—城市政府(政体)体系结构图

资料来源:本图参考了"区域政府结构图"修改而成,参见姚尚建:《流动的公共性——区域政府研究》,北京:北京大学出版社,2012年,第69页。

三、城市政制理论

自从亨特研究"谁统治亚特兰大"的著作①出版以后,在后来的几十年时间里,关于谁控制着城市公共政策的理论和文献相继涌现。亨特在研究中宣称是一小部分商业精英控制着亚特兰大。而达尔则在他关于纽黑文的研究中挑战了亨特的观点,他认为城市公共政策的制定是多方参与的结果,政策议题的性质决定了不同参与者和集团的参与。②随着权力的"精英主义"和"多元主义"不断地争论,其他的理论也相继发展或进一步修正关于权力的原始理论,或形成新的理论。

随后,有理论提出解释城市领域的政策制定应该关注城市经济和经济参与者对城市政策方面的影响。于是,政治经济学的研究进路探究了政治和经济的互变关系,以及地方治理的结果是来自于经济和政治参与者之间的互动。③因此政治经济学者提出他们的一个主要研究议题是在城市政策制定的过程中,政治和经济之间关系的本质。而城市政制理论就是试图解释这种

---

① See Hunter, F.. *Community Power Structure*. Chapel Hill, N.C.: University of North Carolina Press, 1953.

② See Dahl, R.. *Who Governs?* New Haven: Yale University Press, 1961.

③ See Vogel, R. K.. *Urban Political Economy*. Gainesville, FL: University Press of Florida, 1992.

互变关系的理论之一。它拒绝一些政治经济学者提出的"经济决定论"的观点,接受这样的看法:城市政策的制定是受到了经济和政治行动者之间复杂关系的影响。斯通认为:"城市政制理论假设地方政府的有效治理主要取决于非政府行动者的合作、国家能力与非政府资源的结合……事实上,政府和工商业行为是紧密相连的,正如政府组织和非营利组织一样。"[1]实际上,城市政制是公共利益和私人利益的一种非正式结合,这种结合有利于通力制定和执行统治政策。

回顾城市政制理论的发展历程,斯通是这一理论的主要贡献者,随后很多学者也加入到了对城市政制理论的阐释、发展的学术活动中,如阿兰·迪戈塔诺(Alan DiGaetano)以及约翰·克利曼斯基(John Klemanski)、费恩斯坦夫妇(Norman Fainstein & Susan Fainstein)、史蒂芬·埃尔金(Stephen Elkin)、戴维·英布罗肖(David Imbroscio)、托德·斯万斯特罗姆(Todd Swanstrom)等人。尽管,还有其他大量的政治经济学者提出解释城市政策制定中经济和政治之间的关系,例如哈维·莫洛奇(Harvey Molotch)的增长机器理论(growth machine theory),但城市政制理论仍然是发展得最为完善、最受城市研究者接受的理论。

(一)城市政制理论和新区域主义

政治经济学关注的焦点——特别是城市政制理论分析的出发点是非政府组织和政治参与者在城市治理中的关系。然而,政治经济学的研究范围一直被局限在对政府间关系的研究或者是对中央—地方公共议题的研究上。另外一些研究则包含区域治理和发展中的区域公共政策。例如,福格尔在《城市政治经济》[2]中指出,管理就是指县政府的行动。列奥(Leo)在他对波特兰区域增长控制中运用了城市政制理论的分析。费曼(Ferman)在对芝加哥和匹兹堡的比较研究中,提出了一个涵盖匹兹堡和若干郊区的特区政体政治的案例研究。[3]有趣的是,她选择了不止一个自治市的政府作为对城市政

---

[1] See Stone, C. N.. *Urban Regimes and the Capacity to Govern: A Political Economy Approach*. Journal of Urban Affairs, 1993, 15(1), p.7.

[2] See Vogel, R. K.. *Urban Political Economy*. Gainesville, F.L.: University Press of Florida, 1992.

[3] See Ferman, B.. *Challenging the Growth Machine: Neighborhood Politics in Chicago and Pittsburgh*. Lawrence, K.S.: University of Kansas Press, 1996.

制理论的运用,然而这个不恰当的做法遭到了批评。①

　　尽管城市政制理论基本没有涉及区域层面,但这并没有阻碍研究者对其进行发展和研究。虽然,城市政制理论关注的焦点并没有超出城市的范围,但是斯通指出,城市政制理论不应该受到城市边界的限制。在对亚特兰大的研究中,他对自己的研究进行评论,认为城市政制不应该局限在政治边界之中。②实际上,对城市政制的主要批评是来自于这个理论本身对中心城市治理的过分关注,从而忽略了郊区政治和经济的影响。③

　　虽然路易斯(Lewis)在对波特兰(Portland)和丹佛(Denver)两个大都市地区的区域增长研究中明确地拒斥使用城市政制理论,但他的研究分析也仅仅局限在自治的县政府和土地使用控制。④他的研究表明在大都市地区的众多的小型政治管辖单位中,土地使用决策的区域影响对城市政制政治的影响是极小的。其理论根据是,经济是区域整合的结果,然而土地使用决策是大都市地区的众多的小型政治管辖单位中政治家和公民共同决策的结果;因此,弃绝使用城市政制理论的原因就在于它本身过于关注城市自身。路易斯的观点认为,经济的区域导向和政治的地方导向削弱了区域政体的发展。

　　尽管土地使用决策是大都市增长的重要组成部分,但是区域治理涵盖了比土地使用决策范围更广的议题。实际上,对区域政策制定的研究和分析应该包括区域政策的各个方面。区域治理关注的焦点不应该仅仅局限于地方政府本身,应该关注区域和与区域相关的议题。其结果是使对决策的分析是从区域的角度出发或者是从区域的层次自上而下,而不是从地方政府自下而上。从区域的角度研究政治和经济的关系为运用城市政制理论分析区域治理提供了理论依据。城市政制理论不仅仅包括土地发展或增长,还包括了社区发展等更丰富的概念。

　　运用城市政制理论分析区域治理表现出了该理论的合理延伸。此外,城

　　① Warren,R.. Book Review. *Journal of Urban Affairs*,1998,20(2),pp.221–225.

　　② Stone,Clarence N.. *Regime Politics:Governing Atlanta,1946–1988*. University Press of Kansas,1989,p.2.

　　③ Lauria,M.. Regulating Urban Regimes. in M. Lauria ed.. *Reconstructing Urban Regime Theory*. Thousand Oaks,C.A.:Sage,1997,pp.233–241.

　　④ Lewis,p.G.. Regional Growth Management Regime:The Case of Portland,Oregon. *Journal of Urban Affairs*,1996,20(4),pp.363–394.

市政制理论除了运用于城市增长的政治分析以外，对于在不同的情景下运用还表现出足够的灵活性。例如，城市救助政策制定[1]、教育政策[2]。在众多研究者对不同情景的城市政制分析的运用中，莫斯伯格（Mossberger）和斯托克（Stoker）注意到一些城市政制分析的运用并不是那么恰当，因为研究者对于理论的延伸超出了原始理论的基础。因此，他们建议对于区域治理的研究和分析应该把握对理论的恰当运用。[3]

如果城市政制理论是关于政府机构以外的政治和占主导地位的联合，那么这个理论就必须拥有区域的视角。除此之外，扮演重要角色的工商业精英（尽管不是占主导地位的联合中的主要私人部门）一般会拥有涵盖区域的政策视角。因此，有时包含着大部分地区的经济活动的中心城市是工商业利益的焦点。当中心城市的经济优势下降的时候，这个关注的焦点就越来越具有区域性。考克斯（Cox）认为，随着作为整合地方经济的大都市地区的发展，联合治理理论（coalition governance theory）关注市县政府范围内的治理并没有充分抓住政策制定的议题及其功能的细微差异。[4]此外，乔纳斯（Jonas）注意到，在城市政制研究中，私人部门始终关注的焦点——市中心的商业区拥有的公共政策利益扩展到了区域。他认为，政策制定方面的区域视角和影响在一个理论中没有充分解释，因为这个理论关注的是政治边界内的公共政策的制定。[5]

当经济利益穿越了政治边界，在地方政治边界内某些政策议题不能被有效地解决时，政治和经济行动者应该在区域的层面上联合起来组成治理的区域政体以解决特定的议题。政治组织一般在区域层面拥有相对较弱的

---

[1]　Brown, M.. Reconceptualizing Public and Private in Urban Regime Theory: Governance in Aids Politics. *International Journal of Urban and Regional Research*, 1999, 13(1), pp.70–84.

[2]　Stone, C. N.. Introduction: Urban Education on Political Context. in C. N. Stone ed.. *Changing Urban Education. Lawrence*, K.S.: University Press of Kansas, 1998.

[3]　Mossberger, K. & Stoker, G.. The Evolution Urban Regime Theory: The Challenge of Conceptualization. *Urban Affairs Review*, 2001, 36(6), pp.81–835.

[4]　Cox, D. R.. Governance, Urban Regime Analysis and the Politics of Local Economic Development. In M. Lauria ed.. *Reconstructing Urban Regime Theory*. Thousand Oaks, C.A.: Sage, 1997, pp.99–121.

[5]　Jonas, A. E. G.. Regulating Suburban Politics: Suburban–Defense Transition, Institutional Capacities, and Territorial Reorganization in Southern California. In M. Lauria ed.. *Reconstructing Urban Regime Theory*. Thousand Oaks, C.A.: Sage, 1997, pp.206–230.

管理能力，这使得与政府部门进行合作以及与私人部门进行协作对于有效的区域治理来说显得尤其重要。事实上，在区域层面运用城市政制理论的缺点就是由非政府组织组成的联盟缺少传统政治组织所拥有的权威。然而，新区域主义和城市政制理论使得治理和联盟的结合成为可能。

在众多的区域中，随着私人部门不断地参与和影响政策而形成的发展型权威（developmental authority）构成了连续的合法性权威覆盖了整个区域或部分区域。类似于匹兹堡这样的区域就存在着一个强势的县政府，私人部门可以与政府领导人联合起来发展城市政制。在其他区域中，松散的地方政府的领导人可以与私人部门协作研究和执行区域政策或者影响联邦政府在共同议题上的态度。无论如何，缺少了公共部门的支持和参与，私人部门不能在公共政策议题上取得佳绩。政治和经济行动者之间的相互关系和参与的本质正是城市政制分析的主要研究对象。

在新区域主义的运动中，工商业领导者努力地与政府部门紧密合作共同解决区域治理的议题。这是新区域主义区别于传统区域主义的一个鲜明特征。虽然政策对经济发展的影响是工商业领导者参与公共议题所关心的永恒议题，但是他们的关注点并不是急切地获取财政援助。他们的政策定位通常是改善区域的生活质量，使得区域更加吸引居民来工作和生活。随着区域的发展，工商业的发展也与之休戚相关。

政府领导者关注区域议题在某种程度上是为了扩大他们的区域影响力。这些区域的利益包括了发展区域经济、提供充裕的服务、维持或改善当地居民的生活质量。政府领导者越来越意识到了与私人部门或者非营利组织相互合作以达到他们目的的重要性。因此，每一个部门在区域治理中都有其利益。参与的目的在于扩大影响力、增加专业知识以及维护合法性。为了获得他们的利益，他们必须通力协作，共享权力和资源。

（二）发展中的区域政体能力

1. 公民组织

城市政制理论认为，发达的公民组织对于非政府组织影响公共政策制定是非常重要的。[①]同样，这也是新区域主义不可缺少的组成部分。政治科学

---

① Stone, Clarence N.. *Regime Politics: Governing Atlanta, 1946–1988*. University Press of Kansas, 1989.

家普特南在他对意大利的区域政府的研究中发现，公民网络对于区域治理是相当重要的，因为这在众多不同的组织中促进了交流和互动。[①]参与公民网络有助于减少阻碍和增强对公共议题的理解和合作。由各个独立的组织和公民机构组成互相交织的网络平衡了单个组织和其他组织之间的利益关系。

　　另外有研究显示，公民组织是政府和工商业组织之间的重要的中立地带，公共议题在此可以得到广泛的讨论而不必受政治边界的限制和工商业组织的过分干扰。公民组织的领导人一般是前政治家或高级工商业前高层执行者，他们在政商两界拥有良好的信誉。他们利用自己的优势可以召集不同的利益相关者共同商议和处理彼此关心的议题。同时，公民组织还可以作为中立的第三党（neutral third parties）提供人员支持以及为公共议程上的议题提供调查研究。

　　2. 非政府领导力

　　在城市政制理论的研究中，工商业部门即使不是处于主导的地位，其作用对于建立一个有效的区域治理政体也是非常重要的。工商业领导者拥有广泛的资源，能够为公民组织提供资金，促进区域治理的整体合作。福斯特（Foster）[②]和亨顿（Henton）等人[③]认为，区域主义是被犹豫不决的公共部门参与者推向进程的私人事务。经济利益是这些领导者开启进程、提出议题、提供资金、运用影响力使得大众接受他们的倡议的目的所在。坎特（Kantor）声称，工商业团体被迅速地当作提出运用区域方法发展经济的议题的民间力量。她把这些工商业团体称为"影子政府"（shadow government），同时写道："在很多地方，区域问题的解决离不开工商业部门的参与，很多非正式或非官方的公共领导者职位已经交到了私人部门的手中，反映出经济的重要性已经超过了政治，这一切已经是在普通不过的事了。"[④]

　　① Putnam, R. D.. *Making Democracy Work: Civic Traditions in Modern Italy*. Princeton, N.J.: Princeton University Press, 1993.

　　② Foster, K. A.. *The Privatization of Regionalism*. Paper Presented at the Annual Meeting of the Urban Affairs Association, New York, 1996.

　　③ Henton, D. Melville, J. & Walesh, K.. *Grassroots Leaders for a New Economy: How Civic Entrepreneurs are Building Prosperous Communities*. San Francisco: Jossey-Bass Publishers, 1997.

　　④ Kantor, R. M.. Business Coalitions as a Force for Regionalism. In B. Katz ed. *Reflections on Regionalism*. Washington, D.C.: Brookings Institution, 2000, pp.154–180.

3. 危机和机遇

政体理论的经验研究表明，危机和机遇被认为是促进私人部门参与城市公共政策制定的助推剂。同样,区域发展也离不开私人部门的参与。一个可辨别的危机不仅仅可以促进工商业团体，还可以促使本区域的政治领导人和居民紧密联合提出一个可供接受的解决方案。如果缺乏危机或者明显的机遇,那么由新区域主义发起合作的成功的可能性就会较少。事实上,不管是危机还是机遇都需要及时获得领导人的注意，以便他们能够迅速通力合作解决问题。对于工商业组织抓取机遇的一个著名的例子就是在 1996 年亚特兰大夏季奥运会与当地政府协作。通过协作，网络和关系就会建立起来,作为一条可选择的路径解决区域问题。

4. 广泛的参与

相关的文献表明,拥有广泛基础的公私协作更易获得成功。在印第安纳波利斯（Indianapolis），成功的区域改革是由大印第安纳波利斯进步委员会（Greater Indianapolis Progress Committee）和代表广泛民众的两党市民组织一起联合推动的。在匹兹堡(Pittsburgh),"阿勒根尼社区发展联盟(Allegheny Conference on Community Development)"召开了基础广泛的社区领导人专门工作会议。这些领导人来自各个机构,他们一起研究政策议题、提出建议、宣传他们的主张。在双子城(the Twin Cities),拥有 3000 个成员和 600 个基金会、工商业组织的市民联盟被认为是区域善治的催化剂。其他一些城市获得成功也有赖于在新区域主义运用下组建的市民联盟。

第二节 基于协作视角的城市群治理

一、问题缘起与理论框架

(一)应对城市群兴起的协作式治理

城市作为政治、经济、文化交汇的枢纽,影响着国家治理体系和治理能力现代化建设的设计和步伐。随着我国城镇化的不断发展,城市的重要地位逐渐地让位给大都市,甚至是城市群。近期,国务院公布了《国家新型城镇化规划（2014—2020 年)》提出了"以城市群为主体形态,推动大中小城市和小城镇协调发展"的指导思想，确定了城市群作为优化城镇化格局的主体形态，建立城市群发展协调机制，促进各类城市协调发展。党的十八届三中全会报告明确提出了要"建立和完善跨区域城市发展协调机制"。这既是顺应世界各国城市发展的历史潮流，也是迈向具有中国特色新型城镇化道路关键而重要的一步。根据这一战略，京津冀、长江三角洲和珠江三角洲城市群将率先引领下一轮中国城镇化的增量发展。而与此同时，创新城镇化进程中的治理体系有助于提升城市乃至城市群的治理能力，成为新型城镇化可持续发展的前提之一。

从城市发展史来看，西方发达国家的城市形态经历了城市化—大都市区化—城市群的城市区域化演进过程。随着区域经济的发展，我国城镇化面临着双重任务：一方面我国城镇化也展现了从简单城镇化—大都市区化—城市群的发展形态；另一方面，我国面临着区域城镇化的发展要求。在这方面，世界城市化进程以及由此形成的城市治理经验值得我们研究和借鉴。此外，作为政治、经济、文化交汇的枢纽，城市乃至城市群的发展构成了国家治理体系和治理能力现代化的一个重要环节。作为当代政府治理的新模式，城市群协作式治理的重要性、必要性和紧迫性已经日益凸显。

1. 城市群协作式治理的重要性

首先，我国城市群在社会经济发展中的作用愈发显著。改革开放以来，长江三角洲、珠江三角洲以及京津冀等区域在中心城市的带动下，一大批中小城市迅速崛起，成为经济发展、城市化水平较高的城市群。但是随着经济的发展和地方利益的膨胀，城市群范围内的恶性竞争和矛盾冲突也日益加剧，成为阻碍城市群协调发展的绊脚石。因此在城镇化加速进行的背景下，加强对城市群的协作发展与治理，对中国区域经济和城镇化的协作发展有着重要的意义。

其次，制度环境和管理模式是影响我国城市群发展的主要因素之一。传统的政府单一纵向管理机制仍然主导着我国的行政管理，同时各级地方政府行政管理中的地方保护主义倾向加重，生产要素在各地区和城乡之间以及城市之间的市场化流动仍面临不少障碍。在这种宏观管理机制下，基于市场机制的区域经济比较优势不能充分实现，影响区域空间结构的合理演进，从而制约区域经济协调发展和城镇化总体进程及其综合效益的实现。但是，随着党的十八届三中全会提出了"市场在资源配置中起决定性作用"，结合我国全面深化改革的步伐重新构建一个合理、有效的城市群治理系统,形成城市群经济对促进我国市场经济的健康发展具有深刻的意义。

2. 城市群协作式治理的必要性

目前,我国正处在大规模、高速度的城镇化进程中,工业化和经济增长是重要的推动力,但现有的城镇化发展模式难以为继。一方面,快速的、扩张式的城镇发展态势和粗放型经济发展模式对能源、资源、生态环境造成巨大压力;另一方面,过去30年,中国城镇化较多地注重土地和物质空间的城镇化,而忽略了人的城镇化;同时也造成了农村和城市之间、城市和城市之间发展不平衡等现状。这些现象的实质是现有制度安排与城镇公共治理模式并未充分适应我国的城镇化进程。

由于很多公共资源的分配和流动不仅仅局限在一个城镇或城市,因此由城镇公共安全、医疗卫生、社会保障与就业、住房、基础设施、教育、文体娱乐服务等构成的公共服务体系也往往跨越行政辖区的边界。这就需要通过创新城镇化进程中的治理体系,构建由政府部门、经济组织、社会组织共同参与的城镇公共治理体系,谋求城镇全面协调可持续发展,保持城镇化进程的健康持续,满足人的城镇化、现代化的公平需求,增强城镇公共治理的系统性、整体性、协作性。城市群协作治理就成为我国城镇化进程中的必然选择。

3. 城市群协作式治理的紧迫性

走向城市群治理是中国城镇化进程的必然选择,但是由于城市群横跨若干个行政单位,内部的社会经济关系盘根错节,并且当前中国城市群的治理体制还很不完善,使得我国城市群的发展尚处于自然状态,尚未形成协力(collaborative governance),甚至在城市群力引发一系列的矛盾冲突。

党的十八届三中全会通过的《中共中央关于全面深化改革若干重大问题的决定》明确提出了中国全面深化改革的总目标是"完善和发展中国特色社会主义制度,推进国家治理体系和治理能力现代化"。这一重大目标的提出为中国城镇化未来的发展提出了新的理论与实践命题。在一个以高度城镇化为主要特征的现代化国家里,国家治理体系是城镇化公共治理体系的基础,而城镇公共治理体系也是国家治理体系的具体实现,国家治理体系和治理能力的现代化必然要求城镇公共治理体系的现代化。在经济全球化日益深入的背景下,城市群将成为赢取国际竞争优势、增强国家实力的重要地域载体。顺应城市群发展的趋势,推动城市群协作式治理、协作式发展,将是中国在城镇化发展过程中不可回避的问题。

（二）协作式治理的兴起

一般来讲，国际公共管理研究学会主席史蒂芬·奥斯本（Stephen Osborne）认为，国际公共行政（或公共管理）大致经历了下列三大主流范式转移：第一阶段是公共行政，从 19 世纪末到 20 世纪 70 年代末 80 年代初；第二阶段是新公共管理，从 20 世纪 80 年代初到 21 世纪初；第三阶段是新公共治理，肇始于 21 世纪初。协作式治理兴起于这一学科背景，并从中汲取了学术养分和智力资源。①

新公共管理是 20 世纪 80 年代西方发达国家公共部门改革的理论典范，其受到了公共选择理论、委托—代理理论、交易成本经济学、管理主义和制度设计等理性主义理论的启发，主张公共部门组织设计和公共服务提供，应脱离传统的官僚制架构，强调以市场化为导向，"生产者"与"消费者"相互分离，重视成本效率，按照私人部门的方式运作政府部门。这场声势浩大的"重塑政府"运动，一度使西方政府得以"从摇篮到坟墓"的"福利国家"中脱身，但由此也形成了两种不同的发展趋势。

一方面，政府越来越依赖由企业或社会组织来提供公共服务，于是出现了"第三者政府"和"代理政府"的现象。大量准政府组织和伙伴关系的出现，导致了"拥挤国家"（congested state）的问题。由于非政府组织增多，容易造成公私部门之间界限模糊，公共服务提供体系碎片化、跨域化程度过高等问题，所以新公共管理运动所导致的后果之一就是国家职能空心化（hollowing-out）和政府机关碎片化。另一方面，正如凯特尔（Kettl）指出："在整个 20 世纪，公共行政发生的最大变化就是公共组织中不断增长的相互依赖性，它……使得公共机构间必须建立更加紧密的联系。"②在全球化的推动下，地方政府、企业组织与第三部门，积极参与全球事务与经济竞争，于是在公共行政和公共管理的过程中出现了大量的协作现象。

协作的出现与安排跨越了市场化模式，强调从竞争走向协作，体现了从

---

①　Osborne. Stephen P.. The（New）Public Governance：a suitable case for treatment? In Stephen P. Osborne ed. *The New Public Governance? Emerging Perspectives on the Theory and Practice of Public Governance*. London：Routledge，2010，pp.1–16.

②　Kettl，Donald. Governing at the Millennium. in James L. Perry ed. *Handbook of Public Administration（2nd）*. San Francisco：Jossey-Bass，1996，p.8.

利己到互惠,甚至是利他的哲学转变。"协作式"公共行政的理念正日益构成对"回应性"公共行政理念的挑战。①根据阿格拉诺夫和麦圭尔对"协作式公共管理"下的经典性定义:"既存在于强调美国联邦系统内政府层级的纵向环境中,也存在于参与者是地方并代表社区内多种利益的横向环境里的所有此类活动。"②由此可见,协作式公共管理成为脱胎于新公共管理范式的一个分支。

为了矫正经典公共行政和新公共管理的缺点,新公共治理成为20世纪90年代公共行政高度重视的课题。其强调需要公私部门合作,组成不同网络,共同分担责任且相互授予权力和能力,只有这样才能达到政策的最佳效果。③伴随着公共行政发展的第三阶段,协作式治理理论异军突起。毫无疑问,协作式治理首先是治理和协作式公共管理的融合,其次是对协作式公共管理的扬弃。因此,协作式治理已经构成了新公共治理理论中最具竞争性的范式。

(三)协作式治理的理论框架

1. 核心概念界定

虽然协作式治理的概念相对新颖,但是作为政治过程的协作可以追溯到美国两种竞争性的政治传统,即古典自由主义和公民共和主义。④事实上,这个范式是近二十年发展出来的治理策略,早期"府际关系"和"政策执行"的相关文献,丰富了这个概念的发展。

从概念上来看,协作式治理(collaborative governance)是一个广域的概念,涉及协作性公共管理、协作性政策发展、共享式管理、参与性战略规划等。从论域上来看,协作式治理呈现跨学科集群化特征,涵盖政治科学与公共政策、环境规划与社区发展、公共行政与公共治理等不同学科。因此,不同

---

① Vigoda-Gadot, Eran. Collaborative Public Administration: Some Lessons from the Lsraeli Experience. *Managerial Auditing Journal*, 2004, 19(6), pp.700–711.

② Agranoff, Robert and Michael McGuire. *Collaborative Public Management: New Strategies for Local Governments*. Washington, D.C.: Georgetown University Press, 2003, p.20.

③ Kooiman, J.. Governance and Governability: Using Complexity, Dynamics, and Diversity, in Kooiman ed. *Modern Governance: New Government-Society Interactions*. Newbury Park, C.A.: Sage Publications, 1993, p.22.

④ Thomson, Ann Marie and James L. Perry. *Collaboration Process: Inside the Black Box*. Public Administration Review, 2006, 66, p.20.

学者基于各自不同学科背景提出了各式各样的概念框架和类型划分。从文献上来看,协作式治理与协作理论密切相关,它们之间难以相互剥离。

汤姆森和詹姆斯认为,协作是自主行动者透过正式和非正式协调所进行的一种互动过程,能够共同地创造规则和结构,进而治理他们之间的关系,以及共同决定与执行一系列议题;这个过程即是一个包含共享形式与对彼此有益的互动关系。①

唐纳森和科佐尔则将协作定义为所有形式的组织一起共事以达成各种目标。协作的特点在于:第一,协作的使用如同一套策略,可以发展或者执行许多层面的任务;第二,运作的过程强调如何发展并维持协作关系。②

马特西奇和蒙西也指出协作是一种持久且成员所共同深信的关系,它将许多个别组织相邀融入一个相互承诺达成共同任务的结构中,这些关系的维持依赖于参与的组织所提出的计划与明确可信赖的沟通管道。③

哈克斯汉则将协作简单地定义为:为了取得某种形式的共同利益,在一个相当具有正面性的会议或者组织中与其他人共事。④

安塞尔和加什进一步对协作式治理做出界定:治理制度安排的产生是置身在由一个或更多个公共机构而非国家或非政府的利益相关者,两者将直接性地参与集体决策的过程中,而这个过程的性质是正式的,以达成共识为导向,并且具有协商式机制,其目的是促使公共政策执行或管理公共计划方案或资产的成效更为彰显。⑤

从上述文献来看,马特西奇、蒙西以及安塞尔和加什要求协作式治理的行动者是非国家利益相关者;而实际上,政府部门之间的协调和协作关系本

---

① Thomson,Ann Marie and James L. Perry. *Collaboration Process:Inside the Black Box.* Public Administration Review,2006(66),p.23.

② Donaldson,Joe F. and Charles E. Kozoll. *Collaborative Program Planning:Principles,Practices,and Strategies.* Krieger Publishing Company,1999,pp.1-2.

③ Mattessich,Paul W. and Barbara R. Monsey. *Collaboration:What Makes it Work.* Saint Paul,MN: Amherst H. Wilder Foundation,1992.

④ Huxham,Chris. Collaboration and Collaborative Advantage. in Chris Huxham ed. *Creating Collaborative Advantage.* London:Sage,1996,p.7.

⑤ Ansell,Chris and Alison Gash. Collaborative Governance in Theory and Practice. *Journal of Public Administration Research and Theory*,2007(18),p.544.

质上也属于协作式治理的一部分。①因此,协作式治理在更广泛的范围上融合了米格代尔所提出的国家与社会之间的协同关系。

2. 协作式治理的特点

跨界性:协作式治理的逻辑起点。进入全球化时代,公共事务日新月异,不仅跨越了行政辖区的地理边界,而且还超出了政府管理的权责范围。因此,跨区域和跨部门的沟通合作成为解决多元一体化议题的新治理方式。

网络化:协作式治理的组织基础。协作网络是一种将消费者、供给者与生产者联系在一起的合作机制②,并且取代传统规则导向的监督和冷漠僵化的治理形态。

互惠性:协作式治理的发展动力。资源依赖理论认为跨部门间的互动行为具有自由度,但利益相关者之间却有着相互依存的、相对稳定的结构,他们之间对资源的依赖和需求,可从决策、互动、联系与沟通行为之间观察得到。③资源交换的相互依赖特征意味着介入其中的所有参与者在某种上都会获益。④

协作性:协作式治理的核心追求。根据基斯特和曼德尔的研究,协作的价值程度更深,强调行动者为了构建共同目标及互相学习改变,所以彼此相互依赖程度最高、接触程度最频繁、信任程度最高、权力与目标价值是共同分享的互动关系;合作(cooperation)则是指各方之间较为松散的互动关系,互动的目的是为了信息、资源和利益的交换,各自拥有独立的目标价值,权力和资源没有共同分享的必要;协调(coordination)则介于上述二者之间,互动的目的是为了达成共同既定的方案目标。⑤

---

① Vigoda-Gadot, Eran. From Responsiveness to Collaboration: Governance, Citizens, and the Next Generation of Public Administration. *Public Administration Review*, 2002, 62, p.529.

② Considine, M. and Lewis, J. M.. Bureaucracy, Network, or Enterprise? Comparing Models of Governance in Australia, Britain, the Netherlands, and New Zealand. *Public Administration Review*, 2003, 63(2), pp.131-140.

③ See Alter, C. and J. Hage. *Organizations Working Together*. London: Sage, 1993.

④ Agranoff, Robert and Michael McGuire. *Collaborative Public Management: New Strategies for Local Governments*. Washington, D.C.: Georgetown University Press, 2003, p.82.

⑤ Keast, R. and M. P. Mandell. What is Collaboration? in ARACY. *Advancing Collaboration Practice* [*Fact Sheet*]. Canberra: Australian Research Alliancefor Children and Youth, 2009, pp.1-3.

责任性:协作式治理的基本保证。由于公共议题的扩散化和多元行动者的介入,责任和边界容易变得模糊;因此在协作式治理的运作中,对于任务的责任必须由参与者共同承担,不允许有出现"搭便车"的情形。

3. 协作式治理的模式

(1)安塞尔—加什模式[①]

安塞尔和加什认为,协作式治理已经发展成一种针对利益集团多元主义的竞争主义(adversarialism)和管理主义的失败问责机制等问题的替代方案,转而面向专业化知识和(复杂化与相互依赖的)制度能力建构。

这一模式是以"过程—结果"为取向的,在公共机构引导下,多重利益相关者聚集于公共论坛,以达成共识性决策;其中涉及初始环境、制度设计、协作过程与协作型领导等因素的互动。作者认为每一个重要变量都可以影响协作的运作过程。初始环境所设定的基本方面包括信任、冲突以及社会资本,这三项要素进而成为协作式治理运作过程的优势资源或不利条件;制度设计是协作式治理发生时所设定的基本规则;而协作型领导则提供协作过程基本的调节和催化。最后,协作过程本身呈现高度的反复迭代(iterative)和非线性特征。当协作过程中各种因素为正向反馈关系的时候,就会导致好的协作结果,包括了政策制定过程中可以避免因冲突所导致的协商成本浪费、扩大民主参与的渠道,有助于公共管理者和利益相关者建立良性的互动关系,促进优良的集体学习和公共问题的解决过程,以及增进更多资源相互流动与合作的机会。

(2)彼得斯—皮埃尔模式[②]

彼得斯和皮埃尔按照国家在治理过程中的支配强度,提出了由强到弱五种治理模式;而构成治理模式的基本要素分别是行动者、过程、目标选择、决策制定、资源动员、政策工具/执行、反馈、结果、一致性、包容性、适应性和问责。

国家主义模式是指国家作为社会支配系统中最主要的支配者、各治理层面和过程中最主要的行动者,依赖强制和直接的政策工具,拥有界定社会

①　Ansell,C. and Gash,A.. Collaborative Governance in Theory and Practice. *Journal of Public Administration Research and Theory*,2008,18(4),pp.543-571.

②　See Pierre,Jon and B. Guy Peters. *Governing Complex Societies:Trajectories and Scenarios*. New York:Palgrave,2005.

需求目标的能力。在此模式下,并不需要任何社会行动者参与,而是由政治精英和统治阶级支配,倾向技术官僚的统治方式。

自由民主主义模式的主要行动者仍然是国家,国家保持着制定政策的权威性,但在目标选择上开始重视社会利益,非国家行动者在政策制定过程中相互竞争对国家产生影响。在此模式下,国家将会选择与其目标一致、价值相互认同的行动者;这些行动者投入资源,国家也倾向透过行动者和自我约束的策略执行方案。

国家中心模式虽然仍然把国家作为主要的行动者和政策的制定者,但是社会利益表达拥有合法性权力并促使利益相关者的要求得到关注。国家与社会行动者之间的关系更加制度化,与前两种模式相比,国家拥有接受或拒绝伙伴的权力,并对其产生约束。

荷兰治理模式是起源于荷兰的政治与社会,从某个层面来说,可以被视为是早期统合主义研究与统合主义多元论的延伸。其模式赋予了国家更加弱化的意义,国家决策和行动带给其他社会行动者的利益能更广泛地覆盖;政策制定与执行没有明确的区分,透过网络和伙伴制,行动者的异质性和多样性满足了国家和社会的多方需求。

无政府治理模式认为政府的角色是没有意义的,在治理过程中参与政治制度构建的是非政府组织,如社会的不同领域、功能部门;个别的公共部门官员;地区以及地方政府的代表。其主张,治理广泛地发生在无政府的网络空间中,但政策部门也可能由小部分政府介入的网络来控制。虽然这种模式不重视国家的作用,但是在资源的动员上却是来自国家的。

二、城市群协作式治理的动力机制与制度构建

进入 21 世纪以来,"全球化"(globalization)的新经济时代已经来临。"全球治理"(global governance)、"全球城市"(global city)以及"地方治理"(local governance)、"城市治理"(urban governance)等概念逐一兴起,意味着全球化的浪潮正冲击着人们对国家、地方(区域)和城市的传统认知,乃至对国际关系、各级政府间府际关系、各地地方间区域合作的定位。

(一)城市群协作式治理的动力机制

长期以来,研究中央与地方之间的府际关系,其焦点都着重于权限划

分、财政分配、政策执行的政府管理。然而在全球化的影响下,以政府为主体的府际关系已经无法有效面对日益复杂的公共事务;传统国家的主权已经逐渐呈现被弱化的趋势,国家与国家之间不再壁垒分明、界线清晰。借助全球化的拉力,为提升自身竞争优势,城市或地方(区域)等次国家层级的地方化力量应运而生,城市与地方区域如今正努力穿透国家机制,成为全球化的国际社会中积极的行动者。从现实互动的观察中可以发现,地方政府、城市群联盟和私人企业、社会组织等第三部门,已经不再囿于国家主权的束缚,转而寻求参与全球政治事务与经济竞争。

因此,在经济、社会以及文化逐渐融入全球化的同时,府际关系的治理范畴逐渐转向协作式治理:以治理为核心,透过跨部门伙伴关系和协作的概念架构以及运作机制,所建构的府际协作式治理(intergovernmental collaborative governance,ICG),已逐渐成为研究府际关系和跨区域合作的新趋势。府际协作式治理是以跨学科、跨部门、跨领域作为发展机制,考虑到如何跨越现有的组织划分、功能区别,以强化政策和治理层级整合以及互动;同时,基于共同的目标和承诺,在利益日益分割的多元公共事务议题和行动者中,进行政策、服务、信息和资源的协调交换。府际协作式治理成为当代政府治理的新模式,主要基于以下三方面的原因:

1. 公共治理的必要性

20 世纪 90 年代以来,"治理"成为各国政府竞相选择的变革方式之一。"治理"之所以受到如此重视,其概念和变式如此流行,主要是受到了全球化的经济活动、私人部门参与公共决策的要求、公共政策面临着新的挑战、公民对于政治参与的转变以及国家朝向后官僚时代等因素的影响。[①]

塔西洛·赫歇尔和彼得·纽曼认为经济上的转型,改变了空间地域的疆界;从制度的观点出发,国家、区域和地方之间的关系已经发生了很大的变化,而国家与社会之间的公私部门互动关系也有所调整,显然已经从过去正式化的组织制度,转变为具有弹性、网络化形式,并结合公私部门共同参与的治理。[②]

---

① John,Peter. *Local Governance in Western European*. London:Sage,2001. pp.11–13.

② Herrschel,Tassilo and Peter Newman. *Governance of Europe's City Regions:Planning,Policy and Politics*. London,New york:Routledge,2002,pp.12–13.

2. 公共权力的退却性

20 世纪 80 年代以来,西方发达国家政府部门纷纷采取民营化、分权等改革措施,将原来属于政府部门提供的公共服务,逐步转移到地方政府、私人企业、非营利组织或具有特定目的与功能的执行机构。这场声势浩大的"重塑政府"运动使得政府的职权范围与组织规模不断萎缩,原来政策执行的掌控和监督层级大幅下移,结果导致公私部门的界限模糊、权责义务分散。

国家职能空心化(hollowing-out)同时衍生了政府机关碎片化(fragmentation)的问题。由于传统公共行政强调功能分化,行政部门的本位主义十分严重,导致只讲求专业分工而忽略了垂直与水平整合的重要性,因而陷入"权责分散""权责不清"以及"重视分工缺乏整合"的困境。在新公共管理思潮的冲击下,组织发展越发依赖市场机制和趋向以功能为主的组织分化状态,这不仅造成组织功能更加割裂,而且使公共责任更加模糊。

3. 公共议题的扩散性

如今,公共问题的产生和所造成的影响,已经超越了功能化官僚组织的专业知识以及空间地理上的阻隔,进而使公共议题朝向跨区域性与跨部门化的质变。在众多行动者参与的情况下,彼此从自身的利益出发,难以达成共识。为此,政府在处理公共事务上,常常面临两种困境:一是影响空间结构的扩散性,二是跨越专业分工的复杂性。这两种特殊性所交织而成的棘手问题(wicked issues),使得公共部门难以独立解决问题。一方面是由于国家公共权力全面收缩、组织部门分工所形成的本位主义,导致彼此合作存在障碍;另一方面则是在资源日益紧缩的情况下,可供选择的解决方案有限。

(二)城市群协作式治理的制度构建

若从组织关系的角度,协作式治理可以分为垂直关系(中央政府与地方政府)、横向关系(地方政府;政府与社会部门)和斜向关系(没有隶属关系的政府部门),由此形成府内协作、府际协作、府外协作三种关系。从目前国外研究现状来看,以治理为核心,透过跨部门伙伴关系和协作的概念架构以及运作机制,所建构的府际协作式治理(intergovernmental collaborative governance,ICG),已逐渐成为研究新型府际关系和跨区域合作的新趋势。而城市群协作式治理是以跨城市区域、跨部门作为发展机制,考虑到如何跨越现有的组织划分、功能区别,以强化政策和治理层级整合以及互动。

基于现实与策略上的原因,协作式治理的发展方兴未艾。府际协作式治理(ICG)是从府际关系(intergovernmental relations,IGR)的概念延伸而来的,将原来仅限于中央或联邦政府与地方政府、地方组织之间的垂直互动关系,扩大涵盖至地方之间的水平合作,以及横跨公私部门的策略性伙伴关系等多层次的网络形态。由于吸取了"治理"的最新理论,府际协作式治理把中央政府、地方政府、社会组织视为一个具有自主意识的"行动者"(actor),并经由对话协商达成协作的共识基础,借以构建出制度化的互动机制。

从目前国内的研究现状来看,基本上没有直接出现过协作式治理的概念,大部分学者单独运用公私伙伴关系、伙伴制、多层次治理,或者网络治理等相关概念作为其研究的主轴。但是他们所研究的内容都集中在政府部门与营利组织(私人企业)、非营利组织等社会部门之间;若从组织关系予以细分,可以分为垂直关系(中央政府与地方政府之间)、横向关系(地方政府间、政府与社会部门之间)和斜向关系(没有隶属关系的政府部门之间),双方或多方都是以协作的方式提供公共服务与执行政策,由此形成府内协作、府际协作、府外协作三种协作关系。

本节借助新制度主义所提出制度变迁与路径依赖的观点,按照权力的转移方向来诠释协作式治理制度构建的理论逻辑,根据问题属性、资源分配、权责分担以及不同主体特性等要素,可以建构出与之相配合的协作式治理水平坐标体系:往上发展可以构建区域治理、往下发展可以走向地方治理、向内发展可以整合政府组织架构和功能、向外发展可以与市场和社会共享权力和资源。

(三)城市群协作式治理的演生模式

1. 向上发展协作式治理

(1)以城市群为主体的区域治理

随着后工业时代的来临、新经济的产生、交通通信工具的发达,对城市的研究已经从过去探讨工业化或城市化的空间结构,转移到探讨城市群、全球城市和世界城市等概念上。正如布伦纳所揭示,由于地方治理的再尺度化(rescaling)过程、经济活动的全球地方化,以及国家机构在各种空间层次的地域重构(reterritorialisation)这两个过程紧密交织,因此当代地方治理形式必须回应社会、政治与经济地理所剧烈重构出的城市发展。[①]

----

① Brenner, N.. Decoding the Newest"Metropolitan Regionalism"in the USA:A Critical Overview. *Cities*, 2002,19(1). pp.4-5.

在过去一个世纪里,美国大都市治理经历了传统区域主义、公共选择理论学派和新区域主义三个阶段。①虽然传统区域主义已经被后两个阶段的地方治理理论所取代,"但是从 20 世纪 80 年代开始,大都市政府的实践在全球范围内得到复兴,特别在欧洲和加拿大等地区得到了广泛传播,形成'大都市区域主义'"②。

"大都市区域主义"是指在城市密集区中有密切社会经济联系,相邻地理单位之间存在的各种制度、政策和治理机制,既包括通过兼并、合并及联合来调整行政边界建立"超大型城市"或"城市间"的各种理事会、管理区或规划实体,也包括通过上级政府颁发法律条文来管理城市蔓延,以及在政府间、公司机构间用以加强协作的发展战略。这里城市密集区指的就是城市群。最常见的治理形式包括了政府联席会和区域联盟。

政府联席会是大都市地区制度化的跨政府合作的最新形式,它们是地方政府的资源联合,不是具有独立的能制定法律或捆绑决策的政府,主要职能是对影响整个大都市地区的事务提出建议。政府联席会也为一般性问题提供一个研究和讨论的区域论坛。大多数政府联席会在它们的区域内已经承担了相应的政治、经济和社会发展职能。

区域联盟(或城市联盟),是指大都市区域内不同主体之间的联合和协作。在组织形式上,区域联盟与城市政制(urban regime)很接近。按照莫斯伯格和斯托克的定义,城市政制是指基于非正式网络以及正式关系的同盟,它们具有以下核心要素:来自政府和非政府部门的合伙人,但不局限于商业参与者;基于社会生产的合作—集合资源来完成任务;与同盟参与成员有关的可以确认的政策议程;一个稳定的合作模式,而不是一个暂时的同盟。③如果将城市的地域扩大为区域,那么城市政制就演变成为区域政体,也就是区域联盟了。

① Wallis, Allan D. Evolving Structures and Challenges of Metropolitan Regions. *National Civic Review*, 1994, 83(1)(winter–spring). Wallis, Allan D. The Third Wave: Current Trends in Regional Governance. *National Civic Review*, 1994, 83(3)(summer–fall).

② 曹海军、霍伟桦:《城市治理理论的范式转换及其对中国的启示》,《中国行政管理》,2013 年第 7 期。

③ Mossber, Karen and Gerry Stoker. The Evolution of Urban Regime Theory: The Challenge of Conceptualization. *Urban Affairs Review*, 2001, 36(6), pp.810–835.

（2）城市群规划

城市群（大都市区）规划是一种战略性的空间规划，一种"区域性的战略思考"。"它的主要目的是为城市政府提出关于城市和空间发展战略的框架（方案），规划内容一般以城市群（大都市区）经济社会的整体发展策略、区域空间发展模式以及交通等基础设施布局方案为重点。"①

城市群规划对于城市群的协调发展具有显著的作用：首先，规划机构在政府与其他影响城市群发展的公共机构之间的协调方面起着主导作用。其次，在与特定行动和政策有关的区域潜力的研究和预测中，城市群规划可以提供一个非正式的决策基础。最后，城市群规划通过揭示城市群存在的主要问题以及解决途径来提高不同参与主体在决策过程中的参与程度。最著名的城市群（大都市区）战略规划是《伦敦规划：大伦敦空间发展战略》②，现在一般都以此作为研究的范本。

2. 向下发展协作式治理

（1）分权

向下发展协作式治理一般考虑的是中央政府向地方政府垂直分权，但"分权（decentralization）"只是一个笼统的概念，若进一步划分，可以分为伙伴制（patnership）、转移（devolution）、放权（deconcentration）、民营化（privatization）、代理（delegation）五种形式。这里所探讨的垂直分权只包括放权和转移。

放权主要是指中央政府把原本属于其实施的职能和执行的任务，分配到全国范围内的各级地方政府完成。一般是通过在现存的统一政府结构中引入管理与观念的转变，把相应的，原本由中央政府支配的财政、资源也转移到地方政府单位；地方政府拥有相当大程度的决定权。放权的首要考虑是为了提高政府行政机关的生产效率，其次是提高公共服务的质量。20 世纪80 年代，西方国家受到保守自由主义思潮的影响，哈耶克和弗里德曼等理论大师批判福利国家导致资源浪费、效率低下、消除个人自由和责任，强调把自由市场的运作机制和最弱意义的政府作为核心价值，极力缩减政府的福利开支，将中央政府的部分责任转移至地方政府。③在实践上，撒切尔和里根

---

①　崔功豪：《都市区规划——地域空间规划的新趋势》，《国外城市规划》，2001 年第 5 期。

②　大伦敦规划，http://www.london.gov.uk/priorities/planning/london-plan。

③　Dunleavy, p.and O'Leary, B.. *Theories of the State:the Politics of Liberal Democracy*. London：Macmillan Education, 1987, p.120.

政府推行了新自由主义的国家政策。

转移(职能转移,也称功能转移)是指一个地方政府永久地将某项职能转移到另一个更大的政府。在通常情况下,一个自治当局首先会选择将职能转移到县,或者是州政府、大都市区政府。一般而言,转移的发生有三个基本原因:首先是规模经济的需要,其次是单一的地方政府可能无法提供公共服务,最后就是中心城市的财政困难。职能转移必须要有宪法或法律的依据,这种转移大多属于资源性的;但也有的是由州政府所规定,有时也可能是因为地方政府架构的改变而发生。获得职能的政府必须全面且永久地承担包括行政、政策制定与财政等方面责任。部分优点是可以减轻地方政府的财政负担,为市民提供更好的服务;但也可能削弱地方政府在都市区中的影响力。

(2)专区

专区一般是由州议会或地方政府根据州法律授权,提供一项或有限几项的特定功能,拥有充分的行政和财政自主权的独立政府单位,通常被称为"行政区(district)""管理局(authority)"或"委员会(board)"。①一个组织单位要被承认为专区而不仅仅是地方政府的附属机构,需要具备三个特征:作为有组织的单位而存在、政府特征和实质性的自治。②专区没有固定的组织和结构形式;或者独立,或者依附于另一个政府单位。独立型专区由公众选举产生的委员会所管理,依附型专区由其他政府单位所组织而不是由市民所创建,其委员会由州、县、市、镇这些单独或联合组织特区的单位选择,即由各级政府官员任命。

专区政府提供已有的常规性政府无法提供的特殊服务。其中,大部分专区政府只承担单一职能;但是在一些情况下,它们也被授予提供若干服务,通常这些服务是相关的,例如污水处理和供水。专区政府提供的服务很广,从包括医院和消防等的基本社会需求服务到灭蚊以及公墓维护等不显著的任务。一般来讲,专区政府涉及的职能较多的有:学校教育、社区图书馆、医疗、高速公路、公园和娱乐场所等。由于专区有各种各样的职能,因此专区的

---

① Kincaid,John. Overview of Local Governments. in Roger L. Kemp ed. *Forms of Local Government*. McFarland & Company Inc. Publishers. 1999,p.7.

② U. S. Bureau of Census. *Census of Governments:Government Organization*. Washington D. C.:U. S. Government Printing office,2002,p.VII.

财政收入构成是多种多样的,主要有财产税、服务收费、州和联邦拨款等,专区的类型不同,其收入来源的构成也有很大差别。

3. 向内发展协作式治理

协同政府(joined-up government)是指项目、政策或机构的组织安排之间的一致性,这种一致性可以促使机构之间进行协作。①布莱尔工党政府上台之初,就在《政府现代化白皮书》明确提出要把构建"协同政府"作为其施政核心。这项改革破除了层级制政府中非常盛行的条块分割的现象,使各机构之间能够更好地分享信息,协同合作。在政府组织架构上,英国中央政府是由内阁办公室与财政部共同肩负起推动并达成经营协同政府的责任。内阁办公室负责范围广泛的跨部门机制;财政部担任全面管理公共财政与服务的架构。从治理哲学来看,布莱尔政府已经认识到以协作取代竞争,作为公共服务传递的理念。②

在政策领域上,协作式治理可谓是历史悠久。美国的联邦主义可能是最持久的协作性问题解决模型——20世纪30年代罗斯福政府推行的"合作式联邦主义"以及随后出现的政府间关系和管理就是一个典型的府际治理协作模式;③2001年美国"9·11"恐怖袭击发生后,政府各层级的执法机构和私人保安公司、商业和工业、市民协会及其他许多组织之间的协作成为反恐战争的第一阵地。④因此,协同政府策略的成功对于改善当今政府从反恐战争到迎接复杂环境挑战等任务都是相当关键的。

协同政府有以下的特点:"①与强调政府退却不同,'协同政府'代表着政府角色某种程度上的回归;②与强调通过竞争来提高服务效率和质量不同,'协同政府'认为良好的服务职能来自多方合作;③与强调在公共部门借鉴和引进私营企业的管理技术不同,'协同政府'更关注政府自身决策行为的完善;④与强调以竞争为公共服务的核心机制不同,'协同政府'认为公共

---

① Perri 6. Joined-up Government in the Western World in Comparative Perspective:A Preliminary Literature Review and Exploration. *Journal of Public Administration Research and Theory*,2004,14(1),p.13.

② Entwistle and Martin. From Competition to Collaboration in Public Service Delivery:A New Agenda for Research. *Public Administration*,2005,83(1),p.235.

③ Agranoff,Robert and Michael McGuire. *Collaborative Public Management:New Strategies for Local Governments. Washington*,D.C.:Georgetown University Press,2003,p.37.

④ Ibid,pp.2-3.

服务的核心机制只能是信任。"①

4. 向外发展协作式治理

（1）网络治理

罗兹运用交易理论，解释了当国家机关与社会组织需要对方知识、专业以及对其他行动者的影响力时，往往会因此产生互惠关系，进而发展出各种稳定策略的行事方式，网络关系于是形成了。②当他分析英国中央和地方政府之间的关系时，发现组织间的结构性关系（即资源交换关系），才是政策网络的关键要素，而政策网络内部的决策过程就是参与者彼此交换资源（包括权威、资金、合法性、组织要素）的过程。③

显然，网络治理正逐步将私人部门与第三部门纳入公共服务的提供体系之中。过去国家机关独立承担责任，逐渐由公私部门共同分担。然而，两者间的相互依赖关系与新公共管理所言的相互依赖不同。新公共管理运动指涉的相互依赖是指国家因为拥有权威与权力，掌握着私人部门等非政府组织所需要的资源；因此，非政府组织必须依靠国家的支持，借以获得资源，已达成政策目标。同样，非政府组织的支持对国家合法性的维持也是相当重要的，因此国家会设法满足他们的需要，以换取他们的政治忠诚和支持。新治理理论指涉的相互依赖，是指在集体行动中，国家扮演赋能者（enabler）、催化者（catalyst）、委任者（commissioner）角色，与非政府部门彼此形成伙伴关系，并经由协商取得政策目标共识，而非处于绝对的主导地位。因此，国家与公民社会在治理结构中的关系，将会发生实质性的改变。④

（2）伙伴制

伙伴制的概念经常与公私伙伴关系交替使用，是指除政府之外，公民或第三部门参与生产提供和传递公共服务以解决公共问题的重要方式。在欧洲地方治理中，公私伙伴关系更宽泛地称为"伙伴制"，"就是指为了解决某

---

① 解亚红：《"协同政府"：新公共管理改革的新阶段》，《中国行政管理》，2004 年第 5 期。

② David, Marsh and R. A. W. Rodes. *Policy Networks in British Government*. New York: Oxford University, 1992, p.13.

③ Rhodes, R. A. W.. *Beyond Westminster and Whitehall: The Sub-Central Governments of Britain*. London: Urwin and Hyman, 1998, pp.110-116.

④ Pierre, Jon and B. Guy Peters. *Governance, Politics and the State*. New York: Macmillan Publishers Limited, 2000, pp.48-49.

一个特定问题，由一个特定的城市政府部门与其他人结盟来推行一项政策的过程，这种联盟可能只是一种临时性特别安排，或者是由若干人参与的一种长期战略"①。

从合作与协商的角度来看，公私伙伴关系最早可以追溯到二战以后欧洲大陆兴起的统合主义(corporatism)。美国联邦政府在20世纪70年代运用伙伴制作为刺激私人投资核心都市基础建设的工具，同时作为联邦协调区域经济发展的关键；20世纪80年代，英国撒切尔政府开始大量实施私有化的项目。英国地方政府与民间组织之间过去常会共同成立一些论坛，借以交换彼此的遗言以及推进一些协调活动，久而久之，这些论坛就可能演变为"半自主非政府组织"(Quangos)。②1993年英国政府更加推出了私人融资计划(PFI)，在此基础上，后来逐渐发展成公私伙伴关系。现在，公私伙伴关系的概念经常与伙伴制交替使用，是指除政府之外，公民或第三部门参与生产提供和传递公共服务以解决公共问题的重要方式。

按照E. S. 萨瓦斯的观点，公私伙伴关系的形式是多种多样的，涵盖了完全公营模式到完全民营模式。③齐格勒表示，伙伴关系是一个连续的概念，由强而弱的关系次序为：协作伙伴制(collaborative partnership)、协调伙伴制(coordinating partnership)、合作伙伴制(cooperative partnership)、网络伙伴制(networking partnership)；关系强弱表现在彼此互动的目的、连接的紧密程度，以及达成协定的正式化等维度上。④还有学者将公私互动的伙伴关系分为：公有制(public ownership)、管制(regulation)、诱导(inducement)、伙伴制(partnership)、倡导(promotion)、私有化(privatization)、自由放任(laissez—faire)7种形式。

---

① Rhodes, R. A. W.. "Power Dependence": Theories of Central-Local Relations: A Critical Reassessment. in M. Goldsmith ed. *New Research in Central-Local Relations*. Aldershot: Gower, 1986, pp.1-33.

② Cousins, p.F.. Quasi-official Bodies in Local Government. in A. Barker ed. *Quangos in Britain: Government and the Networks of Public Policy-Making*. London: Macmillan, 1982, p.153.

③ [美]E. S. 萨瓦斯：《民营化与公私部门的伙伴关系》，周志忍等译，北京：中国人民大学出版社，2002年，第254页。

④ Cigler, B. A.. Pre-conditions for the Emergence of Multicommunity Collaborative Organizations. *Policy Studies Review*, 1999, 16(1), pp.88-89.

（3）契约治理

协作式治理下的契约治理与传统契约的区别反映在复杂性与不确定性、风险、成本分担、信任、承诺、协调性的递增上。在新公共治理的实践中，契约治理反映的是"委托—代理"关系。一般认为，关于生产和分配效率等的类似目标，可以在特定公共服务的融资活动中，通过分离生产和传递等环节、改良现存公共管理结构等方式得以实现。在相互签订的合同之下，负责执行具体任务并提供特定服务的责任和资源转移到公共机构、国有企业或者是私营企业等非政府组织，而订立的合同为上述部门在解释自身任务方面提供了广泛的自主权。例如，在全国或一定范围之内，国家供水公司被委以重任，要求自主计划、建设和提供供水方案，甚至还具有水流域开发的权力。许多代理机构不一定会遵循政府机关的形式或处理方式，而是根据实际需要进行调整。

三、协作式治理对我国城市群治理的意义和经验启示

中华人民共和国成立以来，历经了不同主题的区域规划，而城市群规划初现于20世纪80年代，之后的发展呈现不同的阶段性特征。1994年12月，广东省政府做出了开展珠江三角洲经济区规划的决定，其中包括了城市群规划等5个组成部分。这是中国首次编制的以"城市群"冠名的规划。

我国最早一批城市群是以城市为中心的区域合作组织演变而形成的，在经济快速发展和城镇化快速推进的时期，我国的大都市区和城市群迅速成长，成为全面深化改革目标的重要地理空间载体。城市的发展一直走在改革开放的前列，随着开放程度不断深入，我国东部沿海地区发展形成了京津冀、长江三角洲、珠江三角洲等一批城市群。在此过程中，理论界和实务界纷纷提出了不同的概念来指称这一现象，例如：大都市带、大都市连绵带、都市圈、大都市区、都市连绵区、城镇密集区、城市群等。自《中华人民共和国国民经济和社会发展第十一个五年规划纲要》（简称《"十一五"规划纲要》）始，我国已经正式确定城市群作为发展的主体。《"十一五"规划纲要》中提出："要把城市群作为推进城镇化的主体形态，逐步形成……若干城市群为主体……高效协调可持续的城镇化空间格局……加强城市群内各城市的分工协作和优势互补，增强城市群的整体竞争力。"《"十二五"规划纲要》中提出：

"以大城市为依托,以中小城市为重点,逐步形成辐射作用大的城市群,促进大中小城市和小城镇协调发展……东部地区逐步打造更具国际竞争力的城市群,在中西部有条件的地区培育壮大若干城市群";在"实施区域发展总体战略"的章节中,提出了要"大力促进中部地区崛起","重点推进太原城市群、皖江城市带、鄱阳湖生态经济区、中原经济区、武汉城市圈、环长株潭城市群等区域发展"。2015 年 3 月,国务院发布的《国家新型城镇化规划(2014—2020 年)》更进一步确定以城市群为主体的城镇化格局。习近平主持召开座谈会,听取京津冀协同发展工作专题汇报,强调实现京津冀协同发展。正是在这样的大背景下,中央首次将京津冀一体化的发展提升到重大国家战略的高度。由此可以看出,城市群发展的地位已经不言而喻。总体而言,我国的城市化发展历经了从城镇化到大都市区,再到城市群的过程。

由于我国面临着城市区域化和区域城镇化的双重任务,行政区域的再尺度化与地方政府的重整已经成为未来我国城市群发展可预见的重要趋势。我国城市群治理首先就是要把若干核心城市整合成为一个整体区域,然后按照区域城市化的方式进行治理。由于我国的大都市区及其高级形式的城市群正在不断地形成之中,城市群决策权也随之往更高层级流动,利益分化所导致的对抗与妥协势必逐渐被分工与协作所取代。因此,借助协作式治理的理论框架来打造协作型政府、构建良好的城市治理体系尤显必要。协作式治理对城市治理具有重要的意义,城市群发展的影响力将有助于实现国家治理体系的完善与优化。

就目前情况而言,中国已经存在若干大都市区、城市群治理的成功尝试,但是这些尝试还远未能满足不断增长的治理需要。以京津冀一体化为例,学术界普遍认为行政区划壁垒阻碍了一体化进程,有学者提出要构建跨区域合作的协同机制。但是,协同治理模式探讨的跨区域合作主要是依赖于核心城市的带动,由此形成蜂巢型"中心—外围"的传统格局。这种格局是一种单中心辐射的治理模式,虽然强调了核心城市的推动和引领作用,但是仅仅着眼于上下级关系的协调和本位主义的居中协调。所以,区域合作和发展仍处于不平衡的状态。《国家新型城镇化规划(2014—2020 年)》在"发展现状"中也指出了,我国城市群存在内部分工协作不够,集群效率不高等问题。因此,构建城市群协作式治理的过程就是强调结构性整合与功能性整合的过程。

第一，治理层级的整合：全球与国家层级的整合、中央与地方政府的整合、全球层级与地方特色的整合。这是强调协作过程的结构性整合。其目的不在于特定行动者或组织目标的达成，而是着眼于许多行动者如何相互调适其策略，以促使集体行动和政治行动者作为一种动态结果。治理途径时常被认为比较注意过程及其行动结果，如此将有利于我们在观察区域公共事务管理时，厘清在不同的政策议题中，各类行动者可能形成的各种互动模式及其引领关系。从协作的过程来讲，行动者间的互动关系与集体行动的概念在治理活动中扮演一个重要角色。城市治理体系的行动者既包括了来自政府的参与者，也涵盖了政府以外的私人企业、非营利组织等社会部门，形成了一种复杂的协作组合。城市治理在各成员面对共同问题时，将解决问题与区域发展的机会内嵌于制度中，制度同时也反映了城市治理的多样性、复杂性和动态性，因此制度将决定成员集体行动的结果，也限制了个别成员的行为，制度化的程度也成为稳定治理的因素之一。

第二，治理功能的整合：各组织或机关内的横向、纵向、斜向的功能性整合，亦包括不同组织间或全球与国家层级间内部单位的功能整合。以城市治理功能的整合为基础，城市治理的合作机制基本上是在协作理念的指导下，以伙伴关系为基础所形成的制度安排，以及在治理网络中行动者的互动关系。同时从分享资源、分担风险、交流信息与协作的优势来获取利益，并借由伙伴关系提供城市创造政策规划、服务传递的新契机。同时议题的发展是城市群行动的主要客体，其关系着城市治理的实质性运作成效，同时影响着个别城市以及区域的整体发展趋向。从协作的结果来讲，治理功能的整合就是要构建起城市跨区域的公共治理体系。其中既包括了教育、医疗、住房、卫生、交通等城镇公共服务基础设施建设，也包括了城市领导力、城市财政体系等城镇公共治理保障硬实力的建设；最终形成一个以"人的城镇化"为本、多主体共同治理、包容性强的城镇公共治理体系。具体来说，有如下建议：

（一）按照协作式治理范式构建协作政府

协作式治理是新公共治理阶段的最新理论成果，是目前政府治理与国家治理的最新范式。协作式治理的范围和对象不仅包括国家（政府）、市场和社会，而且还包括各部门、行业和领域等正式或非正式的组织；治理的手段涵盖权力、法律、规范以及话语。因此，协作式治理不同于一般的公共行政和公共管理，它既重视国家及其正式制度的作用，也强调与社会和非政府部门的通力协作。协作式治理使以往一直由国家（政府）垄断的权威可以有竞争、协商和授予的空间，这些转变可以使政府从权威独占变为权威分享，从市场竞争转为协作的优势互补，从政治家统治转为专业管理，从单一的组织运作转为协作式的网络化组织，从规范的要求转为服务的提供；这些复杂的全观性改变对于要了解协作式治理来说，都是必不可少的。

回顾历史发展，借鉴新公共管理运动的"重塑政府"诉求；在新公共治理的过程中，可以借助协作式治理的理论和实践，提升治理的理念，对协同政府进行升级换代，构建协作政府。更具体地讲，协作式治理的最终目的是提升政府的治理能力，特别是必须要加强协作领导能力的建设。

在制度上，协作式治理提供了目前最广泛的机制，形成各种功能的联结和资源上的相互依赖；在策略上，协作式治理促进建立共同的愿景，进而鼓励新的制度创新和新的协作安排，以支持和弥补目前各种单一治理模式的不足。因此，协作政府应该"促进组织行动者之间有目的的互动"①，建立与影响协作网络的规则、价值与规范，甚至增进协作网络参与者的共识，有利于推进国家治理体系和治理能力现代化。

（二）按照协作式治理范式引导区域治理

协作式治理本质上是跨域治理。跨域问题不仅涉及跨越现存辖区范围的地理范畴和空间领域，而且催化了管理领域的多样性变革：区域公共事务的扩散、多元议题的相互联结，以及不同领域行动者的参与。因此，按照协作式治理范式，构建一套新型的治理模式更能符合当前多方的需要和利益，以追求善治的目标。

协作式治理是为了促进公共利益，实现政府部门和非政府部门（营利部门、非营利部门或者公民个人）等众多公共管理主体彼此合作，在相互依存的环境中分享权力、协调资源，共同管理公共事务的过程。跨域治理提供的是一种协作式治理的新契机，其制度设计需要关切多元行动者、多重机构间的制度安排，才能使得中央政府的领导和地方政府的参与有效联系起来，促使府际合作制度的安排能有效运作，并有助于提升国家以及地方区域的竞争力。

---

① Agranoff, Robert and Michael McGuire. Managing in Network Settings. *Policy Studies Review*, 1999, 16(1), pp.28–31.

从实际情况来看,我国地方政府很早就在探索区域治理的有效方式,目前存在的政府间合作机制主要有:粤港澳合作联席会议、长江三角洲经济合作区、环渤海经济合作与发展机制、京津冀区域经济合作机制、泛珠三角区域"9+2"合作机制、长江三角洲"15+1"旅游合作机制等。这些合作机制就类似于城市联盟和区域联盟,但这些合作机制仅仅局限于经济领域的合作,并没有最大限度地发挥其有效职能,处理跨域问题;主要的原因在于协作发起缺乏动员、协作式治理缺乏领导、协作过程缺乏监督、协作模式单一、协作结果缺乏测量评估,导致区域治理的结果并不理想。协作式治理的实践和理论研究在我国尚属于起步阶段,未来仍有广阔的发展空间。

(三)按照协作式治理范式制定相关政策

任何一种治理模式都有其弱点,协作式治理也不例外。由于协作式治理横跨政府、市场、社会三种治理结构,因此容易产生以下悖论:①行动者间协作与竞争冲突所产生的协作伙伴悖论(collaborator's paradox);②协作场域的开放性与封闭性所产生的自我指涉悖论(self-referential paradox);③追求弹性与可治理性的矛盾所产生的管理者缺位的管理悖论(the paradox of managing without manager);④在合作关系中问责与效率价值冲突之间所产生的问责悖论(accountability paradox)。这些悖论的存在构成了协作式治理的"阿基里斯之踵"。

面对协作式治理的种种悖论,只有通过不断完善组织建设和制度建构才能克服和超越协作式治理的缺点。因此,必须认识到①协作式治理的所有参与者都是协作性与竞争性的统一体,他们既为了自己的利益相互竞争,同时也为了共同的目标相互协作;但从总体趋势上来说,协作式治理的过程是化分歧为共同目标的过程;是既实现个体利益,同时又实现公共利益的过程。②无限的开放性可能会削弱参与者对协作式治理合法性的忠诚和承诺,因此一定的封闭性可以弥补由此带来的缺陷,增强协作凝聚力。③协作式治理的所有行动者既是协作式治理的参与主体,也可以是协作式治理的倡导者和管理者;他们是参与性和权威性并存的统一体,同时拥有自主性和互相依赖性。④由于协作式治理过程存在着责任边界模糊、网络化组织层次复杂等问题,因此在实践上,必须通过大力发展协商民主,设计降低交易成本、阻止搭便车等行为的制度工程,增强协作式治理的效能。

第三节 新区域主义视野下京津冀协同治理的
顶层设计与制度创新

进入21世纪以来,作为城镇化发展的高级阶段,"城市群"逐渐成为推动国家区域发展的引擎。在国家政策层面,城市群的概念是在"十一五"规划中首次进入中央决策的视野;党的十七大第一次将"城市群"写进党代会报告;《"十二五"规划纲要》提出推动相关城市群的发展;党的十八大报告再次强调要科学规划城市群。直到2014年3月的《国家新型城镇化规划(2014—2020年)》出台,在"指导思想"部分正式提出"以城市群为主体形态,推动大中小城市和小城镇协调发展"。城市群的重要地位不言而喻。

根据《全国主体功能区规划》,我国目前有规模大小不等、发展水平参差不齐的24个城市群。其中又以长三角、珠三角和京津冀城市群最具发展活力,其GDP约占全国总量的37.42%,其发展直接关乎未来中国经济的可持续性及其在世界经济中的整体竞争实力。但与世界上的著名城市群相比,我国城市群的整体发展水平很低、质量不高、一体化程度更弱。除了资源禀赋等经济因素之外,导致我国城市群发展水平落后的关键因素是城市群内部的"一亩三分地"思维,阻滞城市群协同治理的制度性、体制性因素很多。这一点在京津冀城市群发展中体现得尤为明显。发挥京津冀协同治理的顶层设计和制度创新的优势,对于推动京津冀乃至全国城市群的健康、快速、高效发展都将产生重大而深远的示范效应和典范意义。

一、京津冀城市群协同治理的演化背景与新区域主义的崛起

根据理查德·菲沃克的大都市治理"冲突—竞争—合作"模型[1],改革开放以后京津冀城市群的协同治理先后经历了"无序对抗阶段"(1980—2002年)、"理性对抗阶段"(2003—2013年)和正在步入的"合作协同阶段"(2014年—至今)三个历史阶段:

---

[1] Feiock,Richard C.. Regionalism and Institutional Collective Action. in Richard C. Feiock ed.. *Metropolitan Governance:Conflict,Competition and Cooperation*. Georgetown University Press,2004,pp.2-19.

1. 无序对抗阶段(1980—2002 年)

在计划经济向市场经济的过渡时期，京津冀地区在鼓励竞争的制度环境刺激下，发展市场经济反而不利于区域经济的整合，"行政区经济""诸侯经济"现象愈演愈烈。[①]

例如，在产业项目方面，石家庄控制着主要的棉花资源，导致了天津纺织行业的萎缩；京津之间围绕着资本密集型产业项目进行竞争：借助独有的政治优势，北京着力发展钢铁、石化等重工产业，与天津争夺北方的经济中心。在交通基础设施方面，为了与天津抗衡，北京不计资本先后与秦皇岛、唐山联合，兴建京唐港；但天津塘沽港实际上还是成了北京和唐山的钢铁企业最佳的出海口。

这一阶段虽然相继成立了以政府为主导的区域合作及治理组织，协调区域间物资协作以及企业间的联合，初步形成了京津冀一体化的制度框架，但是行政分割和地方本位的意识导致当时的合作程度非常低，呈现无序、甚至是相互冲突的状态。

2. 理性竞争阶段(2003—2013 年)

进入 21 世纪以来，随着经济全球化和我国加入 WTO，珠三角和长三角经济先发地区掀起新一轮区域经济合作浪潮，并由此带动区域一体化的进一步发展。区域竞争的压力迫使京津冀区域合作治理再次受到各级政府、企业以及学术界的高度关注。

在这个阶段，京津冀地区之间重工业发展的无序竞争基本告停，差异化竞争逐渐成为主流。这个时期，虽然地方政府的竞争仍然十分激烈，但是在合作方面也取得了不少成效。特别是 2004 年 2 月，国家发改委地区经济司召集京津冀三地发改委在河北省廊坊市召开了京津冀区域经济发展战略研讨会，会上达成了"廊坊共识"，被认为掀起了京津冀一体化新局面的高潮。

这一阶段，京津冀区域内高层协调机制目前仍停留在双边互访和多边协商的"对话性合作"阶段，通常采取集体磋商的形式。虽然，京津冀有较高规格的政府合作，但是尚未实现破茧。在微观层面，京津冀政府各职能部门分别就质监、旅游、信息化、人才开发等领域建立了对口协调联系机制，实施

---

① 张京祥、罗震东、何建颐：《体制转型与中国城市空间重构》，南京：东南大学出版社，2007 年，第 144~149 页。

了制度化集体磋商沟通制度,通过频繁的双边或多边沟通,解决区域合作发展中的具体障碍。尽管如此,区域治理的方式呈现碎片化的特征,而且并没有提出一个具有全观性的顶层设计方案来统领京津冀一体化。

3. 合作协同阶段(2014年—至今)

2014年2月26日,习近平总书记在北京主持召开座谈会,专题听取京津冀协同发展工作汇报,中央首次将京津冀一体化的发展提升到重大国家战略的高度。

随后,2014年北京市《政府工作报告》就提出,落实国家区域发展战略,积极配合编制首都经济圈发展规划……建立健全区域合作发展协调机制,主动融入京津冀城市群发展。2014年3月,"京津冀"一词第一次出现在总理的政府工作报告。紧接着,京津冀三地政府积极响应,就各项议题展开协作;中央和国务院各部委就各项协作,展开调研和规划。

目前,京津冀区域治理模式尚未形成一个成熟规范的制度体系,仍处于构建阶段,制度建设落后于京津冀区域经济社会发展的需要,而且也比中国区域发展的整体进程要落后,其根本原因在于缺乏与此阶段发展相适应的顶层设计和制度创新。

中华人民共和国成立以来,中国区域发展历经了四个阶段。实际上,改革开放后,中国区域发展不乏相应的顶层设计和政策统筹,中国的区域政策调整也可以分为三个时期,分别对应为"无序对抗阶段"(中央放权让利,地方恶性竞争)—"理性竞争"(中央集权管理,地方理性竞争)—"合作协同阶段"(中央协调发展,地方合作协同)。

1978年以前,中央先后按照"大行政区"—"经济协作区"—"三线建设"—"经济协作区"划分全国区域,同时采取了"均衡发展"的战略,实施具有逆向倾斜、垂直式特征的区域政策,以消除区域差异维持区域间的平衡发展。

1978年改革开放以后,中央采取渐进主义(gradualism)经济发展战略;同时对地方政府实行"放权让利"的行政、经济分权运作。一方面,中央权力下放使得地方获得一定的自主性,促进了经济发展;然而,却也导致了地方发展出现"区域化"(regionalization)和"区域主义"的现象。地方政府以其强大的行政力量,违背了市场经济的比较优势配置原则,为争取地方利益,出现了大量重复建设、产业同构等问题,政府直接介入企业生产,形成了"庇护主义"(clientelism),以及重视地方利益的"诸侯经济",对中央权威带来挑战。

1992年以后，为了改变"强地方，弱中央"的局面，中央决定实行"分税制"，以期改变中央和地方财政分配比例，强化中央对地方经济发展的主导作用。与此同时，中央开始重视区域合作，在《八五计划纲要》和党的十四大报告中，除了强调地方之间的优势互补、合理交换和经济联合的重要性之外；先后批准各地成立"经济技术开发区""高新技术产业开发区""国家旅游度假区""保税区"等各类经济开发区。由此带来的扩散效益让城市群现象日益显著，许多跨行政区的经济网络应运而生。

2002年以后，经济区域化对促进地方协调与合作，以及对抑制地方恶性竞争有积极的作用；另一方面，更可以改善中央治理地方事务的困境，以及让中央宏观政策得到执行与落实。然而"非均衡式"的区域发展战略，造就了沿海经济开放区的经济快速发展，尤其是各开放城市竞争力的提升，以核心城市为中心的区域性产业与市场交互运作，形成城市群现象，或形成以大都市为核心的经济圈。地方政府面对竞争的环境，不再局限在行政区划内的经济建设，已向跨行政区边界的区域协作发展。此时，中央提出了"区域协调互相"，以缩小区域落差。①

表5.1 大都市治理理论、模式与中国区域发展对应表

大都市治理理论	大都市治理模型	中国区域发展	京津冀一体化历程
传统区域主义		1949—1978年	1949—1980年
公共选择理论	无序对抗阶段	1978—1992年	1980—2002年
新区域主义	理性竞争阶段	1992—2000年	2003—2013年
	合作协同阶段	2000年至今	2014年至今

资料来源：作者根据相关资料整理，绘制表格。

从比较的角度来看，我国区域治理的过程与美国大都市治理阶段划分存在某种程度的耦合关系，即传统区域主义（old regionalism）阶段，公共选择阶段和新区域主义（new regionalism）阶段。②

传统区域主义强调通过上级行政主导的方式来避免下级政府间不合作的竞争关系，同时又可以提供资源给原本较为贫困的地区得以发展，有利于

---

① 胡少维：《区域经济发展趋势与政策走向》，载王长胜主编：《2007经济信息绿皮书：中国与世界经济发展报告》，北京：社会科学文献出版社，2008年，第308页。

② Wallis, Allan D. Evolving Structures and Challenges of Metropolitan Regions. National Civic Review, 1994, 83（1）（winter-spring）, pp.40-53. Wallis, Allan D. The Third Wave: Current Trends in Regional Governance. *National Civic Review*, 1994, 83（3）（summer-fall）, pp.290-310.

区域经济整体提升。类似地,改革开放以前,中国区域发展采取中央主导模式,即由上而下的制度建制,与传统区域主义的论点相似,透过制度性的安排特别是行政区划来达到治理的目的。而这样一种行政和财政安排,仅仅是满足了管理方便的需求,地方并没有实质性的治理权,只能长期依赖中央的资源分配,忽视了调动地方积极性这一激励机制,中央的区域政策大都无疾而终。

公共选择理论将区域视为一个"公共市场",公共部门(各级政府)、私部门(企业、民间组织、非营利组织)、自治团体等具体公共服务提供者在区域内相互竞争。就中国而言,公共选择理论遇到了严重的适用性难题,早期的地方政府公司化(local state corporatism)就是典型案例。在不完全的市场经济条件下,地方政府为了提升地区竞争力追求地方经济利益最大化,无法完全达到维护公共利益的目标,甚至衍生恶性竞争的问题。

传统区域主义过分强调政府的作用,而公共选择学派则过分相信市场的力量。新区域主义试图综合这两种理论的优点,突破他们的局限。新区域主义视角下的府际关系理论是对传统府际关系的超越。传统府际关系仅仅从中央政府与地方政府,以及地方政府之间关系的调整来探讨"公共议题的跨域性",但受到行政区划的影响,地方政府无法超越自身的局限性来解决跨域问题。目前,新区域主义并不是一个统一的学派,其倡导者既有前政府官员,如戴维·腊斯克(David Rusk)、亨利·希斯诺里斯(Henry G. Cisneros),也有经济学家托德·斯万斯特罗姆(Todd Swanstrom)、城市规划学者汉斯·萨维奇(H. V. Savitch)和罗纳德·福格尔(Ronald K. Vogel),以及公共选择学派的代表人物安东尼·唐斯(Anthony Downs)等;国内学者如张紧跟利用新区域主义的理论来分析珠三角的区域治理过程。针对传统府际关系下的区域"治理失灵",作为当前国外大都市治理的最新理论成果,新区域主义理论的崛起对于分析上述现象,具有一定的优越性和合理性。

首先,新区域主义视角下的府际关系理论是对传统府际关系的超越。传统府际关系仅仅从中央政府与地方政府,以及地方政府之间关系的调整来探讨"公共议题的跨域性",但受到行政区划的影响,地方政府无法超越自身的局限性来解决跨域问题。新区域主义强调治理(governance)而非统治

(government)。①跨域问题不能借由传统国家由上而下的方式处理和解决,而是应该寻求一种透过计划与市场、集权与分权、正式组织与非正式组织所结合的"新治理模式"来解决。新区域主义的倡导者萨维奇和福格尔甚至提出了"复合性网络"的治理模式②,其实质就是"没有政府的治理"③(governance without government),通过各种非政府组织和公民的联合,达到区域的"善治",反映了政府治理角色的弱化。但是由于中国是一个单一制的国家,区域政策的决策与执行过程,都是在政府领导下完成的。在市场经济体制下,推动区域治理的重要角色仍然是政府。因此,运用新区域主义治理京津冀城市群存在一种内在张力——既要考虑京津冀城市群政府主导下的治理传统,也要避免行政力量过于强大干预京津冀城市群的自我调节发展。从宏观管理的角度来看,可以在中央层面成立高级别综合性区域发展议事协调机构进行区域协同,也可以构建有利于政府间协作的区域治理平台;从发挥地方积极性的角度来看,鼓励地方政府间的行政协议和区域性立法,保障区域治理的成果。

其次,新区域主义注重区域文化共识。传统府际关系非常强调中央政府的宏观调控和地方政府的配合,虽然能保证中央政府指令的畅通,但容易造成行政权力过大,抑制了地方政府的积极性。新区域主义注重信任(trust)和沟通(communication),认为拥有高度信任关系的网络将有助于降低交易成本,不必再依赖高层级的权力结构介入或透过正式制度来化解集体行动的困境。④ 2016 年 3 月 2 日,习近平总书记提出促进京津冀一体化,要打破"一亩三分地"思维,从政府到社会要形成区域共同体意识和同呼吸共命运的区域文化,客服偏狭的利益本位。因此,新区域主义强调推过城市群区域内部整合,建立事权统一的区域规划体系、形成有利于城市群协调发展的行政区

---

① Wallis, Allan D. The Third Wave: Current Trends in Regional Governance. *National Civic Review*, 1994, 83(3)(summer-fall), pp.291-292.

② Savitch, H. V. & Vogel, R. K.. Paths to New Regionalism. *State and Local Government Review*, 2000, 32(3), pp.158-168.

③ Norris, Donald F.. Whither Metropolitan Governance? *Urban Affairs Review*, 2001, 36(4), pp. 532-550.

④ 曹海军、霍伟桦:《城市治理理论的范式转换及其对中国的启示》,《中国行政管理》,2013 年第 7 期。

划调整与兼并方案、重视京津冀城市群的空间协调组织与重组,通过这几种措施优化京津冀城市群的治理、提升其整体利益。

最后,新区域主义强调多元治理主体的作用。借助城市政制(urban regime)理论,新区域主义主张许多治理议题不能忽视私人部门的作用,甚至必须正视政府部门以外的组织在治理过程中的参与和合作,运用公、私部门多元互动模式的发展动力,塑造区域治理的有利条件。这就是区别于传统区域主义没有将私部门纳入区域治理①,以及公共选择理论没有论述到非政府部门与政府部门之间的合作关系,新区域主义的优势是用区域治理化解传统府际关系理论的缺陷。通过建立跨域性功能型政府,推动建立单一议题或项目的战略性伙伴关系,以及建立公民和社会组织充分参与的平台,弥补政府和市场的区域"治理失灵"。

可以看出,上述三种治理理论总体上体现了中国区域治理从计划经济向市场经济转变的过程;同时,也是中央与地方的分权—集权互动过程,不同时期的中央政府的区域政策激励与地方政府行为选择的过程。总之,在新区域主义视野下京津冀协同治理的顶层设计应该具有一种全观性的视野(holistic views),区域内公共问题的解决或是公共政策的推动,应该寻求从中央到地方、从政府到社会、从规划到市场、从正式制度到非正式合作的结合,通过多主体的协作式治理(collaborative governance)统领全局,促进京津冀一体化进程。

二、京津冀协同治理的顶层设计和制度创新

根据新区域主义的理论,京津冀协同治理的顶层设计和制度创新可以作如下战略规划:

(一)在中央层面成立高级别综合性区域发展议事协调机构

京津冀"三地四方"(京津冀和中央)政治结构和城市等级体系复杂,协同治理较之其他城市群更为不易。从京津冀一体化的进程来看,其治理的主要动力仍然来自中央与地方各级政府的强力推动, 是一种自上而下的运作

---

① David K. Hamilton. Regime and Regional Governance:the Case of Chicago. *Journal of Urban Affairs*,2002(4),p.405.

方式。这往往导致对地区利益协调的忽视,造成市场分割、政府功能碎片化、结构和职能不能互补,无法实现有效整合。区域治理的制度基础和整体意识没有真正形成、自组织能力缺乏支撑。治理组织机构上,京津冀发展和改革委员会区域工作联系会议是目前运行的区域内层次最高且正式的综合性治理机构,负责彼此之间信息沟通交流、建议的提出及区域合作的督促,建立的联络员制度承担着日常三省市发改委部门之间的沟通协作。但其作用和影响已经不能适应京津冀一体化的快速发展,并且由于参与者(各地发改委)的职能属性和行政级别使得它并不具备决策和管理的性质,调控能力有限。

我国城市群内政府间合作机制的建立离不开中央政府的干预和引导。中央政府的总体布局和统筹规划则是区域协同治理顶层设计的核心,成立高级别综合性的议事协调乃至决策机构是协调中央和地方各级政府以及包括各类企业、社会组织和公众在内的各利益相关者,化解各级政府、部门各自为政的本位主义、地方主义,破解碎片化权威的难题,凝聚区域意识和合作精神,充分调动各利益相关者实现合作共赢的政治前提和制度保障。在我国,由于机构改革远远滞后于区域经济发展,目前中央政府尚未建立起专门性的区域协调机构,不利于区域的协同治理。

中央在区域治理制度形成过程中采取的行动策略以及运行体制机制的创新可以体现为以下方面:①建立跨域性补偿机制;②鼓励性、示范性规划(制定相关优惠政策、改善经济发展环境);③促进合作事项协调;④赋权核心城市的辐射带动作用;⑤正式与非正式的双轨合作机制;⑥编制经济合作的专项规则;⑦设置专门的经济协作管理机构;⑧中央和地方形成对口关系推展协作工作;⑨提供专项资金、信息服务;⑩建立区域经济合作组织;等等。

(二)构建有利于政府间协作的区域治理平台

在美国等西方国家,网络化的地方合作是常见的大都市区治理模式。特别是在20世纪90年代以后,在新区域主义学派的大力推动下,这种治理模式得到更为广泛的应用,其中政府联席会和区域联盟两种方式较为常见。

"政府联席会是大都市地区制度化的跨政府合作的最新形式,它们是地方政府的资源联合,不是具有独立权威的能制定法律或捆绑决策的政府,主要职能是对整个大都市地区的事务提出建议。政府联席会也为一般性问题提供一个研究和讨论的区域论坛"①,作为对话和协商平台,城市群区域内政府联合会可以推动地方官员之间针对区域范围问题的经常性讨论,从而提高对区域范围的长期综合性规划及短期问题合作性的价值和必要性的认识,同时也有助于加强地方成员之间的沟通和信任。区域联合会的自愿性质使得它们在政治上更容易被接受,因为它们不能威胁现有的治理结构。

目前,京津冀的城市行政等级包括了两个直辖市和一个省级单位,及其下辖的市、县、区;其交流合作一般只局限在省级单位。如:2004 年 5 月,北京市与天津市签署科技合作协议,携手打造以京津为核心的区域创新体系;2004 年 7 月,京津冀三省市信息化工作研讨会在河北省北戴河召开,会议建立京津冀三省市信息化工作联席会议制度,定期交流工作和沟通信息,协调推进区域合作事项;2009 年,北京市提出,发挥科技创新和综合服务等优势,找准北京在京津冀都市圈和环渤海地区的定位,加强与周边省区市的联系沟通;天津市提出,加快滨海新区开发开放,主动推进与环渤海地区各省市的合作;河北省提出,要以更加积极主动的姿态,务实地推进与京津的合作,多领域、多层次与京津对接。然而,可以根据实际情况,实现不同等级的城市政府的跨域合作。

区域联盟的主要理论来源是城市政制(urban regime)理论,它是指城市和郊区、公共和私人等不同主体间的合作行为。莫斯伯格和斯托克认为城市政制具有以下核心要素:来自政府和非政府部门的合伙人,但不局限于商业参与者;基于社会生产的合作——集合资源来完成任务;与同盟参与成员有关的可以确认的政策议程;一个稳定的合作模式,而不是一个暂时的同盟。②"如果将城市的地域扩大为区域,那么城市政制就演变成为区域政体(region regime),也就是区域联盟了。"③ 2011 年 5 月,首届京津冀区域合作高端会议在河北廊坊召开,会议主题为"首都经济圈,发展新商机",国家发改委和京津冀三地的领导、专家,就首都经济圈和京津冀一体化进行了讨论。党的十

---

① 洪世键:《大都市区治理——理论演进与运作模式》,南京:东南大学出版社,2009 年,第 138~139 页。

② Mossber,Karen and Gerry Stoker. The Evolution of Urban Regime Theory:The Challenge of Conceptualization. *Urban Affairs Review*,2001,36(6),pp.810–835.

③ 洪世键:《大都市区治理——理论演进与运作模式》,南京:东南大学出版社,2009 年,第 151~152 页。

八届三中全会提出了要使"市场在资源配置中起决定性作用",对于如何发挥市场的决定性作用,区域联盟或许能发挥更好的作用。

(三)推动城市群区域内部整合,建立事权统一的区域规划体系

区域规划是政府区域管理的首要职能,特别是涉及区域性发展的共同议题,区域内政府间无法有效协调,尤其需要借助上级政府的力量加以协调。城市乃至城市群、区域规划是一种战略性的空间规划,主要是以城市群内经济社会的整体发展战略、区域空间发展模式以及交通等基础设施布局为重点。区域规划是协调区域内部发展具有影响的单一决策和推动联合解决区域内部协同治理的有效手段,其重要职能是揭示区域内部公共问题、建立共同协商的治理平台、促进区域内部公共政策的决策与执行。

区域规划具有跨域性和综合性的基本特点。区域规划显然是针对跨行政区域的广域规划,需要区域内政府间达成共识,并采取协同措施才能实施规划。此外,区域,特别是城市群的发展需要制订包括经济、社会和环境在内的综合性规划方案,而地方政府受制于管理权限,无法制订综合性的规划,这就需要上级政府或部门介入统筹。京津冀城市群内的政府关系决定了其发展尤其离不开区域规划。

从 20 世纪 80 年代开始,由各级政府规划部门牵头、学术界参与制订的一系列关于京津冀区域经济协调发展的研究、规划与建设工作就如火如荼地展开了,如京津冀城镇群规划、京津冀都市圈区域规划等。其中,由吴良镛院士牵头的《京津冀地区城乡空间发展规划研究》最负盛名。这些区域规划对京津冀区域的经济活动和资源利用进行空间安排和配置,为城市群协调发展提供了行为准则和发展指引,有利于区域公共事务的具体解决。

在 2003 年的两会议程上,区域发展正式地成为讨论的议题,并且在 9 月份由国家发改委正式宣布,区域规划将成为"十一五"规划中重要的工作项目,并强调长江三角洲、京津冀地区、成渝地区和老东北基地等,将成为新五年规划编制中区域规划重点研究的地区。在 2004 年 11 月,由国家发改委在北京所召开的座谈会中,正式启动了长江三角洲地区和京津冀都市圈的两个区域规划工作,这是中国对区域规划较为具体工作的一个开始,也是中国自改革开放以来,具体地把"区域规划"放置在"国家战略"这一重要位置上。

区域规划将国民经济发展规划、主体功能区规划、土地利用规划、城市群规划、都市圈规划、城市发展战略规划等纳入统一的城乡规划体系之中,

建立完整的中国空间规划治理体系。而目前,发改委主管国民经济和社会发展规划和主体功能区规划,建设部门主管城乡规划,国土部门主管土地利用规划,形成了规划管理权威的碎片化,多头管理等问题。由此,需要整合部门之间的规划事权,其中"三规合一"(国民经济和社会发展规划、城乡规划和土地利用规划总体规划进行整合)体制改革是突破口,这也是京津冀协同治理的前提。

(四)形成有利于城市群协调发展的行政区划调整与兼并方案

在京津冀一体化进程中,北京一直处于"摊大饼"式的发展状态,从地域到功能,北京的负荷越来越重,城市发展定位反而越来越不清晰。在与河北省的博弈中,河北省则处于被"蚕食"的困境,甚至造成了环首都贫困带的出现。这说明过去京津冀一体化缺乏合理的行政区划调整与兼并方案,行政力量过于强大,造成了严重的行政区划割裂。

从发达国家的城市化经验来看,基本上经历了从城市化到大都市区化(城市区域化)再到城市群化(区域城市化)的演变历程,而这一发展历程都必然伴随着相应的行政区划调整和兼并方案。从中国的城市化经验来看,这一发展趋势也在逐渐显现,不同的是,我国更倾向于用行政区划调整和兼并的方式来解决大都市区和城市群发展过程中的功能性问题。实际上,自改革开放以来,行政区划调整与兼并在中国的区域治理上是一个快速且直接,同时普遍被中央政府所接受的区域治理模式。一方面它涉及了地方行政领域沟通和权力博弈的过程;另一方面,它减少地方政府间过多的交易成本的耗损。这个模式在长江三角洲地区、珠江三角洲地区,甚至是改革开放以来的全中国,是最直接与方便处理区域之间不协调与冲突的方式。从长三角和珠三角的经验来看,县市合并,即"撤县设市""撤县设区""撤市设区"等行政区划调整成了增强核心城市竞争力,强化都市圈辐射能力的主要工具之一。因此,研究有利于城市群协调发展同时又能避免行政过度膨胀的效率低下等问题,就显得恰逢其时了。

(五)京津冀城市群的空间协作组织与重组

空间是国家重要的经济与政治场域,国家通常以两种方式来形成空间:一是透过法律体系或者府际关系来创设行政层级体系与划分区域;另外是通过运用空间规划来干预社会或经济空间的发展。例如为了全国或特定区位经济发展,国家透过推动"策略性规划""成长极""区位政策""空间修复"

或"国家空间战略"①等倾斜式国土或城市规划②，来为"策略性次国家地位"提供稀缺资源或基础建设，以建构地方特有的社会经济资源，吸引外资，并提升该空间既有资本的竞争优势。

2005 年，滨海新区的创设上升为国家战略。在中央空间战略的运作下，原以全国经济与金融中心为目标的北京，在其《"十一五"规划纲要》中首次不再提出"经济中心"并将发展定位改为"国家首都、国际城市、文化名城、宜居城市"。2006 年 5 月，国务院下发《推进天津滨海新区开发开放有关问题的意见》，正式批准滨海新区成为全国综合配套改革试验区，并定位为"依托京津冀、服务环渤海、辐射三北、面向东北亚，努力建设成为我国北方对外开放大的门户……北方国际航运中心和国际物流中心"。7 月批复《天津市城市总体规划（2005—2020 年）》，首次将天津定位为"北方经济中心"。2007 年 5 月举行的中共天津市第九次代表大会上，时任市委书记张高丽第一次将滨海新区的开放写进党代会报告的标题，并且专门拿出一章来谈"进一步加快滨海新区开发开放"。2008 年 3 月，国务院印发《关于天津滨海新区综合配套改革试验总体方案的批复》，又给予天津涉外经济体制改革与金融改革创新等十项试点权，意欲重新恢复天津区域经济中心的实力与功能，促使京津城市功能再次转型。2009 年 10 月 21 日，国务院批复同意天津市调整滨海新区行政区划。

综观天津滨海新区的发展历程，与 20 世纪 80 年代深圳特区建设和 90 年代的浦东开发相比，滨海新区的起步相对较晚。但随着滨海新区被国务院批准为全国综合配套改革试验区，赋予天津在金融、土地以及行政管理体制改革等方面先行先试的权力，这也成为此后天津推进相关改革的基本逻辑依托。由于区域机制的成立与运作往往需要庞大交易成本，倘若城市区域中实力较强的成员愿意负担供给成本，扮演推动、协调与监督集体行动或成文

---

① 布伦纳（Brener）认为，所谓国家空间战略包括：产业政策、经济发展倡议、基础建设投资、空间规划、劳动市场政策、区位政策、城市政策与住宅政策等等。参见 Brenner, Neil. Glocalization as a state spatial strategy: urban entrepreneurialism and the new politics of uneven development in Western Europe. In Jamie Peck and Henry Yeung eds.. *Remaking the Global Economy: Economic-Geographical Perspectives.* Sage: London and Thousand Oaks, 2003, p.205.

② 刘玉海：《京津冀调查实录》，北京：社会科学文献出版社，2012 年，第 12 页。

协议执行的领导角色,将有助于跨域治理机制的发展。[①]原本北京有意承担区域整合的领导角色,但在 2006 年中央介入京津的功能定位以后,北京不愿主动整合,环渤海经济合作联席会议便告终结。尽管天津积极推动区域机制的构建,如 2006 年《推进环渤海区域合作的天津倡议》、2008 年京津冀发改委《建立促进京津冀都市圈发展协调沟通机制的意见》、2010 年《环渤海区域合作沈阳倡议》,但未见实质性进展。相对于天津热衷推动"合纵式"区域机制,北京却一直只以"观察员"身份参与"市长联席会",并改为"连横式"一对一的合作模式,如与廊坊签署《城乡规划合作交流机制框架协议》、与保定签署《城乡规划对接合作签署备忘录》,以及举办多场"京—承农业战略合作论坛"与"京—张经济技术合作座谈会"。由此可见,滨海新区的发展将影响着京津冀城市群的空间协作组织与重组。

(六)通过建立跨域性功能型政府,推动单一议题或项目的战略性伙伴关系的建立

功能型政府与一般的政府组织不一样,其并不是一个政权组织,不是要改变现有的政府结构,而是一个政府行政放权下的区域整合机构,在目前现有的地方政府机构之上建立的组织协调机构。在理论来源上,类似于格罗晋(M. Grodzine)与埃拉扎尔(D. Elazar)的"中间组织理论"(intermediary organization),强调以事务性质、组织能力、绩效,设立中间仲裁组织或成立弹性的公共管理组织, 以便在中央与地方的权限冲突、争议之间寻求新的解决途径。在功能和性质上,类似于美国大都市区治理的特区或专区。[②]"专区一般是由州议会或地方政府根据州法律授权, 提供一项或有限几项的特定功能,拥有充分的行政和财政自主权的独立政府单位,通常被称为'行政区(district)''管理局(authority)'或'委员会(board)'。"[③]虽然党的十八届三中全会提出了要使"市场在资源配置中起决定性作用",但是美国大都市区治理经验显示,完全依靠市场的自发调节机制,并不能有效地治理城市;而功能型政府能克

---

① Astley, W. G., & Fombrun, C. J.. Collectiv Strategy: Social Ecology of Organizational Environments. *Academy of Management Review*, 1984(4), pp.576—587.

② Saffell, D. C., & Gillreth, T.. ed. *Subnational Politics Readings in State and Local Government*. California: Addison-Weisley Publishing Company, 1981, pp.1—38.

③ Kincaid, John. Overview of Local Govenunents. in Roger L. Kemp ed. *Forms of Local Government*. McFarland & Company lnc. Publishers, 1999, p.7.

服市场失灵的弊端,推动单一议题或项目的战略性伙伴关系的建立。

目前,京津冀三地亟须成立针对雾霾治理的功能型政府。这一机构是专门针对雾霾治理而成立的,它区别于一般的政府机构和行政部门,负责京津冀区域的雾霾治理相关大气议题。它的职权相对比较广泛,既可以制订跨行政区域的大气管理规划;也可以对城市区域内的大气污染企业发放许可证,并对污染企业进行监督和罚款。

(七)地方政府间的行政协议

为应对区域经济一体化和区域公共事务的合作治理,地方政府管理的模式也发生了变迁,由原来的行政区行政转向区域公共治理。在这一过程当中,各区域地方政府不约而同地选择了区域行政协议的方式来实现区域一体化的政府间整合以及区域公共事务的协同治理。合作协议是区域内各政府为促进本地经济的繁荣与社会发展,就各自行政职权范围内的合作事宜所订立的各种协议形式的总称,包括合作宣言、合作框架协议等具体形式。政府按照协议约定,制订共同工作方案,在此基础上行使相应的行政职权,制定相应的地方经济政策,这一方式既能完整表达双方或多方主体的意志,有一定的约束力,又没有改变现有的法律制度、法律框架,包括行政区划等,具有一定的实用性。

地方政府间的行政协议是推动最为积极且最具成效的治理策略。原因在于这个借由实质执行部门之间的协调、沟通与合作,是最直接的,也是避免"行政区行政"的最佳处理方式。由于区域政府无法完全避免传统府际关系的"条块分割",借由部门的协商是直接进入议题与处理即时性问题的最佳解决办法,这对于官僚制的其他治理模式而言,尽管较不具有整体性与长期性的规划愿景,但对于区域治理的调节却是相当有弹性的。

目前,京津冀三地政府和部门签订了一系列的合作协议:《京津科技合作协议》《京津冀筹建经济共同体》《推进环渤海区域合作的天津倡议》《在环渤海地区经济联合市长联席会议第十二次会议上的工作报告》《环渤海地区经济联合市长联席会市长特派员集中办公例会制度》《环渤海地区经济联合市长联席会办公室章程》《环渤海地区经济联合市长联席会协议书》《环渤海信息产业框架协议》;但是地方政府间的行政协议或部门性协议不具有强制性,如果某一方单独退出或者不作为,就可能导致区域治理的"集体行动"困境。

（八）区域性立法

制度经济学家道格拉斯·C. 诺斯认为："制度是为约束在谋求财富或本人效用最大化中个人行为而制定的一组规章、依循程序和伦理道德行为准则。"①由于跨域的特征决定了城市群治理的过程是一个集体选择和行动的过程。各个主体之间既存在合作，也存在竞争的关系，而通过制订有效的制度与规则，避免彼此之间的恶性竞争乃至冲突，促进区域合作，也就成了城市群治理的核心内容。城市群治理是涉及所在区域范围内公共、私人和社会等主体参与的社会协调过程，要保证这一协调机制的正常有效运作，就必须要有完善的制度基础作为保障。一方面，政府部门必须具有公众认可的合法地位，这样才能长期有效地行使权力，而合法性不足甚至缺失，必然破坏公众对政府部门规划和决策的信心和支持，从而破坏政府对社会的掌控和协调能力；另一方面对于私人和社会组织等非政府部门而言，由于缺乏政府的强制权威和对公共资源的控制力，因此赋予法律认可的权威地位就更为重要，这样才能保障非政府部门的独立性与公正性。

京津冀是一个城市群区域，与国家和城市层面的地域性管理不同，这类区域在中国由于不隶属于任何行政辖区或地域性政区，因此相关管理、管制措施都无法运用简单的政治和行政方式加以解决。目前可行的方案是通过法律的方式，制定区域性专项法律法规，作为区域治理的法制基础，对协同治理的方式、法制架构、执行机构、经费负担方式、人力资源配置，以及合作事项的范围和权责等，形成区域性的法制基础。区域性行政立法法律具有权威性、强制性和惩罚性，能弥补地方政府间的行政协议（部门性协商和协议）的不足。

（九）建立公民和社会组织充分参与的平台

官民共建的合作论坛、研讨会以及其他领域合作组织的层出不穷，且活动频繁，为京津冀区域的发展献计献策，在京津冀区域治理中发挥着不可或缺的推动作用，甚至在 20 世纪 90 年代京津冀区域治理的低谷时期，他们充当着重要的治理组织机构的角色。例如 1991—1995 年间，建立在京津冀两市一省的城市科学研究会基础上的京津冀城市发展协调研讨会承担起了维系京津冀区域治理研究的重任，由其提交的《建议组织编制京津冀区域建设

---

① 　[美]道格拉斯·C. 诺斯：《经济史上的结构和变革》，北京：商务印书馆，2005 年，第 227 页。

发展规划》的报告获得国务院批准,并由国家计划委员会牵头组织编写。

与长三角和珠三角城市群相比,京津冀城市群的发展主要是依靠行政力量由上而下推动,市场发育还不成熟,城市群发展面临着很多问题。因此,依靠各种公民和社会组织倡导的京津冀区域合作论坛、研讨会,一方面既可以为政府和成员单位提供大量的信息服务,发挥沟通企业与政府、生产与消费的纽带作用;另一方面,保证京津冀一体化的发展战略和实施方案能够更加全面地关照和保障各地区社会民众的利益和诉求,提高发展的民主性、公平性和合法性。就社会发展而言,目前公民或社会组织可以通过什么方式参与进来,充分的参与需要什么条件支持,能够在哪些领域中发挥什么作用等问题仍有待探索。

三、结论与展望

按照中国区域发展的时序来看,中国先后经历了 20 世纪 80 年代"无序对抗阶段"、90 年代"理性竞争阶段"和 2000 年以后"合作协同阶段"。就地方竞争合作关系的线性发展路径而言,从对抗走向合作是区域发展的自然结果;然而事实上,地方为了政绩表现,提升城市—区域竞争力仍是主要考虑因素,地方政府会因政策、制度的需求或经济环境的改变,同时采取不同竞争手段,反而从合作退回对抗的关系,那么从总体上来看,区域治理过程就会出现暂时的可逆性机制。所谓可逆性机制,是指地方虽然存在合作关系,但是当新的竞争项目出台时,可能会退回到"理性对抗"模式,地方依自身的资源禀赋重新安排制度与政策创新,来提升自我的竞争优势;当竞争项目所需的资源出现稀缺时,地方之间会采取激烈的竞争手段,使得区域发展再退回至"无序对抗阶段"。

此外,就局部而言,地方之间虽然出现"合作"的区域治理模式,但是当地方"个体理性"选择的利益大于"集体理性"的选择,就算整体性层面进入合作模式,其他局部性领域仍会出现许多无序对抗状态和理性对抗状态。因此,区域治理模式的发展路径存在"多种机制"共存的特征。

"'十一五'至'十二五'期间,'区域''城市群'逐渐成为我国经济增长和政治管治的重要地域单元,各类区域发展规划相继上升为国家级战略,不断公布区域政策及批准区域规划成为高层政府'自上而下'推进区域发展的主要手段。"①可以看出,上述三种治理理论总体上体现了中国区域治理从计划经济向市场经济转变的过程;同时,也是中央与地方的分权—集权互动过程,不同时期的中央政府的区域政策激励与地方政府行为选择的过程。总之,在新区域主义视野下,京津冀协同治理的顶层设计应该具有一种全观性的视野(holistic views),区域内公共问题的解决或是公共政策的推动,应该寻求从中央到地方、从政府到社会、从规划到市场、从正式制度到非正式合作的结合,通过多主体的协作式治理(collaborative governance)统领全局,促进京津冀一体化进程。

最后,由于中国是一个单一制的国家,区域政策的决策与执行过程,都是在政府领导下完成的。过去,行政力量是经济资源配置的重要影响因素之一,政府往往在引导产业发展上发挥着重大的作用,因此政府扮演起"发展型政府"(development state)与"企业家型政府"(entrepreneurial state)的角色。如今在市场经济体制下,推动区域治理的重要角色仍然是政府。因此,传统府际关系强调政府主导型—发展型的治理模式,不仅表现了政府在经济与社会发展层面所发挥的重要影响力量,而且也是具有中国特色的治理模式;但容易出现参与主体单一,忽略与市场的互动关系的问题。

"新区域主义"的一个最大特点就是强调"没有政府的治理",这种模式代表了西方国家,特别是美国所支持的一个不经由政府主导的区域治理模式,它借助政策的网络结构整合区域内的公私部门、政府与市场等行动者,共同为区域的议题和发展做出决策的贡献。虽然这个模式过于强调政府能力的去中心化,以及私人部门在治理过程中愈来愈重要的地位,然而实际上,在中国的区域治理经验中,政府部门之间的合作与协调及其区域公共事务是中国真正处理区域议题的主要内容。

不可否认的是,非政府部门在城市治理,甚至是区域治理中都是重要的角色。但在京津冀一体化进程中,政府是治理结构中最具影响力的因素,甚至中国的区域治理恰恰是强调政府主导的治理。新区域主义值得借鉴的地方是其丰富多样的协作治理的形式,既打破了传统区域主义把国家/政府作为绝对主体的力量统治城市;也破除了公共选择理论把市场作为基本动力,

---

① 方伟、赵民:《"新区域主义"下城镇空间发展的规划协调机制:基于皖江城市带和济南都市圈的探讨》,《城市规划学刊》,2013 年第 1 期。

从经济理性途径寻求解决方案。"政府在区域治理中的重要性都不应该被低估。尤其是对于中国这样从集权传统向分权治理的国家,在区域治理的过程中,如何在地方政府、企业和非政府组织,甚至国际机构的纷纷介入下,既保持各级政府的治理能力, 又发挥各方力量的主动性, 有效地平衡各自的利益,是其需要长期探索和实践的主要方向。"①

显然,京津冀区域治理由于其历史性发展和独特性运作,由此而形成的区域治理模式与长三角、珠三角区域治理模式是大相径庭的。京津冀区域治理模式在治理制度安排上,至少应由合作框架、运作机制和组织机构三大基本元素构成,三者缺一不可。

1. 优化以政府主导为主体的多元合作框架

多元合作框架是京津冀区域治理模式的根本内容和核心,它关注的是区域内政府之间及其与其他主体之间的权力结构关系。京津冀区域治理模式应该把城市企业、行业组织、社会团体、非营利性西组织、公民个人等纳入治理体系的视野。在京津冀区域治理实践中,横向地方政府关系、地方政府与非政府的社会主体之间的结构安排对于整个区域治理起着关键性的作用。京津冀区域治理模式的体制框架设计需要妥善处理好三个问题,即在顺应京津冀区域政治行政生态背景以及经济社会发展现状的基础上, 实现横向地方政府间关系、纵向中央政府与地方政府间以及地方政府与非政府的社会主体之间的合理的结构安排。

2. 优化以治理为核心的运作机制

京津冀区域治理模式应在治理决策机制(包括协商机制、利益共享协调机制)、政策执行机制、监督保障机制等多方面进行制度安排与创新。目前,京津冀区域省市之间已经就一些公共议题达成了合作与协议, 但是由于缺乏一套制度化的执行机制和公共行动机制,这些决议很难得到真正落实。京津冀区域各地进行治理的出发点是可以通过合作治理来共享、促进整体利益。但是由于资源禀赋和区位等条件的不同,京津冀区域的每个地区不可能获得相同的收益。如果按照协调发展的理念,京津冀区域治理模式的建构过程中,必须重视执行机制的制度安排与创新,在确立执行机构和确保治理行

---

① 张京祥、吴缚龙:《从行政区兼并到区域管制——长江三角洲的实证与思考》,《城市规划》,2004 年第 5 期。

动方面寻求新的突破。

3. 优化以合作为目的的组织机构

组织机构是治理模式运行的载体和平台。京津冀区域治理模式不但要有良好的机制,更要有实施具体合作事宜的组织载体。区域治理是通过治理组织机构进行的,治理组织是制度安排创新的产物,它使区域内多元利益主体的获利空间得以扩大或延伸,不仅能将原有的共同利益得到进一步整合与明确,而且能将原本对立的个体利益转化为共同的公共利益。目前,京津冀区域治理组织机构的建立刚刚起步,治理组织机构的制度建设比较落后,尚未形成规范化和制度化的结构。因此,需要不断健全和创新京津冀区域治理组织结构,以期通过强有力的治理组织机构去推进治理机制的形成和良性运作,实现治理的良好目标。

第四节　京津冀城市群治理中的协调机制与服务体系构建

从世界发展趋势来看,城市群是城市化进程发展到一定阶段而呈现的高级形态。作为城市化和区域经济发展的重要载体,城市群的发展进程和发展水平关系到区域乃至整个国家的竞争力的提升。对于我国而言,《国家新型城镇化规划(2014—2020 年)》明确指出,要"以城市群为主体形态,推动大中小城市和小城镇协调发展"。目前,在中国的三大城市群中,京津冀城市群虽然被定位为中国经济的第三个"增长极",但与长三角、珠三角城市群相比,京津冀城市群的一体化程度最低,城乡差异和区域差异最为显著,特别是诸如基础设施建设、交通网建设、生态补偿等城市群内公共服务供给严重不足。京津冀城市群内政府之间的协调机制不灵是导致城市群内公共服务供给不足的根本原因。

伴随着城市群这一新的区域形态出现,多元化与复杂化的跨区域性公共事务日益增多。与传统的区域行政不同,在多元主体参与治理的呼声日益提高的情况下,由政府主导的治理模式的局限性逐渐凸显出来,而区域治理为城市群治理提供了一种崭新的视野。区域治理是指"政府、非政府组织、私人部门、公民及其他利益相关者为实现最大化区域公共利益,通过谈判、协商、伙伴关系等方式对区域公共事务进行集体行动的过程"①。城市群治理则是区域治理理论在城市群的具体应用。结合区域治理的概念,我们可以将城市群治理定义为,通过协调政府、市场与社会的关系,协力处理城市群公共事务的过程。据此,京津冀城市群治理的主体应为城市群各利益相关者,包括政府、市场与社会三大主体;治理的内容是城市群公共事务,主要包括公共服务的供给和公害的防治;治理的主要手段是政府、市场与社会三者之间的协调行动;治理的根本目的是为城市群居民提供充足和优质高效的公共服务。本节以区域治理为理论视角,以京津冀城市群治理为问题导向,通过分析京津冀城市群协调治理的现状以及因协调不畅而产生的服务困境,进而探讨如何构建有效的协调机制和服务体系以增进城市群公共服务递送的质量。

一、京津冀城市群治理过程中的协调困境

协调治理是京津冀城市群破解城市群内存在的诸如恶性竞争、地方保护主义和重复建设等治理困境,实现城市群内各城市的均衡发展、空间整合与公共服务的均等化的必由之路。城市群治理的复杂性在于治理主体的多元性。除了城市群政府之间需要协调之外,政府、市场与社会三大主体之间也需要协调。其中,城市群政府之间的协调不畅是当前京津冀城市群治理面临的主要问题,甚至影响到政府、市场与社会三大治理主体之间的协调,使得京津冀城市群治理出现了协调困境。由于市场在资源配置中的活力和时效性都很强,往往可以在短的时间内反映人们的服务需求,所以市场与社会之间的协调是顺畅的。因此,京津冀城市群治理过程中的协调困境主要表现为城市群政府间、城市群政府与市场之间,以及城市群政府与社会之间的协调失衡。

(一)京津冀城市群政府间的协调失衡

1. 行政级别不对等造成的协调不畅

京津冀城市群治理涉及"三地四方",纵向的中央政府与地方政府间,以

---

① 陈瑞莲、杨爱平:《从区域公共管理到区域治理研究:历史的转型》,《南开学报》(哲学社会科学版),2012年第2期。

及横向的城市群政府间都需要协调。一直以来,纵向协调很顺畅,横向协调困难。这是因为,在中国现行的行政区划体制下,城市的行政级别往往决定了其进行市际沟通的话语权和资源配置能力, 行政级别不对等的政府之间是很难进行协调的。这是京津冀城市群协调治理难以实现的症结所在。自1986年5月时任天津市市长李瑞环提出"环渤海经济区"概念以来,有关京津冀一体化的各种规划和设想不下十几个,但大多沦为口号和宣言,基本上都没有得到贯彻和落实。京津冀城市群内发展差距之所以比珠三角、长三角城市群更加突出,主要是因为城市群内行政层级差距过大,造成资源的过度集聚和协调的困难。北京市作为我国的首都和政治文化中心,掌握着巨大的资源,经济实力最为雄厚,其行政地位远远超过了城市群内的其他城市,即便是同为直辖市的天津市也难以望其项背。这就导致城市群内的其他城市在资源配置、政府协调方面都处于从属地位,没有主动权。因此,北京的态度是决定京津冀城市群的一体化能否实现的关键所在。有学者针对这一问题指出:"京津冀城市群在协调治理过程中必须要淡化城市的行政级别, 强化城市在区域经济中的组织功能,突出城市作为区域经济中心的职能。"[①]

2. 行政区划的刚性约束导致的本位主义

中央政府出于维护政治统治和实施行政管理这两方面的便捷性需要而将国家划分为若干行政区域。行政区划产生的同时,本位主义问题和"一亩三分地"的思维作为其"副产品"也随之产生。基于行政管辖权和地盘考虑的本位主义是造成城市群政府间协调失败的主要原因。"行政体制隶属不同,造成实务运作上的沟通不易。"[②]本位主义主要表现为政府或公务员对行政管辖权具有高度的敏感性,只愿做与其切身利益有关的事情,且存在争功诿过的心理。这种本位主义导致了各城市政府对于城市群整体的协调治理的积极性不高。同时,行政管辖权的归属也成为城市群政府推卸责任,排斥义务的借口。此外,在区域一体化进程中,行政区和生活圈的不重合,必将导致了跨行政边界问题的产生。如果固守行政边界和行政管辖权的藩篱,一体化根本难以实现。根据相关部门统计,目前大约有三十万通勤族在北京工作而

---

① 李植斌:《区域体制改革与创新》,北京:中国社会科学出版社,2002年,第192页。

② 赵永茂、朱光磊、江大树编:《府际关系:新兴研究议题与治理策略》,北京:社会科学文献出版社,2012年,第248页。

居住在河北燕郊,应当如何看待他们的归属?北京和河北哪一方为这些通勤族提供交通等相应的公共服务?还有人们热议的雾霾问题,北京的雾霾最严重,天津次之,河北较轻。在传统府际关系下,考虑到行政边界和管辖权,河北省对于治理雾霾的积极性就不会很高。这时,行政边界和管辖权就成为推诿的借口,这严重影响了京津冀城市群的协调治理。

（二）政府与市场之间的协调失衡

"从城市发展起源来看,公共产品供给的规模效益与经济要素集聚的交易效率是城市孕育、发展、成熟的动力,城市是代表着公共产品的'城'与代表着市场交易的'市'的融合。"①因此,城市群的协调靠计划是难以实现的,必须建立在良好的市场基础之上,运用市场原则来实现区域内的资源配置,充分发挥市场的作用。相反,政府过多地干预,反而会阻碍城市群的协调。

在市场化进程中,政府作为"理性的经济人",有着追逐自身利益最大化的动机,这种动机会驱使它们运用所掌握的行政命令等手段去影响和干预市场配置资源的过程。对于京津冀城市群而言,政府与市场的协调不畅主要体现在"行政区经济"方面。城市政府出于对 GDP 增长的崇拜以及政治晋升的需要,将工作重心集中于经济方面,竭尽所能地争取投资项目。由于吸引投资的环境和能力差距较大,这就会导致区域发展差距的进一步扩大。在京津冀城市群内,经济发展的规划不是根据市场的调节确定的,而是以行政规划为基础制定的。各城市都根据自己的行政边界,以本城市的利益作为出发点进行经济布局,致使"京津冀三地之间的规划很难衔接,规划的各自为政也就导致了产业布局的同构、重复建设等问题的产生"②。京津冀协同发展上升为国家战略之后,产业结构调整、转移与对接成为京津冀城市群亟待解决的焦点问题。北京希望借助京津冀一体化战略实现转移污染企业的目的,而河北各城市则希望借此机会调整产业结构,淘汰落后产能。在这一过程中,政府起主导作用,市场的调节作用难以体现出来。

（三）政府与社会之间的协调失衡

城市从根本上来说是市民的城市,不是政府的城市。因此,城市群治理

---

① 胡拥军:《新型城镇化条件下政府与市场关系再解构:观照国际经验》,《改革》,2014 年第 2 期。

② 马海龙:《京津冀区域协调发展的制约因素及利益协调机制构建》,《中共天津市委党校学报》,2013 年第 3 期。

必须充分将市民和社会组织吸纳进来。一方面,社会组织可以有效地"填补"政府和市场同时"失灵"领域的空白;另一方面,作为一种治理机制,社会组织在提供社会服务、满足社会需求、监督协调等方面能够发挥重要的作用。

在世界级城市群中, 公众参与在区域规划和区域内各城市间的协调工作中发挥着重要作用,在很大程度上成为推动城市群健康发展的重要因素。而在我国区域发展进程中,城市群治理过程中的公众参与机制匮乏,参与程度很低。京津冀城市群在制订发展规划之前,会通过听证会等形式向公众征求意见和建议,但是并没有实现常态化。这与发达国家的城市群治理中的公共参与水平相差甚远。在长期存在的"强政府、弱社会"的社会体制下,城市群社会组织发育程度很低,参与治理的渠道很狭窄。除此之外,现有的社会组织大多是在政府管理部门的培育和推动下产生的,对政府的依附性很强,在发动市民参与城市群治理方面的作用极为有限, 其作为城市群治理的主体地位也体现不出来。

二、城市群协调不畅产生的服务困境

城市群形成的主要目的是使各个城市从竞争走向合作,从"零和博弈"走向"正和博弈",从而提升区域的整体竞争力,为城市群内的居民提供更加充足和优质的公共服务。但是由于京津冀城市群现存的政府之间、政府与市场之间、政府与社会之间协调困境,导致了城市群内公共服务供给严重匮乏和服务递送脱节的后果。具体体现在以下三个方面:

(一)公共服务供给的碎片化

由于治理权威只在与其相应的区域内范围有效, 当治理的对象和目标具有跨域性时,行政区与经济区、生活区之间的不重合性就会阻碍城市群公共服务有效供给的实现。城市群各政府固守行政藩篱,致力于为本城市提供公共服务,而忽视与其他城市进行公共服务供给方面的沟通与协同,导致了城市群整体公共服务供给的碎片化,不同的城市在公共服务的总量、质量和结构之间的差距越来越大。京津冀城市群公共服务供给碎片化的典型案例是外地车辆进北京需要办理进京证,且高峰时段不能进五环。

(二)公共服务供给模式的单一与低效

公共经济学的主流观点认为, 公共服务具有非排他性和非竞争性的特点,私人不可能提供公共服务,即使能够提供公共服务,也难以做到充分地供给,公共服务必须要由政府来提供。但是,公共服务的供给也需要巨大的成本,这会导致政府公共支出规模的膨胀,可能导致财政支出超过财政收入的入不敷出局面。政府要为公众提供公共服务,但是这并不一定意味着公共服务的供给必须由政府亲力亲为。"社会的复杂性和公共事务所涵盖范围的广泛性使得政府没有能力,也没有必要包揽一切公共服务。"①因此,公共服务的供给模式应由政府包揽式转变为由政府、社会和市场三大治理主体共同承担的多中心供给模式。

由于制度的惯性作用的影响,京津冀城市群公共服务目前仍然以计划经济时代形成的政府以及各种诸如事业单位之类的准政府组织来提供。区域内市场和社会参与公共服务供给的渠道有限,统一市场尚未建立,机制不健全,公共服务的供给只能交给政府。但是随着经济社会的发展,面对着人们日益增长的公共服务需求,政府由于受到自身所掌握的财力和物力的限制,在公共服务的供给方面显得"捉襟见肘",导致公共服务供给的效率和质量低下。

(三)公共服务供给与需求之间的不均衡

这种不平衡既包括公共服务供给总量与需求总量之间的不均衡,也包括结构上的不均衡。前文已经指出,城市是市民的城市,不是政府的城市。城市群公共服务的供给必须要建立在市民的实际需求和偏好的基础之上,这就要求政府与社会之间建立良好的协调和对话机制。当前,京津冀城市群公共服务的供给模式与其他城市群具有相似性,主要表现为"以政府为主导的垄断型供给模式,这种自上而下的公共服务决策机制具有很强的行政指令性,忽视了受益地区公民真正的需求和偏好,导致公民真正需要的基本公共服务得不到满足"②。这就导致了城市群出现公共服务的供给与需求之间出现数量上不对等和结构上不均衡两种矛盾并存的局面。公共服务供求结构上的非均衡状态是指政府出于自身的利益考虑以及自己掌握的信息来提供公共服务,但是这些公共服务并不一定是公众亟须的服务。而公众迫切需要

---

① 夏志强、毕荣:《论公共服务多元化供给的协调机制》,《四川大学学报》(哲学社会科学版),2009 年第 4 期。

② 蔡琼、苏丽、姜尧:《武汉城市圈基本公共服务均等化探索》,《中南民族大学学报》(人文社会科学版),2011 年第 1 期。

的公共服务,例如教育和医疗服务却是严重不足的。

三、京津冀城市群治理的协调机制构建

（一）建立多层次的行政协调机制

建立多层次的行政协调机制的目的主要是打破行政壁垒的阻隔，推动城市群公共服务的均等化。这种多层次的行政协调机制体现为中央与地方两个层面的建构与互动。

一方面要加强顶层设计，在中央层面成立高级别的城市群协调治理机构。中国是一个单一制的集权化程度非常高的国家,中央对于地方政府的放权仅仅是经济放权和部分的行政放权，而组织人事等政治权力仍然牢牢掌握在中央。在此意义上,唯有充分运用中央政府的权威,辅之一定的激励措施,地方政府就会有很强的动力去实现一体化,从而大力推动京津冀城市群的协调治理。具体说,首先要在中央进行顶层设计和制度创新,成立高级别的京津冀城市群政府间的协调议事机构。这是因为京津冀城市群各城市隶属于不同的行政区，而且它们之间的地位不平等,再加上地方保护主义的阻滞,单靠城市群政府自身难以实现协调治理,这就需要一个行政级别高于城市群内政府的机构进行统一协调。但是,中央政府的顶层设计必须要建立在地方政府反馈的信息基础之上，防止由于信息不对称等因素形成的中央政策执行的断层现象,避免"空中楼阁"现象的出现。

2014年2月习近平总书记在北京听取京津冀协同发展工作汇报时首次提出实现京津冀协同发展是一个重大国家战略。随后,国务院成立了由国务院副总理张高丽担任组长的京津冀协同发展领导小组，并启动了长达十几年"干打雷不下雨的"《京津冀协同发展规划纲要》的编制工作。不仅如此,这次《规划纲要》在执行力方面要大大超出想象,处处体现中央政府对京津冀城市群协同治理进行顶层设计的用心良苦。不过,中央政府在京津冀城市群协调治理过程中的角色要有科学的定位,应该发挥中央政府居中协调,统筹兼顾的治理和元治理的作用,应着力于培育城市群内部的协调机构。

另一方面要强化地方协调,建立由中央与地方政府组成的协调平台。除了中央政府的顶层设计之外,京津冀城市群的协调发展,在很大程度上取决于各城市政府之间的政策执行和协调治理水平和能力。在涉及具体的产业

专业对接、交通设施网络建设、环境治理以及城市群内公共服务递送的实施过程中,地方政府在城市群治理过程中起着承上启下的分解作用。为了避免引发"治理空窗"现象,京津冀城市群各城市之间以及各职能部门之间的横向和斜向协调行动,是整个城市群协调发展的关键。当前,京津冀三地政府之间的交流非常频繁,但是相互协调少;形成了很多共识,但是真正落到实处的很少。为此,必须对现有的协调平台进行整合,建立一个由"三地四方"(中央政府,京津冀三省市)都参与的协调平台,形成"三地四方"互动以及协调的制度化、常态化和规范化。

(二)建立政府与市场之间的协调机制

党的十八届三中全会提出市场要在资源配置中起决定性作用和更好发挥政府的作用,必须理顺好政府和市场的关系,加强二者的有机协调和配合。让市场参与到京津冀城市群治理过程中是实现京津冀城市群协调发展的重要前提。政府在城市群治理过程中,要明确自身的角色定位,进行宏观调控,加强市场监管,维护公平有序的市场秩序,做到既不缺位又不越位。改革开放以来的实践证明,单纯由政府配置资源,不仅会出现效率低下,还有可能导致腐败等权力寻租问题的产生。要形成统一的区域市场体系,形成公平竞争的发展环境,也与政府行为密切相关。打破地区封锁、行业垄断和地方保护主义关键在于约束行政权力的滥用。

(三)构建政府与社会之间的协调机制

城市群治理的最终目的是为市民提供更优质的生活环境和良好的公共服务。但是,在城市群治理过程中,公民和社会组织不仅仅是治理的对象,更是城市群治理的重要主体。只有公民和社会组织不断地将自身对城市群治理的需求做出反馈时,城市群治理才能做到有针对性,才能真正实现治理的目标。由于京津冀地区长期受到计划经济的影响,社会组织发育不良,导致城市政府与社会之间的协调存在制度性阻滞,因而无法有效回应社会的需求,社会也缺乏向政府反馈需求的渠道。所以,必须要构建政府与社会之间的协调机制,引导社会力量参与服务供给,形成改善公共服务的合力。此外,城市群政府应该尝试通过向社会购买公共服务的途径向社会组织转移部分服务职能。值得注意的是,京津冀城市群已经开始实施政府与社会资本合作提供公共服务。北京、天津市和河北先后发布《关于政府向社会力量购买服务管理办法的通知》,向社会购买六大类公共服务,例如基本公共教育、公共就业服务、社会救助、社会福利、基本养老服务、优抚安置服务、基本医疗卫生等基本公共服务事项。

(四)构建城市群治理的激励与补偿机制

城市群的协调发展还需要建立一定的激励和补偿机制,在这方面,欧盟一体化过程中的激励和补偿机制值得借鉴。欧盟为了平衡各会员国间的经济发展,同时调和各区域间的贫富差距,而设立了区域发展基金。区域发展基金主要用于"向共同体内部提供改变区域发展不平衡所需要的补贴和低息贷款,投资多数集中在运输、能源和水利等基础设施方面"①。从结构上看,城市群和欧盟在结构上具有一定的相似性,因此在城市群设立区域发展基金也具有一定的适用性。城市群可以通过一系列的资金辅助机制来促成协调治理目标的实现。它使得"城市政府能够从区域发展的繁荣中实际分享利益,而不会因所在区位的先天限制而总是处于劣势"②。这有助于调动城市群内各城市尤其是处于劣势和牺牲较多的城市的积极性,是一种有效的补偿机制。

对于京津冀城市群而言,由城市群内各政府根据自身财政实力并吸收社会资金设立京津冀城市群发展基金,可以有效地弥补城市群发展落差,补偿一些城市为了城市群整体利益做出的牺牲。北京的功能定位为全国政治中心、文化中心、国际交往中心、科技创新中心。③天津市的功能定位为国际港口城市、北方经济中心和宜居生态城市,主要发展先进制造业和现代服务业。河北省各城市重点发展原材料和重化工业以及农业。根据上述城市的功能定位,京津主要从事附加值较高、污染少的装备制造业和服务业,而河北各城市从事的则是污染严重、附加值低的第二产业以及价格低廉的农产品种植业。这样的功能定位必然导致城市群内政府财政能力的失衡,进而影响城市群公共服务的均等化。这对河北省各城市显然是不公平的。因此,必须要对河北各城市所做出的牺牲进行经济和生态等补偿措施。

---

① 周肇光:《长三角区域经济一体化政府协调与服务研究》,合肥:安徽大学出版社,2010 年,第278 页。

② 李长晏:《区域发展与跨域治理》,台北:五南图书出版有限公司,2012 年,第 413 页。

③ 这是 2014 年 02 月 26 日习近平在北京考察时对北京的城市功能定位提出的新要求。详见《习近平在北京考察　就建设首善之区提五点要求》,http://news.xinhuanet.com/politics/2014-02/26/c_119519301_3.htm.

四、京津冀城市群服务体系的构建

京津冀城市群协调困境导致了公共服务困境，主要表现为地区分割导致的城市群公共服务供给的碎片化，公共服务供给模式的单一与低效，公共服务供给与需求之间的不均衡。为此，京津冀城市群的服务体系的构建也应该针对这些困境，主要体现在以下三个方面：

（一）完善城市群公共服务的多元供给模式

由于城市群公共事务具有复杂性与多样性的特点，这使得城市政府主导的一元化治理模式变得"独木难支"。为此，必须采取新的治理模式，选择与公众、私营部门建立共同治理的合作关系，采用政府与社会资本合作（Public-Private Partnership, PPP）的方式来实现公共服务的有效供给。政府与社会资本合作（PPP）是指政府与社会资本为提供公共产品和服务而建立的公私合作模式。主要包括建设—运营—移交（Build-Operate-Transfer, BOT），建设—拥有—运营（Build-Own-Operate, BOO），转让—运营—移交（Transfer-Operate-Transfer, TOT）等模式。实践证明，政府与社会资本合作能够有效提升城市群治理的水平。正如美国学者斯通在《亚特兰大政体 1946—1985》中评论的那样："亚特兰大市的治理之所以有效，不在于政府的正式机制，而在于市政厅与市中心区主要企业之间非正规的伙伴制关系。"[1]

政府与社会资本合作共同提供公共服务，可以达到各自的目标。社会资本希望与政府合作参与提供公共服务，主要是为了获得利润。公共服务业往往具有某种自然垄断性质，竞争压力和投资风险相对较小，收入稳定，可以获得长期利润，对社会资本具有吸引力。而"公共部门可以从私人部门的资金、技术、管理优势等方面获得益处，具体表现在可以弥补公共财政的不足，提高公共服务的效率"[2]。目前，京津冀城市群面临着由公共服务供给规模增大而导致的资金短缺问题，仅仅依靠政府财政，难以解决，政府与社会资本合作就成为为城市群提供公共服务的一种新选择。在这种形式下，政府和社会资本的责任和利益分配在合同中得到相对清晰地界定，社会资本具有降

---

[1] Stone, N.. *Regime Politics: Governing Atlanta 1946-1988*. Kansas: University Press of Kansas, 1989, p.3.

[2] 张万宽：《发展公私伙伴关系对中国政府管理的挑战及对策研究》，《中国行政管理》，2008年第1期。

低公共服务建设和运营成本的动机,既能够提高效率、降低成本、获得利润,也能减少政府的资金支出,使公众获得更优质的服务。

(二)构建跨行政区的公共服务供给机制

面临城市群公共服务供给的碎片化和区域不均衡困境,城市群政府间需要以一定的制度框架为依托构建跨行政区的公共服务供给机制。树立制度框架的目的是规范和协调城市群各方在公共服务供给过程中的行为。通过跨行政区的公共服务供给机制的构建,最终达到缩小城市群内公共服务水平差距,实现资源共享的目的。京津冀城市群要立足各自优势,以市场配置资源为基础,不断加大合作力度,以三地政府部门签署的《促进京津冀都市圈发展协调沟通机制的意见》《京津冀旅游合作协议》《京津冀交通一体化合作备忘录》等文件为合作框架,实现京津冀城市群基础设施的互联互通。在整体布局、统一规划基础上,疏解北京、天津的医疗、教育等公共服务资源。这样既能起到疏解特大城市人口的目的,也有助于弥补城市群公共服务资源的巨大落差,实现城市群基本公共服务的均等化。

(三)健全城市群公共服务的需求表达机制

京津冀城市群公共服务的供给与需求之间的结构存在不均衡的现象,这是由公共服务需求表达机制的缺失造成的。这就会影响到公共服务决策的科学化和民主化,导致了公共服务政策的偏差,难以满足公众的真实需要。此外,由政府主导的单向度的公共服务理念和决策模式仍然难以破除,也是公共服务的供给与需求之间出现偏差的重要原因。因此,在完善城市群公共服务需求表达机制的同时,还要逐步地破除由政府主导的单向度的公共服务理念和决策模式的影响。只有如此,才能破解城市群公共服务的供求不均衡的困局。

京津冀城市群由于政府间协调的不畅,政府与市场、政府与社会之间关系的失衡导致了城市群的公共服务困境。这不仅违背了城市群的目标,难以为城市群居民提供充足、优质和均等的公共服务,也制约了城市群整体竞争力的提高,城市群治理的目标也难以实现。这就需要构建有效的城市群协调机制,协调政府间、政府与市场、与社会之间的关系,并且以协调不畅导致的服务困境为着眼点,构建城市群政府间的服务协调平台,完善公共服务的供给模式、健全公共服务的需求表达机制,构建完善的城市群的公共服务体系。最终,达到满足城市群居民对于公共服务的需求,提升城市群的整体竞争力,使京津冀城市群真正成为中国经济的第三"增长极"。

第六章　多层次城市治理理论

受到经济全球化和地方化的影响,"福特主义"、民族国家"凯恩斯主义"危机的出现,城市的政治角色开始发生转变。阿明等人宣称,城市可能正在强化其政治行为体的作用,从而绕过甚至弱化中央政府的权威和规制能力,民族国家的范式正在受到挑战。①

特别是 20 世纪 90 年代以来,从事城市研究的学者开始怀疑宏观的社会经济结构转型对城市产生的直接的整体划一的影响。反之,越来越多的学者们开始强调城市镶嵌其中的复杂性制度脉络,这也解释了城市发展遵循了不同道路的根本原因。在这种多元背景下,城市决策能力和自主性得到了淋漓尽致的体现。不同的思想流派和学科背景为城市政治和城市治理建立一个共享的研究议程提供了新的理论发展的契机。其中,多层次治理成为最具有竞争力的分析工具和研究框架。

具体说,多层次治理展示了以下特征:

第一,城市的存续镶嵌于广泛的制度脉络之下,如社会经济条件、政治体制、不同经济运行方式等;

第二,城市的决策涉及不同层次,超国家、国家、区域和地方等;

第三,城市的行为涉及不同主体,其中有国家行为体,也有非国家行为体,如政治家、企业、公民团体等;

第四,城市所涉及的多元主体追求不同的政策目标,各自的竞争、冲突与合作塑造了不同的权力关系和制度安排,最终形成了不同的决策、产出和后果。

简单说,多层次治理可以界定为一种决策安排,政治上相互独立又相互依赖的或公或私的多层次政治行动者, 在不同的地域层次上展开政策的协

---

① See Amin, A. ed.. *Post-Fordism: A Reader*. Oxford: Blackwell, 1994.

商、审议、执行。

第一节　多层次城市治理：基本议题与争论

人文社会科学领域有关"城市复兴"的讨论由来已久，主要是针对西方发达国家进入后工业社会和发展中国家快速城市化这两波城市化浪潮展开的讨论和反思。其中，"多层次城市治理"（multilevel urban governance）正是西方发达国家进入后工业社会出现的新现象和新问题，同样，伴随着全球化和区域一体化进程的推进，发展中国家也出现了类似的发展趋势。因此，检讨和思考多层次城市治理问题，对于发达国家和发展中国家城市化和城市治理来说，同样具有重要的借鉴和启示意义。

一、民族国家范式下的城市治理研究

多层次城市治理现象肇兴于欧洲。进入现代社会以后，欧洲治理的主流政治形态就是民族国家居于全面支配地位，而城市等历史上的政治体则居于从属地位。塞勒斯（Sellers）认为，国家与城市实际上是一种委托—代理关系，城市不过是国家行政政策的延伸工具而已。[①]从能力（capacity）上来考察，自身的自主性和独立性非常弱，这也是社会科学特别是政治学没有将城市作为研究对象的主要原因，二者是一种衍生性关系。无论是比较政治还是本国政治，民族国家是主导性的政治分析单位，而城市充其量是补充性分析单位，在行政改革、地方自治等主题上有所体现而已。

自政治学作为独立学科产生发展以来，城市作为研究对象长期被民族国家所笼罩和湮没，直到 20 世纪初期，城市研究才成为一个相对独立的研究领域。德国社会学家齐美尔和韦伯既是社会学的开创者和学术巨擘，也是现代城市社会学的创立者，韦伯还是城市政治研究的拓荒人。韦伯在论述中世纪城市的著作中就将城市视为部分自治的市场交易场所、政治行为体以及地方社会。可惜的是，韦伯一脉城市研究后继无人，直到多年后，学者们才

---

① Sellers, J.. Re-placing the Nation: An Agenda for Comparative Urban Politics, *Urban Affairs Review*, 2005, 40(4), pp.419-45.

纷纷开始挖掘韦伯的城市研究资源，特别是他对欧洲城市和城市治理的研究必定是城市研究学者的主要参照系和研究原点。

齐美尔对城市研究的贡献主要是通过芝加哥学派这一中介而广为人知的，即所谓生态社会学或人类生态学。在《大都市与精神生活》中，齐美尔宣称，生活在人口稠密而充满社会异质性的大都市里面，就会令居民受到"某种行为方式和心态"的熏染，芝加哥学派的帕克（《城市：对都市环境研究的提议》）、伯吉斯（《家庭：相互影响的个性之统一体》）、沃斯（《城市性是一种生活方式》）等代表人物进一步阐扬了齐美尔的这一生态学进路的城市观。不过，与齐美尔不同的是，芝加哥学派并没有将研究焦点放在个体之上，而是聚焦于尚在形成和隔离之中种族、族群和社会共同体。彼时，芝加哥尚属一个由大规模移民组成的高速增长的城市，帕克和伯吉斯考察了芝加哥社区内部竞争产生的社会空间后果，发现人类与生物界一样，出于本能的驱动而共生和竞争，进而决定了城市的结构、人口和机构的地域分布。帕克和伯吉斯将竞争、选择、隔离和社区的集中与分散视为"自然的"过程。自此直到 20世纪 40 年代，芝加哥学派的研究方法成了城市研究的主流范式，也被视为社会达尔文主义的变体形式。

20 世纪 60 年代以来，西方马克思主义或新马克思主义城市政治研究异军突起，为城市政治研究的范式转换提供了新的契机。哈维和卡斯泰尔斯从政治经济学的进路出发，开辟了一条沿着马克思主义传统分析建构的新道路。与芝加哥学派的人类生态学研究方法不同的是，西方马克思主义城市政治流派反对将城市理解为一个封闭的竞争与融合的微观系统。反之，他们认为全球资本主义经济的逻辑是解释城市结构形态和发展趋势的主要推动力，而芝加哥学派恰恰忽视了资本主义城市嵌入其中的政治和经济脉络。这一脉络主要由资本流动和投资的普遍逻辑所支配和塑造。

此前，大部分社会科学家均将民族国家作为研究的基本分析单位或研究对象，城市充其量作为民族国家的因变量而存在。无论是芝加哥学派还是西方马克思主义流派，都认为存在着一个外在于城市的决定性力量在推动着城市的结构变迁，从而将城市视为因变量。直到"调节学派"（regulation theory）的崛起，城市研究才开始摆脱经济决定论和功能主义的理解，获得了自身的自主性。特别是西方国家经历了"福特主义"生产方式或"凯恩斯主义"福利国家的危机之后，民族国家一统天下的格局受到了挑战，以地方自治为中心话语的"地方国家"(local state)论述以及国家空间重构和地域调整(所谓的国家/空间理论)的文献纷纷涌现。

二、调节学派与民族国家的危机

调节学派兴起于20世纪70年代,受到了马克思主义思维的深刻影响,调节学派的学者都是清一色的政治经济学家。不同的是,调节学派反对机械的经济决定论和僵化的功能主义分析。显然,如果按照马克思的预言,资本主义自身的内在矛盾和自我破坏力量很快就会将资本主义埋进历史的坟墓,可为什么西方的资本主义能够在转型中成功地度过了一个又一个的危机呢? 这里,政治的重要性和国家的自主性进入了分析的视野,成为与社会经济转型交织在一起的因果链条上的重要连接甚至是自变量。

20世纪70年代,西方国家经历了一场经济动荡,布雷顿森林货币体系的崩溃和石油危机令西方国家陷入了深刻的社会经济调整之中。面对"福特主义"和"凯恩斯主义"的双重危机,调节学派提出了不同于传统流派的政治思想,"积累机制"(regime of accumulation)和"调节模式"(mode of regulation)集中体现了调节学派的主要理论构想。

具体说,福特主义是一种起源于二战后的资本主义积累体制,而凯恩斯主义则是与之相配套的资本主义调节模式。福特主义是以流水线作业为特征的机器大工业的产物,又称泰勒主义。伴随着对诸如汽车、冰箱和彩电这类新型消费品的高度需求, 福特主义生产方式一方面推动了资本主义生产力的提高和经济的高速增长, 另一方面大大提高了雇佣工人的工资水平和福利状况,与此同时也大幅提高了城市居民的消费能力,实现了生产和消费的良性循环。就此而言,福特主义堪称人类经济史上的巨大进步,不仅带来了技术创新和经济繁荣,而且促进了社会平等,提高了社会凝聚力,符合了所谓的"帕累托最优"定律。

从政治上来考察,对于民族国家和中央政府来说,充分就业或者较低的失业率,经济的持续繁荣,中产阶级财富的不断增加,都是资本主义历史上少见的长治久安的局面。尽管如此,劳资矛盾仍然是破坏政治民主和社会融合的重要障碍。战后工人阶级经济水平的改善和社会地位的提高,强化了工人阶级的政治认同和组织水平。在欧洲,强大的工会组织和社会民主党的长期执政,对社会正义和福利国家的抗争大大提高了工人阶级的博弈地位。在此意义上,凯恩斯主义可以作为一种调节模式和福特主义作为一种积累机制实际上在市场经济和私人产权制度背景下的一次成功的"大妥协",也印证了波拉尼提出的国家与社会"二元运动"的有效性。就此而言,一个强大的高度中央集权的政府扮演了一个劳资双方调节者和斡旋者的角色和力量,目的是为了巩固社会性市场经济的持续发展。

20世纪70年代后,世界范围内的资本主义经济危机袭来,破坏了福特主义/凯恩斯主义范式得以维系的宏观经济结构,经济危机带来了财政危机,"民主赤字"和"国家超载",都对"凯恩斯主义民族福利国家"提出了挑战。为此,杰索普(Jessop)将这一危机视为"从福特主义向后福特主义转变"[①]的历史契机。杰索普指出,"后福特主义"与"福特主义的危机"并非同义词,前者指的是从一种社会、经济和政治秩序向另外一种社会、经济和政治秩序的转型;而"福特主义的危机"未必预示着要建立新的秩序。"由于后福特主义/后凯恩斯主义秩序是否、在哪里以及何种程度上已经建立起来,我还是决定使用福特主义/凯恩斯主义危机的术语好了。"[②]

循着杰索普的思路,福特主义危机到底深到什么程度,是否意味着大规模的经济转型?显然,福特主义是工业资本主义机器大工业的典范,是以加工制造业为特色的资本主义经济形态。显然,随着资本主义国家服务业比重的不断加大,一二产业比重逐渐下降,资本主义社会开始由工业社会向后工业社会转变。这一进程导致了工人雇佣条件的两极分化:一方面是高品质、高薪酬的专家级雇佣工人,他们具有空间上的高度流动性,不受空间、地点的束缚,可以在家办公;另一方面,未接受过良好教育的工人继续在恶劣的工作条件下从事体力劳动。在福利国家时期,经济增长和福利支出有利的支撑了社会融合和社会平等,而福特主义的危机却导致了经济增长和社会融合的不合拍。

福特主义的危机紧接着加速了凯恩斯主义调节模式的解构。其一,持续

---

① See Jessop,B.. Post-Fordism and the State. In A. Amin,ed.,*Post-Fordism:A Reader*. Oxford:Blackwell,1994.

② Jessop,B.. Post-Fordism and the State. In A. Amin,ed.,*Post-Fordism:A Reader*. Oxford:Blackwell,1994,p.257.

的去工业化过程加剧了社会的两极分化,侵蚀了工人阶级的整体认同,弱化了政党的自我认知,特别是社会民主党陷入了持续的身份焦虑;其二,失业率高涨和社会两极分化的加剧滋生了新的社会问题,国家税收的递减导致社会安全网络和福利制度难以为继;其三,人力、资本、信息等要素流动的国际化和全球化掏空了国民经济的概念;其四,跨国公司的出现、资本外流、税收锐减、发达资本主义底层工人状况雪上加霜,外国移民歧视等问题频现。国民政府的行动依然囿于民族国家的范围之内,而诸如金融、财政等重大经济决策也越来越受到国际背景的影响,大大超出了民族国家的边界。

上述因素足见福特主义/凯恩斯主义危机对民族国家的挑战,中央政府逐渐"空心化"(hollowing-out),巨大的社会经济转型催生了国家权力的空间结构调整和组织重构,为城市政治和城市治理的研究开启了新的大门。为此,城市政治学家杰弗里·塞勒斯(Jeffrey Sellers)指出,"比较城市政治学持续展示了与传统国家中心性的更为彻底的分离,比较分析的基本单位已经决定性地转移到了地方或城市层面……焦点转移到地方或立基于地方的行动者以及特定地点的诸多后果"①。自此,调节学派为城市研究再次回到社会科学特别是政治学的主流向前推进了一大步,城市政治也重新回到了政治学的研究核心。

三、作为自主性政治行动者的城市

自 20 世纪 70 年代以来,西方国家的空间重组逐步展开,其间,全球化和国际化推动了整体上的去地域化(deterritorialization)进程。看起来,人力、货币、信息在国际范围内的流动和全球化趋势越来越让"地点"(place)变得失去了重要性。由此,限于某一特定地点或城市的政治行动、社会融合和经济增长也就不再是一个孤立的现象了。反之,只有放置在通信、信息和贸易的全球网络下,作为节点的城市才具有了新的存在价值和意义。在信息时代和知识经济时代,城市规模不断扩张,大都市区、城市带、城市群、巨型城市不断涌现出来,社会和经济关系越来越少地受到物质因素的约束,出现了卡

---

① Sellers, J.. Re-placing the Nation: An Agenda for Comparative Urban Politics, *Urban Affairs Review*, 2005, 40(4), p.443.

斯泰尔斯所谓的"从地点的空间到流动的空间"①的转移。

按照上述思路,经济全球化严重削弱了民族国家的行动能力,特别是整体上的政策制定和政策执行能力,至少要遵从全球资本和国际竞争的经济逻辑。"一石激起千层浪",有关全球化和去地域化关系的学术争论层出不穷。赞同者有之,批评者有之。一方面,从理论上来看,全球化所裹挟的要素和组织的流动性不是全方位的,尚有无法随着空间流动的社会、政治、经济组织存在。流动的和不流动的要素和组织之间彼此互动、相互作用、此起彼伏、连绵不绝。从当代城市的形态上看,后现代主义或后福特主义并不是以一一对应的形式呈现的。归纳来说,去地域化只是管中窥豹,不能完整地勾勒全球化时代和福特主义民族福利国家面临重大挑战下的背景下城市的地位和作用。去地域化的观点如果无法获得充分认可,面对城市和地方权力的崛起,政治权力的再地域化的观点逐渐浮出水面。民族国家权力的上移无疑是一个最佳的切入点,政治权力在空间上的重新洗牌逐渐开启了次国家行为体的政治权力强化的伸缩空间。

另一方面,从具体实践来看,自20世纪70年代以来,福特主义/凯恩斯主义的危机与城市特有的社会不正义现象同步出现。在从工业社会向服务业为主导的后工业社会转型的过程中,城市地区要比农村地区受到的破坏性更为严重,比如大规模失业、少年犯罪以及社会隔离、排斥和贫困现象再现。此后三十余年,多样化的顾客导向的城市政策打破了国家层面的标准化政策的有效性,因地制宜的地方化的政策执行为城市政治权力打开了自主选择的空间。

至此,西方发达资本主义国家发生的宏观结构和社会经济上的转型,即从福特主义到后福特主义的转向,便可以透过城市政治和城市治理的棱镜得到解释。约略来说,去地域化的支持者和反对者主要的分歧可以归纳为以下三点质疑:第一,如何分辨和判断信息化时代各种流动性要素对物质邻近性和空间固定性的挑战? 第二,经济全球化进程中国家权力和城市权力是如何交互作用,城市在政治决策过程中相对于国家权力的自主性和能动性几何? 第三,国际空间重组和地域重构的轨迹和特征如何?

---

① Castells, M.. The Rise of the Network Society:The Information Age:Economy, *Society and Culture*, Vol. I . Wiley-Blackwell, 2000, p.1.

20 世纪 80 年代后期到 20 世纪 90 年代初期,上述有关"地方国家论辩"的问题构成了城市问题特别是城市政治学家争论不休的两条阐释路线和论辩思路。主要的论题是,在福特主义民族福利国家危机的背景下,城市的政治自主性是增强了还是减弱了? 面对共同的危机,对城市境遇的意义却完全不同。支持城市政治自主性的学者认为,一定程度上,作为地方国家,城市可能会利用中央政府权威在国家层面的部分失序,填补中央政府的权力真空,从而提高或增强地方权力的自主性;而另一派则认为,如果中央的职权下放到地方层面伴随着财政和法律资源的下放,只能说是地方自主性和地方政治权力的增强(reinforcement)。

城市自主性的或强或弱是经济全球化、国际化背景下"地方国家论辩"的核心问题,反映了西方资本主义城市在宏观经济结构和社会经济层面的重大转型,也是城市研究普世主义和功能主义方法论传统的延续。面对全球化进程和福特主义危机的社会经济转型的压力,地方国家的论辩无疑是针对的整个欧洲,而非个别的城市,背后显然是置身于普世主义的话语体系之内。而事实上,经验层面的研究表明,散布于欧洲各地方的社会、政治和经济发展轨迹和制度演变模式恰恰不是整齐划一的普世主义形态。安德森的《资本主义的三个世界》以及豪尔的《多样性的资本主义》就是这一论述的典范。多样性资本主义的论述不仅适用于民族国家福利制度,同样适用于城市层面的比较分析。根据多样性的分析视角,西方发达资本主义国家的城市发展状况千城千面,活跃强势者有之,如纽约、伦敦、巴黎,衰落破败者亦有之。类似纽约、伦敦这类国际市场上的枢纽型世界城市,其地位自然非一般国家可比,其在英美国家的地位和影响力丝毫不逊于国家本身。在此意义上,按照普世主义的方法一般意义上讨论福特主义危机是否对应着作为地方国家的城市或强或弱是没有意义的。

讨论至此,需要进一步深化两个基本认识。第一,如果要理解和解释特定的城市的发展现状,就必须充分考虑到全球经济日新月异的各种变数。同样重要的变量是,各国调节或规制框架与制度之间存在的多样性和差异性。不仅如此,除了外部的结构性影响因素之外,城市自身内部的制度性因素依然重要。比如城市对于市民来说宜居性如何,对于公司投资的软硬环境方面的吸引力,高等教育基础设施,诸如大学高科技产业的发展状况如何? 地方就业和人口的发展前景如何? 地方政府的能力以及财政和人力资源的丰沛程度如何？城市政治决策的政制机制如何？这些都属于影响城市政治的内生变量。城市发展的内部和外部因素决定了城市政治必然呈现多层次的特征，城市治理也必然是多层次治理。第二，多层次治理的结构不是等级式的，各构成要素之间也无法按照简单的线性因果关系进行排列组合。反之，各构成要素之间在不同治理层次上相互嵌套、相互依赖。因此，只有置于广泛的社会规范条件、政治规制框架、经济制度与关系的脉络下，城市与城市治理才能够得到充分而有效的理解和分析。21 世纪以来，越来越多的城市学家，特别是城市政治学家和城市管理学家开始超越外部的结构性原则，将城市作为唯一的自变量加以分析。如此一来，就可以避免单向度的决定论式的解释，重新发现变量之间的相互依赖。

传统思维认为，中央政府和城市政府之间仅仅是一种委托—代理关系，这种看法逐渐受到了质疑和挑战。有关城市政治"存在的理由"，长期以来围绕国家权力（中央）与城市权力（地方）的自主性展开争论的仅仅是城市崛起的一部分。换言之，仅仅将城市政治的研究局限于民族国家范围内对地方自主性程度的分析是不够的。除了要考虑到政策过程的不同层次之间的复杂性依赖关系之外，城市政策的相关行为者的构成与变动尤为关键。国家与非国家行为者的多层次联盟愈益成为城市政治角色的关键变量。

四、城市治理比较研究：困境与可能

如上所述，普世主义和功能主义解释的缺陷呼唤城市治理理论和研究框架的再造与重塑。历史制度主义、脉络—敏感、多层次结构与制度条件的丰富性，都对城市政治和城市治理的普适性提出了质疑，吊诡的是，基于独特脉络的个案城市研究势必会弱化综合性理论吗？

事实上，城市政治和城市治理领域长期以来缺乏一个普遍认同的一般性理论，可以为跨域不同国家和文化下的城市的共通性政治现象提供解释和可以检验的假设。与广义的政治学比较而言，城市政治和城市治理的理论研究长期处于分裂状态，甚至连基本的理论基石都无法达成共识。在城市政治和城市治理领域，各种自诩具有普世意义的竞争性的理论解释和研究范式比比皆是，导致了系统的比较研究发展前景黯淡。

时至今日，城市问题的研究者对通则式的功能主义研究越来越持怀疑的态度,而这是否会与建立融贯性的理论和研究框架产生内在的矛盾呢? 一方面,复杂性的多层次分析必须要充分解释越来越多的变量,各种变量之间又存在着诸多不确定性的因果关系, 这也就决定了成熟的理论建构不可能一蹴而就;而从另一方面来说,这种复杂性的多层次分析转向也为城市问题专家逐渐凝聚共识找到了一条试错的道路。

通则式的功能主义研究方法固然存在着内在缺陷, 而可以充分取而代之的备选理论和分析框架又尚未形成。按照著名城市治理研究专家皮埃尔(Pierre)的说法,城市之间的跨国性比较研究仍属例外情况,因此只有零星的具有松散关联性的个案研究罗列在一起的情况比较常见。[①]显然,社会经济的整体转型及其引发的社会科学的转向和挑战为系统的比较研究提供了新的试验田。比较而言,城市政治和城市治理的研究却没有与时俱进,呈现类似的欣欣向荣的研究局面。城市政治和城市治理领域的研究始终未出现融贯性的理论建构和综合性分析框架的问世。问题可能出现在以下三个方面:

(一)城市的多层次嵌入性引发的理论与方法困境

如前所述,城市问题研究学者纷纷从多要素、多层次背景下将城市作为自变量和因变量加以分析,这已经是一个不争的事实。此外,许多城市又是作为某一区域或民族国家的一部分, 因此城市间的系统性比较研究就变得尤为复杂,往往要考虑到更多若干超常的结构性要素。具体说,对城市的跨国比较研究会揭示出若干重要差异, 但难以明确判断这些差异归结于何种脉络性情境因素。

不同脉络性因素之间的相互作用需要适度抉择、仔细甄别,平衡考量、分析的深入性、理论与方法的明确性和清晰性、脉络的丰富性等因素,都需要充分考虑进来。比如,深入访谈式的质性研究要想符合系统性和可比较性的要求,就需要一个前后一贯的理论分析框架。研究框架要尽可能考虑到适于解释和分析各类城市境况和转型的全部要素。而实际的研究往往会遇到个案的可比性、理论的融贯性以及方法的清晰性之间的抉择。

(二)城市研究的超学科性导致了多学科研究的"各自为战"

综观整个 20 世纪,从事城市问题研究的学者来自政治学、社会学、经济

---

① Pierre,J.. Comparative urban governance. Uncovering complex causalities, *Urban Affairs Review*, 2005,40(4),p.446.

学、哲学、历史学、人类学和建筑学等，可以说是囊括了人文社会科学和自然科学的各个学科门类，呈现极度繁荣发展的多学科多元共融和互相渗透的局面。就城市政治和城市治理理论内部而言，来自不同学科衍发派生出来的专门术语、论辩思路、分析层次、方法视角也呈现巨大的复杂性和差异性。与政治学和公共治理的其他次级研究领域比较起来，城市政治和城市治理难以形成系统性的融贯性分析框架和理论解释。

此外，概念和方法都受到了特定脉络的限制。除了来自不同学科的专门术语的差异之外，不同民族或国家的文化因素同样制约了理论在城市层面的跨国比较研究的适用性。坎特（Kantor）和萨维奇（Savitch）指出："脉络意义上的差别至关重要。这些差异是历史事件、文化变异、制度差别以及人口或地理样态的产物。这种通则式的研究很难从一种政治脉络向另外一种政治脉络扩展。真正的比较研究框架应该能够解决在宽泛政治脉络下具有类似意涵的问题，并就问题的性质做出有益的概括。"[1]斯通的城市政制理论和研究方法是美国通行的城市政治和城市治理的研究范式，而放到世界范围内加以考量的话，这一概念的效度和论辩的理路就会受到民族或文化因素的限制。实际上，斯通的城市政治理论是地地道道原发于美国的"美国货"，其普适性自然遇到城市的特定民族性和文化性的限制。

（三）系统性比较的可能性及其对城市治理理论研究的价值

总之，如上所述，这些因素阻碍了系统性和整体性比较研究的进展，尤其是城市政治和城市理论的比较研究。虽然如此，城市治理的比较研究学者仍然力图运用系统性的比较方法进行城市政治和城市治理的研究。

一方面，系统性的比较方法依然是城市政治和城市治理研究的重要分析工具。无疑，自亚里士多德到涂尔干都认为，科学的推理、智慧的洞见和认知的进步都依赖于比较。按照涂尔干的标准，用于比较的城市数量取决于研究的主题、检验的假设等其他因素。[2]只有基于案例之间的比较才可能在规则性、异常性和巧合性之间发现独特性。对某一城市的一次观察是否可以作为具有普适性的规则，或者在其他城市没有发现类似情况就视为唯一的个案呢？离开了比较这一问题是无法获得有效答案的。只有基于系统的比较，

①②　Kantor,P. and Savitch,H.V.. How to Study Comparative Urban Development Politics:A research Note,*International Journal of Urban and Regional Research*,2005,29(1),p.137.

才能揭示出归因于某种假设和成熟理论的适用范围。无疑,城市研究日益增强的多层次和复杂导向,只会徒增系统研究的复杂性。但在没有确切替代方案和范式转换之前,比较的方法仍然是不可或缺的。

另一方面,对城市政治和城市治理问题的较为系统的研究,并不意味着要用城市中心的范式取代传统国家中心的范式。实际上,国家治理向城市治理的聚焦反映了国家权力或国家性在超国家、区域、国家、地方不同层次的整体重构,经由城市的棱镜,上述权力转移、社会经济转型和结构重塑便可以得到充分的解释和揭示。塞勒斯明确指出:"从城市区域而不是国家的其他部分着手进行比较的跨国研究, 比较城市政治有机会阐释全新的多层次形式的比较分析,能够有效地把握当代社会民族国家和民主可能的变动性。不过,要发掘这种潜能,研究者需要全新的概念和方法,这些概念和方法只是近期才崭露头角。"①

第二节　从城市统治到多层次城市治理

一、治理对"统治"的超越与反思

如上文所述, 面对西方世界社会经济的深刻变革和国家权力的全面重构,就需要以一种非决定论色彩的方式,将城市作为动态的多层次脉络下的政治相关行动者。换言之,当代城市政治和城市治理研究的最大挑战就在于理解和解释不同权力层次之间的相关性。

要说明城市治理的挑战,首先要考察从统治到治理的转变背景。作为一种政治性和经验性的概念,统治和治理都是对政治决策事实的一种描述和分析。简单说,统治强调了国家中心的政治权威。国家权力和权力机构获得授权制定和执行政治决策。在这一意义上,政府是唯一的政治决策枢纽,政治家利用政府这一高度政治化的机构和科层化的规划体制推动了政策的全过程。当然,政府实施统治是需要民主过程的授权和问责,民主选举确保了

---

① Sellers, J.. Re-placing the Nation: An Agenda for Comparative Urban Politics, *Urban Affairs Review*, 2005, 40(4), p.420.

统治的合法性。

长期以来,政府通过政治权力实施"统治"体现了一种国家中心主义的传统,这一传统在 20 世纪 70 年代以前一直是居于统治地位。70 年代后期,社会经济和政治的全面危机,政府、社会和市场关系发生了深刻调整,作为统治的替代方案,治理范式开始形成。

事实上,迄今为止,治理的概念仍未达成共识,更不要说城市治理的定义了。基于不同学科背景的城市研究学者往往从本学科视角出发,导致了定义和术语的分化。从政治学、行政学和公共管理学的角度来看,治理具备以下特征:其一,治理体现了决策联盟,政府仅仅是联盟之一;其二,这种联盟是临时性的、项目导向的,意味着利益相关人之间的相互依赖性;其三,治理势必会呈现网络特征,这种网络缺乏透明性和问责性。

只要政策联盟仍然是由国家代表或国家的代理人支配,各级(超国家政体、国家、区域政府、市政厅)政府在政策层面的相互交叠的传统模式已经无法适应新的形势,国家、市场和社会职责开始模糊起来,不是那么界限分明。为了有效地解决日益复杂的社会问题,区域或城市重点工程的融资,各类政府行为者与非政府行为者之间的战略联盟开始形成。自从 20 世纪 80 年代以来,西方发达资本主义国家特别是城市层面都发生了类似的情形。政府不再是单方面发号施令的权威,而是日益发展为异质性联盟中注重沟通、协调和驾驭能力的伙伴关系。这一发展趋势一定程度上削弱了政府或统治这一概念准确描述和把握政治现实的能力。

著名城市政治学家和城市地理学家大卫·哈维指出:"在此我想要强调指出的是,城市'治理'的意涵远比城市'统治'丰富得多。可惜的是,更多的文献聚焦于后者,现实权力如此频繁地重组城市生活或者至少是在更为广泛的力量联盟内,城市政府或行政机构只是发挥了协作和协调的作用。组织空间的权力来自于一整套由不同社会行为体动员起来的复杂的力量。"[①]哈维的观点一方面指出了治理的存在价值,同时也避免了对治理可能会产生的误读,作为一个理论化的概念,治理仍然不是一套成熟的理论。毋宁说,治理目前仍然是一种借以描述经验现象的分析工具,同时也有助于提炼和生

---

① Harvey, D.. From Managerialism to Entrepreneurialism:the Transformation in Urban Governance in Late Capitalism, *Geografiska Annaler*(*Series B:Human Geography*),1989,71b(1),pp.3–17.

成重要问题,更有利于扩大政治和政策分析的整体范围。此外,最为普遍的误解就是认为治理的提出就是对政府或统治的全盘否定,事实上,国家的正式制度仍然治理网络中的重要组成部分和枢纽环节。

多层次治理的研究进路为去国家化进程提供了崭新视角。但在应用城市治理的概念之时,就需要首先搞清楚国家以及国家的附属机构实际上的政治优势和统治地位弱化到何种程度,继而私人公司或公民社会组织或压力集团又在何种程度上提升了权力或影响力。实际上,治理是在日益增强的复杂性条件下孕育而生的,国家和非国家行为者单凭自身都无法从容应对和最终解决所面临的复杂性问题,合作就成为必然。在合作的过程中,不同的合作伙伴基于各自比较优势、资源条件、智力禀赋,整合到政策的制定过程之中,希冀形成协同效应。

从利益相关人的实践逻辑来看,公私伙伴关系或联盟的形成既是一种正向激励,又是一种外部约束和压力机制。比如说,城市遇到了财政约束和社会问题的双重困境,就会寻求相关问题的专家学者,公民社会组织或志愿组织来协助解决诸如犯罪、种族隔离等社会问题,邀请私人公司或投资者参加城市基础设施的建设,缓解城市政府的财政压力,比如 PPP 就是如此。类似地,对于非国家行为者来说,与国家行为者的协作也同样是必要的,与国家行为者的联盟可以提高自身的政治资本。总之,国家行为者与非国家行为者的合作是基于相互约束基础之上的互惠互利的双赢格局。

互惠互利的原则实际上也是治理理念的应有之义,治理较之统治更少科层化的色彩。不过,由科层化到去科层化的决策模式转向并不意味着在治理联盟内部各股力量的权力是平均分布的,各方的博弈地位也不是势均力敌的,政府实际上多数时候是"同辈而高者"的角色。也就是说,治理的概念并不排斥联盟内部伙伴之间的科层关系,权力斗争和权力冲突。某种意义上讲,从统治向治理的转向往往指的是高度制度化和稳定化的决策科层体制开始松动,出现部分解体的情况。政府或统治发生在持续而稳定的规制框架之内的时候就不适用于治理的情形。

每一次治理都需要从治理结构、内部规则、主体构成以及预计目标方面建构网络,伙伴之间也不存在一个可以科层化的现成界标或者可以预期的行动路线。"统治"的观念寓示着存在一个负有全面责任的无可争议的政治权力中心,而治理的概念则呈现另外一幅图景,诸多治理网络并存,每个网络都追求自己的专门项目,解决高度专业化的政策议题。在这一意义上,从统治向治理的转向可以解释为一种从高度制度化、集权化的科层性和全面性的规划向更为临时性的、分散性的、合作性的临时性项目导向的政治决策过程。

既然治理联盟解决的是复杂政治、经济和社会环境中的高度专门化的议题,常常需要深入了解相关议题的专家和学者们的协助来解决。城市治理就意味着,要想保证和维系城市的可治理性,应邀参加治理的专家超出了国家机构的范围。而且,这种治理联盟并不仅仅是政府工作的附属物。而是这些网络有能力接管全部权威去决定某种与政治相关的议题。当然,这并不意味着国家代表被排除在外,他们仍然是治理网络的一部分,只是不再是单边决定了。而考虑到治理网络实施政治权力的能力,也就不得不对民主的问责性和治理网络合法性的问题提出了质疑。

由此,民主与治理之间的内在困境就昭然若揭了。临时性的高度专业化的治理联盟为公民从整体上追踪整个政治过程增加了不小的难度。甚至大多数公民并未察觉到或意识到周边的治理联盟在准备、参与和作出决策。由此,这种政治决策过程的不透明性也造成了民主性问责的严重缺陷。虽然治理网络部分是由选举产生的代表组成,联盟的日常运作仍然超出了广大公众的可控范围。治理网络成员通常是由参与发起各方的组织任命,而不是经由公众选举产生,治理网络成员也因此免于民主的问责。

如果说高度官僚化的、僵化的和科层化的政府弱化了民主和效率,更为分散化、聚焦化和弹性化的治理网络就能够更为有效地解决复杂、紧迫而棘手的问题吗?按照奥斯本等人的说法,治理的引入更多是一种市场型的或企业家型的、分权化的、小规模的,因而自诩为更加有效和顾客友好型的民主类型。[①]这种以公共管理运动和治理运动为名展开的政府流程再造式的改革充斥着浓厚的意识形态味道,此后世界银行又陆续创造了"善治"和"高级自由主义"用以弥补意识形态上的缺陷。

进一步说,治理网络同样会由于伙伴关系内部成员之间在观点意见和政策目标上的摩擦和破裂而阻断决策过程。当治理网络在日益复杂条件下运行,同时要解决高度路径依赖化和碎片化的议题之时,成熟的符合善治标

---

① See Osborne, D. and Gaebler, T.. *Reinventing Government*. New York: Plume Books, 1993.

准的蓝本是不存在的。也就是,每一种治理网络都具备即兴制度化的特点,也就无法通过建立固定的规则或导航来保证其必然成功。①总之,就民主与治理的关系而言,适宜具体问题具体分析,不能期望有一个清晰明确而又放之四海而皆准的金科玉律和标准答案。治理转向既不是推进民主的万灵药,也不必为治理会威胁民主而萦怀。

二、从"城市政制"范式到城市治理范式

早在城市治理概念引入之前,对城市政治联盟的分析(特别是美国)更多的是使用城市政制(urban regime)的概念框架。作为分析工具,城市政制有力地分析了由国家和非国家行为体构成的城市政治联盟,以及国家行为体和非国家行为体在城市政制框架内的互动和决策,即城市政制及其合作模式。乍看一下,城市政制的范式与城市治理的范式如出一辙。细细分析,美国学者克莱伦斯·斯通于20世纪80年代最早提出了城市政制的分析框架,初步建立了政治联盟分析的理论体系。②问题是,城市政制的范式是否可以直接适用于其他地方,为何当今的许多学者更愿意使用治理、治理网络和治理模式的概念呢?

从概念上来分析,城市政制和城市治理的概念极其相似。城市政制的研究为城市政治学奠定了范式的意义,其中若干要素也是城市治理范式的有机组成部分。如同治理一样,城市治理的概念也是反对纯粹政府导向的城市政治观,宣称政治行动能力仰赖于各类社会团体的通力合作。从城市政治理论发展史来看,城市政体理论的贡献在于超越了传统"多元主义"理论和"精英主义"理论。与"多元主义"比较而言,城市政制分析强调,地方政治权力不单纯是民主选举的手段,而毋宁说是一种非正式的联盟建构,但并不是所有社会团体都会有影响力,都会有机会和途径参与联盟的建构。此外,与精英主义理论不同的是,城市政制理论反对只有一个单一而稳定的城市精英核心拥有支配城市政治所有相关领域的权力。作为备选方案,城市政制理论给

---

① See Jessop, B.. The dynamics of partnership and governance failure. In G. Stoker, ed., *The New Politics of Local Governance in Britain*. Oxford: Oxford University Press, 1999.

② See Stone, C.. *Regime Politics: Governing Atlanta 1946–1988*. Lawrence: University Press of Kansas, 1989.

城市精英下了一个更为宽泛和更具弹性的定义，宣称城市联盟的构成是随着所要解决的政治议题的变化而变化的。

不过，从更为实质的意义上来分析，城市政制的分析方法引入了一个与精英论和多元论的推理都不一致的政治权力的概念。虽然多元论和精英论存在着实质性的差别，但二者都分享了一个科层式的和支配导向的权力概念。特定的地位赋予行为主体向其他行为主体施加权力（power over）的能力和工具。与这一经典的权力定义形成对照的是，城市政制的权力观不是建立在社会控制、科层制和支配的基础之上，而是有能力去凝聚资源和运用知识以便更为有效地追求共同目标。城市政制依赖于不同行动团体之间的横向合作，这些团体的行为主体拥有共享的权力去（power to）解决某种问题或实现特定的目标。换言之，作为城市权力"社会控制模式"的替代产物，城市政制分析推出了城市权力"社会生产模式"①的提法。

总体来说，城市政制理论无疑与城市治理理论具备了诸多共同特征。"城市治理网络"和"城市政制"之间的分殊是不是仅仅表征了对同一现象的概念复制，或者说治理术语的应用以及对一体化多层次城市治理分析框架的探求是否表明了对城市政制研究路径的实质性替代呢？

从诸多文献的批判来说，城市政制研究路径的最大问题莫过于带有"美国偏见"，即使是同为西方发达资本主义社会的欧洲城市也不完全适用城市政制的分析框架。相应地，城市治理分析的视角也就用来作为备选方案用于弥补上述缺陷。②这种批判不是全无道理，事实上欧洲和美式城市治理在理想类型上是完全可以区分的，但却不是泾渭分明的那种类属。当然，对城市政制和城市治理的概念进行一个简要的区分是可取而且可能的。这一区分的目的并不是要集中探讨这一概念适用的地理范围问题，而是考察这两种研究路径的分析和解释能力。

简单说，与城市治理范式比较而言，城市政制范式的缺陷可以归纳如下：

其一，突出政治的偏见。与城市治理网络不同之处，城市政制是由国家

①　See Lauria, M.. Introduction. Reconstructing Urban Regime Theory. In M. Lauria, ed., Reconstructing Urban Regime Theory. *Regulating Urban Politics in a Global Economy*. London: Sage, 1997.

②　See Pierre, J.. Comparative Urban Governance. Uncovering Complex Causalities. *Urban Affairs Review*, 2005, 40(4), pp.446-62.

和非国家行为体的联盟构成,其成员讨论、准备和执行政治上相关的决策。这里的一个关键差别是城市治理联盟是由实际上作为政策制定过程一部分的行为者群体构成的,而城市政制则界定得宽泛得多了。城市政制含括所有具备包括知识、资源、影响地位等必要前提在内的群体,他们实际上只是有潜在的参与决策的机会和渠道。这也就是城市政制分析的核心概念即"治理能力"的真正含义,只能辨识作出政治决策的潜在相关群体,揭示集体组织的类型,阐明合作和协调的问题与挑战。

问题在于,城市政制分析仅仅将自身限定于探索相对稳定和既定的地方权力的社会模式,目的是为了分析群体内部的合作和相互依赖形式。因此,政制分析与政治的分析密切相关,而忽略了政策分析中最关键的问题:谁统治,以及实际的决策是什么。作为系统性的比较城市政治研究框架,城市治理分析必然会处理政治问题,但也会处理政策的实际执行问题。

其二,突出地方的偏见。城市政制分析预设了一个相对制度化和稳定化的地方权力景观。城市政制主要关注的是城市联盟形成和维系的机制,可以根据政治偏见加以解释。而从其分析范围来讲,城市政制显然排他性地将重心集中于可以在城市层面找到的行动群体。这就是城市政制分析的"地方性偏见",虽然大部分倡导者集中考察的是地方权力结构的制度化,但都没有充分考察勘定和塑造城市政治和城市政策的脉络和边界的途径与方法。更关键的是,城市政制没有考虑到新近发展起来的多层次维度。实际上,影响某一城市的决策不仅仅或完全是由地方或城市联盟发起、策划和执行的,很多是由区域、国家甚至是超国家层面的政策机构参与完成的。要深入了解城市政治结构、过程和决策的动态机制,就不得不超出城市的边界,考虑到城市嵌入其中的更为宽泛的政治、经济和社会脉络。

其三,弱化国家的偏见。城市政制分析的倡导者预设了构成城市政制的行为群体之间是存在某种均衡的,但却声称商业伙伴实际上是居于统治地位的,因此将城市政制描绘成企业家型的增长导向的。显然这种商业特征更符合美国偏见。毋庸置疑,城市政制的这一锁定地方政治的视角暗含着对国家正式制度规制权力的忽视。对于城市政制分析来说,国家机构仅仅是构成城市政制的伙伴之一。但实际上,国家也是先于和超越城市政制而存在的。通过建构、界定和规制宪政、法律和财政等基本框架,政府为城市政制随后展开的行动和互动实践设定了航向、勘定了边界。因此,认为关键性的规制权力已经由政府转向了治理显然是错误的认识。不过,城市政制分析始终是遵循的一种高度行为主义和微观经济学的研究进路,也就常常忽视了宪法、政府法律法规以及干预措施对城市政治和城市政策的路径塑造。①

总体来说,与城市治理范式比较,城市政制存在诸多局限和缺陷。首先,城市政制分析无助于考察和解决具体的城市政策;其次,城市政制并没有关注到城市的多重嵌入性和脉络性,也就无法充分认识到城市政策的部分非城市性;最后,城市政制分析低估了国家法律法规、宪法性安排和各类具体干预措施对所有政治层面的影响力和路径塑造作用。就这一背景而言,建立一个多层次城市治理的分析框架,就需要克服其他城市政治研究的内在缺陷。麦克劳德(MacLeod)哥德文和(Goodwin)就指出,一体化的多层次治理分析框架很多都是力图超越"增长机器模式"或者"政策网络"的方法。②皮埃尔敏锐地捕捉到了城市政制这一分析性剩余价值的实质,从而令多层次城市治理成为一套独特的研究方法,与其他研究方法不同,城市治理并没有预设任何流行的治理模式,而是主张提供一套适宜的分析工具,用以分析并将若干治理模式区分开来。③

第三节 一体化的多层次城市治理分析

前文已经确立了城市治理概念的本体论地位,并对相关重要术语进行了区分,具备了基本的分析工具并用以深入探讨多层次城市治理的相关议题。分析首先从新结构主义和新韦伯主义开始。两个学派都具有跨学科性质,跨越政治学、社会学、地理学和历史学,特别是政治经济学。虽然存在着术语表述上的差异,新结构主义的范式主要是出自盎格鲁美国的学术环境之下,而新韦伯主义范式则主要是受到了欧陆思潮的熏陶,但事实上两个流派在分析多层次城市治理方面存在着高度相似性和契合性。盎格鲁美国的研究侧重于对地方层面的分析,而欧陆风格的研究则强调结构性脉络。诚如城市政治学家贾奇的论断,无论是新结构主义还是新韦伯主义,城市治理分

①② MacLeod, G. and Goodwin, M.. Space, Scale and State Strategy: Rethinking Urban and Regional Governance. *Progress in Human Geography*, 1999, 23(4), pp.503–27.

③ Pierre, J.. Comparative Urban Governance. Uncovering Complex Causalities. *Urban Affairs Review*, 2005, 40(4), p.452.

析都够不上成熟的理论,充其量是一个分析框架,提供了考察复杂城市政治决策过程的理论工具。①而从另一方面来说,两个流派之间又存在着竞争关系。虽然从广义上来说,两个学派对如何考察从城市政府到多层次城市治理的方法、途径以及界域都存在着广泛的共识,但如何评价、解释上述变迁的轨迹、本质特征以及整体的推动力,两个流派却存在着重要分歧。

一、新结构主义的城市治理范式

美国学者尼尔·布雷纳(Brenner)堪称城市治理领域的新结构主义流派的代表人物。应该说,布雷纳提出了一整套系统性的同时也是极富争议的国家/空间理论(state/space theory)。其中他将“国家空间重构”(state spatial restructuring)的思想和多层次城市治理的论辩熔为一炉,提出了一体化的城市治理理论。虽然布雷纳集中考察的是城市和大都市区这个维度,但是从多层次的视角下设定界域的。此外,布雷纳对诸如哈维、杰索普等新结构主义流派的前辈提出的若干术语和理念进行了翻新再造,并融入自己的理论体系之中。其代表作《新国家空间:城市治理与国家性的地域调整》(*New State Spaces: Urban Governance and the Rescaling of Statehood*, 2004)问世后,“一石激起千层浪”,引起了城市政治学界的广泛讨论和热议。

新结构主义学派侧重尺度(scale)问题的研究,作为宏观—中观—微观结构性视角的替代。进而言之,结构主义大部分聚焦于现代性的诸多大尺度特征,诸如国家建构、全球经济一体化、市场理性、政治革命等,分析这些特征又是如何塑造人类利益、条件和互动关系的。根据这一理论基础,城市之间在城市治理方面的差异呈现在不同的府际关系和社会经济结构之中。②布雷纳的著作大体上呈现了结构主义的基本特征。不过,布雷纳之所以被称为新结构主义流派的代表人,自然有其不同于结构主义的特质。其中最重要的差别是一改结构主义的普世主义和功能主义解释倾向。早期的结构功能主义一直认为,现代性的诸多大尺度特征对社会生活产生了直接的、线性的、

---

① See Judge, D., Stoker, G. and Wolman, H.. Urban Politics and Theory: An Introduction. In D. Judge, G. Stoker and H. Wolman, eds.. *Theories of Urban Politics*. London: Sage, 1995.

② DiGaetano, A., and Strom, E.. Comparative urban governance: An integrated approach. *Urban Affairs Review*, 2003, 38(3), pp.356–95.

功能性的影响。新结构主义怀疑决定论色彩的、线性的和普适性的因果规律存在,因此转向了多变量和多层次要素相互依赖的复杂性分析体系建构。举例来说,结构主义会提出宏观结构性社会经济转型是否会弱化或强化城市层面的国家权力,而新结构主义则尝试着仔细考察多层次国家区划调整、重构和再尺度化的复杂过程。受到前辈思想家的影响,布雷纳提出了相对化的、尺度化的和对脉络敏感的新结构主义研究路径。

下面结合布雷纳这部著作,厘清相关概念,对新结构主义作一简要评述。

(1)尺度(scale)。作为地理学名词,尺度的概念与地域(territory)的概念密切相关而又不可混为一谈。地域具有固定的地理规模和形式。比较而言,尺度是社会建构的产物,相当于社会互动的"容器"只有通过主体之间的交互作用才能获得其意义和重要性。举例来说,如果我们从地域的意义上来说勃兰登堡地区,我们可能会想到其地理规模、可测量的面积和地理概貌。而一旦我们指的是作为国家权力尺度的勃兰登堡地区,我们感兴趣的是其在广泛的(国家、欧洲和全球)的国家空间组织脉络下的政治、经济和社会角色与意义。①

(2)国家性(statehood)。作为多层次城市治理的倡导者之一,布雷纳对国家权力的理解也是将国家、超国家和次国家在空间的制度化上融为一体。不过,由于民族国家长期以来是安置国家权力的主要容器,学者们往往一说国家(state)就会自动意指国家(national)的维度。为了避免这种理解,布雷纳使用了国家性的概念,国家性没有了国家维度的偏见,对国家空间进行了多尺度(multiscalar)的概念化处理。②

(3)国家空间重构(state spatial structuration)。布雷纳的国家空间组织的概念也是动态的概念。他强调指出,城市学家只是近期以来才逐渐开始根据动态过程而非固定的地理实体角度对国家空间性进行概念化处理。因此,我们应该根据"城市化进程"来分析"城市"。布雷纳参考了哈维的做法,从独特的城市角度界定了国家空间的动态性。相应地,城市也被理解为资本主义冲突的、动态的社会关系的一个脉络、一个媒介和一个结果。由此,新的国家空间既不是简单的结构决定论的逻辑产物,也不是自生自发的唯意志论的产

①　Brenner, N.. *New State Spaces: Urban Governance and the Rescaling of Statehood*. Oxford: Oxford University Press, 2004, p.10.

②　Ibid., p.4.

物,而是在内部分化的国家机构和规制项目内部,通过(既定)空间结构和(新兴)空间战略之间的相互转化和演变的结果。这种固化的国家权力尺度和新兴的治理形式之间的冲突性互动可以描述为"国家空间重构过程"。

(4)国家的空间选择性(state spatial selectivity)。布雷纳的另外一个参照系是杰索普,布雷纳就是要将杰索普的国家理论进行空间化处理。杰索普发明了"战略选择性"(strategic selectivities)的术语,意指国家仅仅向选择性的战略规划和目标提供结构性特权。布雷纳对这一概念进行了空间化解读,提出了自己的"国家的空间选择性",宣称国家也可以向某些区域或城市提供特权(比如财政支持),而有意忽略其他城市或地区。在这一意义上,"空间不仅仅是国家制度组织的核心维度,而且逐渐成了国家战略锁定在特定区域、地方和尺度的一项明确的目标"①。

总体来说,布雷纳提出了一整套极为复杂而烦琐的术语体系。透过城市治理转型的棱镜,布雷纳阐发了他对国家空间重构连续阶段的理解。他强调了这些变迁大部分可以追溯到20世纪70年代福特主义积累体制和凯恩斯主义民族福利国家的危机。他把国家空间组织称为空间凯恩斯主义,大体上对应了福特主义/凯恩斯主义,代表了国家资本主义的高峰,中央政府成为无可争议的唯一最为重要的政治权威,推行自上而下的、官僚科层式的、计划导向的城市政策议程,即城市管理主义。城市和区域主要是作为执行国家政策的行政分支。

对于福利国家来说,区域间和城市间的不均衡发展被视为全国人民福利和生活水准的障碍,最突出的政治难题就是通过法律和财政等政策手段,将增长和财富分配分散化、均衡化,从而降低全国各地的不均衡的空间发展状况。就此而言,空间凯恩斯主义是一项史无前例的重大规划,创建了一个平等化的、均衡化和相对统一的民族国家空间的网络系统。20世纪70年代早中期以来,宏观经济的震荡动摇了空间凯恩斯主义的根本,由此产生的社会问题、尺度安排和政治决策目标都开始发生深刻变革。国家空间组织的调整导致了对主流的国家空间选择性的替代,在空间凯恩斯主义时代,城市边缘地带成为财政支持、再分配政策以及国家城市扶持政策的主要目标,而由

---

① Brenner, N.. *New State Spaces: Urban Governance and the Rescaling of Statehood.* Oxford: Oxford University Press, 2004, pp.175–176.

于大规模的去工业化和失业问题的出现，上述政策目标和重心此时转向了中心城市地区。此外，地方政府开始被迫强化税基，提高了各种服务类收费和行政收费等非税收入的征收比例。

自此，城市开始自谋生路，自主地去振兴地方经济和科技创新，布雷纳将这一现象称为"内生性发展战略"。内生性发展战略维持了空间再分配和地域性均等化的优先选项，并将其"尺度下移"到了城市层面。将社会空间的不平等程度降到最低的努力现在适用于单个城市的尺度，而在国家的尺度上则弱化了很多。显然，内生性发展战略深深根植于空间凯恩斯主义的范式之内。不过，这种内生性的刺激战略在诸如吸引外资等推动某一城市快速发展的同时，却造成了城市和区域之间的竞底（race to the bottom）式的恶性竞争。

事实上，由于内生性发展战略无法建立起新型的积累体制，也无法解决持续的经济滞胀和高居不下的失业率问题，布雷纳认为，这不过是空间凯恩斯主义和新型的国家空间组织之间的过渡阶段。

20世纪70年代末和80年代初，空间凯恩斯主义范式在西欧所有政治决策尺度上都遭到了遗弃。福利国家收缩、市场自由化、私有化的新自由主义议程四处散播，标志着福利导向和再分配政策范式全面转向了货币主义的、增长和竞争取向的范式。布雷纳将新兴的城市治理范式和国家空间重组称为"区位政策"。

进入20世纪80年代，区位政策可以看作西方国家特别是欧洲国家层面对地理经济重构和欧洲一体化的积极回应，也是国家空间重构的战略之一。提升城市综合竞争力就是其中重要考虑之一，除了经济指标之外，生活质量、可持续发展、环境和文化吸引力也是重要参数。

进入20世纪90年代以来，全球化的竞争国家体制浮出水面，布雷纳指出："全球化，因为其依赖于协调的国家政治战略去定位处于超国家（欧洲的或全球的）资本积累循环内的多样性的次国家空间（地方、城市、区域、产业区）；竞争型国家，因为其较之诸如平等和再分配这类福利主义优先事项更偏向于结构性竞争的目标；政制，因为其代表了一个不稳定的持续演化的制度混合体，而不是一个充分巩固的国家形态。"①综观整个20世纪90年代，

---

① Brenner, N.. *New State Spaces: Urban Governance and the Rescaling of Statehood*. Oxford: Oxford University Press, 2004, p.30.

城市内部之间以及国内城市内部之间的竞争不仅没有释放生产与创新的潜力,而且产生了慢性规制型缺陷,进而激化了社会空间的极化趋势。事实上,竞争的律令让城市耗费了太多时间和税收去竭力吸引重大项目和财政来源。这些斗争可能导致某些地方短期的选择性成就感,但从整体上看地方间的竞争可能是一场零和博弈,会进一步加剧国内或区域内的地域破裂和极化现象。从地方服务供给来说,地方间的竞争也可能会导致"竞底游戏",而从高科技创新导向的城市中心向经济欠发达的城市边缘形成的外溢预期却没有如期发生。

20 世纪 90 年代,上述社会空间不正义现象在整个欧洲持续蔓延,国家尺度重组战略(state rescaling strategies)就是应付这一危机而采取的危机管理措施之一。首先,立足于邻里的反排斥战略,即尺度下移,这一战略的实施增强了社会凝聚力和融合度,也降低了城市区位政策在地方间的负面效应;其次,国家边界内外的城市网络的建立为政策的协调和经验的交流提供了平台,即尺度外移;最后,大都市区改革的倡议成为了解决城市区位政策的有力工具,即尺度上移。

当代西欧的大都市区改革倡议旨在强化大都市区的合作,是一项弹性化的、区域路径依赖的战略调整,力图克服前一轮社会空间重构产生的权力机构碎片化和社会空间极化与不平等问题。对此,当前的大都市区改革倡议代表了一种清晰的尺度上移的战略,最终目的是为了提升更大范围的行政辖区内决策一体化的水平。对于布雷纳来说,关键的问题是这些大都市区改革倡议是否真的成功地提供了一个城市区位政策的替代方案,是否仍然继续沉湎于国际竞争力的律令之下。

布雷纳认为,提高国际竞争力的考虑仍然是当代大都市区改革倡议的核心议题,与空间凯恩斯主义时代不同,地域均等化和福利供给不再是大都市区政策的核心目标,而至多是促进经济竞争的手段和工具而已。虽然提高社会凝聚力、降低城市贫困的政策仍然是多层次城市治理条件下的议程之一,但却是从属于发展型事业的一部分了。

二、新韦伯主义的城市治理范式

由于文化霸权,在城市治理的范式中,基本上是英美主导了城市治理理论范式的形成。与此同时,英美以外特别是欧洲学者对英美研究范式、概念工具以及根据英美经验得出的结论的适用性和合理性始终保持着审慎的怀疑。他们提出了"欧洲型城市"的理念,其中法国学者帕特里克·勒·加莱(Patrick Le Galès)即为新韦伯主义城市治理范式的代表人物,《欧洲型城市:社会冲突与治理》(*European Cities:Social Conflicts and Governance*)是其代表作。与布雷纳类似,加莱也认为,城市治理和国家空间重组的相关议题是一个一体化的论辩方式,着重讨论的是在民族国家模式变动、次国家地域约束和机会改变的条件下,国家、经济和社会的变迁。①

加莱笔下的"欧洲型城市"或说"欧式城市"也是处于多层次的复杂的社会经济、政治、文化和历史脉络之下的。针对新世纪以来民族国家的式微,超国家行为体和次国家行为体政治权力和社会地位的上升,加莱也认同布雷纳的观点,即这些转型进程并不意味着国家权威的式微,而是国家权威的重构和再分配。加莱的研究取径之所以体现了多层次的视角,乃是由于他强调了当今的政治与政策覆盖了社会各领域中扮演不同角色的多重行为主体。当今的问题跨越了官僚体系、各个部门,赋权给社会组织、邻里组织、私人公司、教育机构等。

与布雷纳一样,加莱的基本想法也是秉持整体主义的思维,试图从整体上解决"欧洲型城市"的问题,从宏大图景着眼于概括整个欧洲城市治理的重要特征和系统趋势。为了避免普世主义的偏见,加莱尽可能避免对宏观结构转型的轨迹和效果采取标准化的处理方法,追踪地方、区域和国家各个层面的路径依赖。国际竞争部门和服务型经济诚然是给欧洲的某些城市和区域带来了好处,但却弱化了其他城市的经济福祉、社会融合和政治整合。考虑到同一事件的不同影响,加莱承认,我们既无法提供一个连贯而统一的欧洲城市的素描,也无法预测其未来的发展走向。

虽然加莱没有系统梳理自 20 世纪 70 年代以来的几轮国家空间重构进程,但他基本同意布雷纳的相关内容分析。他认为,空间凯恩斯主义的危机首先是民族福利资本主义的危机,引发了国家权力的按尺度再分配,城市成了日益积极相关且具有影响力的政治行为体。加莱承认,直到 20 世纪 70 年代末,欧洲城市仍然是由自上而下的、再分配的福利主义规划所支配,随后

---

① Le Galès,P.. *European Cities:Social Conflicts and Governance*. Oxford:Oxford University Press,2002.

转向了更具企业家精神的新自由主义范式。①

　　显然,新结构主义和新韦伯主义著作的内容极为相似;此外,加莱在自己著作中还将其研究路径称为"新比较政治经济学方法",他深信自己扎根于政治经济学的传统。二者的差异突出表现在布雷纳是一个城市地理学家,侧重分析国家尺度性组织的宏观结构转型, 而加莱则更像是一个行为主体导向的社会学家,更偏重于广义上的历史制度主义取径。二人研究之中不同术语的使用体现了不同学科背景的来源差别。不过,新结构主义和新韦伯主义思维之间更多是侧重上的不同,而非实质性的差异。关键是新结构主义和新韦伯主义都赞同非决定论式的、复杂的、多层次的、对脉络敏感的研究议程。

　　应该说,加莱的"欧洲型城市"的理想型概念实际上与布雷纳的研究取径不谋而合。二者都将研究聚焦于西欧这一地理范围, 都力图回答下列问题:欧洲型城市是否具备一种独特的治理模式,可以为国际竞争和经济增长至上律令的范式提供一种替代方案? 布雷纳的答案总体上是否定性的,欧洲城市没有呈现任何异于世界的特质。《新国家空间》对欧洲的讲解,对国家空间重构的连续阶段以及对盛行的城市治理模式的诊断, 同样适用于对美国城市的分析。

　　加莱则小心翼翼地抽象出欧洲型城市的基本概貌和共同特征。他十分了解欧洲政治系统、历史文化以及城市化轨迹的多样性,那么什么是欧洲最明显的特征,为何他被称之为新韦伯主义,首先我们要考察一下他的学科背景和方法论基础。加莱指出:"城市社会学长期以来在城市聚合分析模式中居于特权地位,无论是立基于城市环境学模式,还是在马克思主义或新马克思主义的传统之下,都是如此。"②早期自诩普世主义的城市理论持不同见解的知识传统是由著名社会学家马克斯·韦伯于20世纪初期建立起来的,韦伯对不同类型的城市进行了比较, 为比较社会科学研究提供了启发性的工具。韦伯从诸多中世纪欧洲城市中抽离出一系列可以观察到的社会和政治特性,进而提出了一个高度理想型的西方城市的概念,而后他又与同时代的东方城市的理想类型进行了比较。加莱对当代欧洲共享的若干理想型特性

---

①　Le Galès,P.. European Cities:Social Conflicts and Governance. Oxford:Oxford University Press,2002,pp.238-40.

②　Ibid.,p.22.

进行了抽离,某种程度上也是继承了韦伯的这一知识传统。与韦伯的理想型城市比较的对象不同,加莱选择的并不是将东方城市与欧洲城市进行比较,而是将欧洲城市与美国城市进行了比较。较之韦伯主义,这种新政治经济学视角下的欧洲型城市研究可以称为新韦伯主义。

具体说,一方面,与布雷纳一样,加莱强调最近社会科学领域对城市问题的高度重视归因于 20 世纪 70 年代以来民族凯恩斯主义的危机;另一方面,他援引了布雷纳未曾触及的历史参照系,即韦伯的理想型城市。加莱宣称,欧洲型城市的中世纪遗产仍然表征了当代欧洲型城市的重要脉络,这同样也有助于我们解释欧洲城市的独特性。

早在 10 世纪和 14 世纪"第一波城市化浪潮"为今天欧洲的城市系统奠定了基础,"整个西欧地区就是现在常说的'蓝香蕉'①,这一由中等城市构成的城市网络成了欧洲贸易的支柱,也逐渐成为政治、社会和科学创新的枢纽"。令人惊讶的是,这一城市模式历久弥坚,虽然其间经历了战火、瘟疫的洗礼和地缘政治的转型,其基本结构历经数个世纪依然强健稳定。如今,欧洲城市系统的核心仍然是由中等城市组成,相距较近,而北美的城市系统则主要是由大都市区组成,相距较远。②

除了这种特殊的城际系统之外,历史上的欧洲型城市市内形态学也逐渐确立了独特的结构化。事实上,大部分美国的城市都要比欧洲的城市年轻得多,美国的城市是围绕地理规划建立起来的,中心代表了中央商务区(CBD)。而典型的欧洲型城市则是围绕一个标志性建筑物建立起来的,比如市政厅、教堂、购物中心等。长期以来,城墙通常是城市及其边缘之间的分界线。而欧洲的城市长期以来地理扩张虽然超出了中世纪城墙的范围,但其历史中心依然发挥着相应的其历史功能,除了作为商业活动中心之外,欧洲型城市中心依然广受欢迎的宜居之地。最值得一提的是,自 20 世纪 50 年代以来的城

---

① 1989 年,法国地理学家布吕内(Roger Brunet)提出了"蓝香蕉"的概念,指从英国伦敦经过荷兰、比利时、西德和瑞士,到意大利的米兰,欧洲经济发展强劲的地带。布吕内担心,经济高度集中在巴黎的法国将从"蓝香蕉"地图上消失。他提出这个概念,敦促法国政府投资基础设施,以巴黎—里昂—马赛为轴,发展成为约有 1.1 亿人口的高度城镇化的欧洲支柱。上海第一财经日报:《从"蓝香蕉"到"金足球":欧洲工业中心向东移》,http://ouzhou.oushinet.com/eu/20150317/186899.html。

② Bagnasco, A., and P. Le Galès, eds.. *Cities in Contemporary Europe*. Cambridge:Cambridge University Press, 2000, pp.4-8.

市蔓延趋势和近期的信息通信革命都未能摆脱这一历史上主流城市中心的传统，显示了欧洲型城市超强的历史连续性。

新结构主义将城市作为政治权力和社会融合的一项重要尺度，同时也代表了国家空间重组的广泛进程的一个先决条件、场域和后果。虽然布雷纳充分认识到了行为主体在形成地方和区域路径依赖方面的能动性，但他仍然有意识地选择了强调尺度安排和相关性的抽象的结构性分析。比照而言，加莱更为关切不同群体的行为者之间的交换行为，在社会融合、城市政策制定和执行过程中发挥了重要作用。加莱对地方行为主体和中介机构的强调意在将城市定格为政治上相关的集体行动者和不完整的社会。①加莱之所以被冠之以新韦伯主义，不仅在于其方法论上的韦伯主义取径，更在于其内容上的社会学叙事。

在《论城市》中，韦伯对中世纪欧洲城市的描述不仅仅是地理学上的，更重要的是拥有独立行政机关、辖区和市场的同质性的、部分自治的地方社会和集体行动者。韦伯尤其感兴趣的是中世纪后期地方社会和政策，例证了欧洲民族国家崛起前夕的历史转型时刻。在解释当前国家空间重构和民族资本主义危机进程中，加莱对两大历史转型进行了类比分析。加莱指出："欧洲城市的政治维度长期来看是居于中心地位的，而且仍将如此。一旦被民族国家的胜利所遮蔽，政治维度就永远无法完全消失，会再次开启。"②这里面的核心假设是欧洲城市可能会从漫长的历史中获益，因为它们不是特定的治理模式下的消极的遗址，而是部分融合的地方社会和政治上相关的集体行动者。③

如果说韦伯对中世纪城市的描述颇具说服力，那么当代城市亦可依葫芦画瓢吗？首先，城墙已经失去了往昔的功能，很难据此界定城市的地理边界。其次，城市居民的成分以及相应的政治偏好也变得越来越多元化了。再次，与中世纪比较而言，城市的使用者和所有者不再是同一的了。最后，城市存在的脉络发生了根本性的变化，城市体系呈现多层次的特征。如此，韦伯对地方社会和集体行动者的分析仍然可以适用于 21 世纪的欧洲城市吗？

---

①　Le Galès, P.. *European Cities: Social Conflicts and Governance*. Oxford: Oxford University Press, 2002, p.186.

②　Ibid., pp.264-265.

③　Bagnasco, A., and P. Le Galès, eds.. *Cities in Contemporary Europe*. Cambridge: Cambridge University Press, 2000, p.30.

对此,加莱分别对地方社会和集体行动者进行了解释。与传统地方社会的和谐一致不同,现代城市中的社会多样性、政治冲突、权力斗争和文化多元性才是常态,复杂的集体认同需要在新时代加以重构。为此,他指出:"当将城市设想为集体行动者和地方社会之时,关键是要避免将城市具体化为单一的行动者,主要从当选的政治行动者考察。这意味着要考虑到组成城市的各种各样的行动者、群体和机构。在城市中,各类群体、各类行动者、各类组织相互反对,产生冲突、合作,利用代表将集体行动制度化、执行政策、将不平等结构化,并捍卫自己的利益。总之,它们只能在部分意义上作为不完整的地方社会进行研究。"①

根据上述阐释,加莱认为韦伯对城市的观察视角仍然不失为一种有用的工具,同样可以适用于多层次城市治理的研究。不过,并不是所有拥有资源、能力和雄心的欧洲中等城市都会成为政治上相关的集体行动者,并成为部分整合起来的地方社会。对于许多城市来说,不懈的致力于社会融合和政治代表,提升特定的地方资产,吸引财税资源,对于成为欧洲乃至国际尺度上多层次城市治理当中积极的行动者无疑是必要的。其他城市只能依靠外部或中央政府的拨款和优惠政策。

加莱强调指出,历史中心城市里面的居民的社会空间构成决定了城市是否能够建立地方社会并成为政治上相关的行为者。他认为,欧洲常常可以提供有利的诱发条件,与美国城市比较,中产阶级和城市精英始终居住在城市的中心。而在美国,20世纪50年代以后,由于汽车的批量生产和城市的迅速蔓延,中产阶级大规模地迁往新建的郊区,市中心的危机也就比欧洲小得多。在欧洲的城市中,接受教育的中产阶级和城市精英始终在政治上保持优势,也有充分意愿和能力积极参与城市治理。他们中的多数供职于公共部门,有较高的教育背景,较好的个人关系网络,有良好的参与决策的制度渠道。因此,他们积极参与公民结社,工会和公民团体有志于城市的公共利益和公益事业,扮演了积极的公民身份角色。

经过中世纪半地方性国家的蜜月期,民族国家的崛起开启了对地方的强力规制。特别是进入了19世纪和20世纪,民族国家政府通过执行全面的

---

① Le Galès, P.. *European Cities:Social Conflicts and Governance*. Oxford:Oxford University Press, 2002, p.9; p.12.

战略规划力图将理想状态的政治和社会蓝图付诸实践。最终,欧洲城市形成了一个强大的公共权威干预色彩的传统。与遵循市场逻辑和土地开发为主轴的城市发展轨迹不同,城市的社会空间构成和地方福利服务递送始终是公共利益和政府公共职责的重要组成部分。按照加莱的说法,欧洲的这种态度不仅限于工人阶级、左派和知识分子。早在 19 世纪,由开明资产阶级组成的欧洲实业家也都支持推进社会包容和均衡发展的城市政策。时至今日,商业组织也能够超越自身的狭隘利益,服务于公共物品的生产和公共服务的供给。

欧洲城市的上述特征明显不同于美国的城市自治体(municipalities),后者是典型的商业共和国治下的地方自治体,主要依托于地方私人公司的税收作为财政来源,而欧洲城市收入的主要构成仍然来自于中央政府的拨款,欧盟成立后,欧盟也成了欧洲城市拨款的主要来源之一,这种超级福利国家制度的庇护,也是欧洲城市独立于商业集团的自主性根源之一。以德国为例,社会政策职能是德国地方政府传统的重要部分,被称为地方福利国家,历史上形成的以地方政府为主体的地方福利国家得到了 1961 年联邦立法的承认并得以进一步强化。公民领取社会救济的权利得到联邦法令的确认和扩充,社会救济的供给一直是地方自治政府的行政与财政职能,而 1961 年的联邦法案更是详细明确了地方政府这一不可推卸的责任。同时,1961 年的《联邦社会救济法案》又强调了传统的另外一条附加原则,即鼓励个人社会服务可以由非公共福利组织提供而完全由地方个人承担。①

此外,虽然大部分城市福利供给和福利政策是由中央政府提供和执行的,但许多欧洲城市自治体本身就是大地主,相当份额的公共土地所有权赋予它们实质性的权威,以保证他们对土地使用和可持续的城市规划拥有高度自主的决策权。由此,城市自治体也就有可能制定并有效地执行社会住房政策、基础设施开发项目,以及其他区域战略,防范或降低社会空间的极化和社会排斥现象。

加莱认为,在欧洲,国家引导型的、干预主义式的、福利导向型城市政策是建立在广泛社会共识的坚实基础之上的。显然,加莱所谓的欧洲型城市有着悠久的历史传统根基和独特的泛欧洲政治文化渊源,强调社会包容、社会团结、社会凝聚,这也是欧洲国家弥漫着高度政治干预的文化条件。也正是

---

① 　[德]沃尔曼:《德国地方政府》,陈伟、段德敏译,北京:北京大学出版社,2005 年,第 93 页。

这种政治文化构成了当代欧洲多层次城市治理的基本脉络和核心导向。几个世纪以来,这一政治文化渗透到各个尺度的政治决策之中,长期形成的历史连续性保证了欧洲城市体系的长期稳定性和政策的连续性。

伴随着欧洲一体化和欧盟的制度化,欧洲的城市逐渐被整合到欧盟,欧盟与城市和城市区域的联系和合作越来越密切,甚至越过了民族国家的管辖边界。正如加莱所说,欧盟的制度化对于欧洲型城市具有不寻常的意义,超出了社会学和地理学的分析范畴,城市日益成为欧洲政体的一部分。它们"越来越欧洲化了,因为欧盟的制度化建立起来的规则、规范、程序、指令,以及公共政策如果不是全部也会对大部分城市产生影响"①。

三、欧洲型城市假设的检验与超越

由上文所述,加莱一方面赞同布雷纳,承认整个西欧盛行的治理模式发生了系统性的变迁和转型;另一方面,加莱却不认可布雷纳对竞争范式已经成为多层次城市治理的主要结构性和指导性原则的判断。简单说,加莱对欧洲型城市的假设可以归纳如下:一项独特的历史遗产从根本上塑造了当代欧洲城市的政治地位、社会空间构成以及政治文化。在多层次治理的复杂网络下,作为不完全的地方社会和政治上相关的行动者,它们有能力采取相关行动。他们能够追求反制竞争和增长合理性的政策目标,从而维护和促进社会包容与地方福利作为自身的政策目标。

不过,加莱也承认,城市间的竞争确实是不可避免的外部压力,随之而来的更具企业家精神和碎片化的多层次城市治理毋庸置疑地影响了整个欧洲的城市政策,这一范式当然与社会包容和地方福利供给产生摩擦。但加莱认为,这仅仅是故事的一部分,由于独特的历史背景和脉络条件,经济增长和经济的原则被其他强大的政策目标对冲了,也可以说是强大的路径依赖。为此,他与布雷纳都认同,整体式的唯一主导性的城市治理模式是不存在的,必须考虑到地方、区域和国家的特殊性。虽然如此,他也与布雷纳一样,从整个欧洲的共通性中抽取精华,从而为整个西欧提供一个大尺度的叙事。

---

① Le Galès,P.. *European Cities:Social Conflicts and Governance*. Oxford:Oxford University Press,2002,p.175.

而对于这一共通性的具体描述，二者则存在着重大分歧。对于布雷纳来说，整个欧洲的共通性在于区位政策的主导性和国际竞争的强制性。而加莱则认为在欧洲可以建立起一种足以对抗国际竞争范式的城市治理模式。

第四节　简要结论

归纳起来，新韦伯主义和新结构主义的异同表现为以下四个方面：

第一，整体理论方法和分析范围的异同。①二者都坚持按照从城市政府到多层次城市治理的研究线索；②对脉络敏感，多层次，非决定论，复杂性导向的城市治理分析取径；③城市是城市治理的先决条件和行动者；④虽然存在路径依赖，但整个西欧仍然发生了全方位的连续的国家空间重组和流行的城市治理模式。

第二，主要参照系和分析坐标的异同。①新结构主义遵循了以列斐伏尔、哈维和杰索普为代表的政治经济学传统，强调国家权力的尺度及其相互关系；②新韦伯主义遵循了韦伯的政治经济传统，强调欧洲共享的遗产、中介制度和地方代理机构。

第三，对欧洲城市治理转型趋势所作假设的异同。①新结构主义假定，自 20 世纪 70 年代以来，国家空间重构经过了几轮调整，城市政策受制于国际竞争的律令之下；②新韦伯主义则假定中世纪以来的欧洲城市历史一直延续至今，并产生了特征方面的路径依赖，欧洲型城市是集体行动者和地方社会，有着较强的社会凝聚、福利主义和公共干预的传统。

第四，局限与缺陷的异同。新结构主义对国家空间重构连续阶段的典型描述可能无法从整体上把握西欧的全貌，缺乏清晰的适用范围。新韦伯主义对欧洲型城市的假设建立在多重参照系的基础之上，难以明确界定理念的概念特性，同样也缺乏清晰的适用范围。

在独特的历史脉络的发酵下，欧洲型城市有能力成为局部一体化的地方社会和集体行动者，而且可以建立起超越具有企业家精神和国际竞争的新自由主义逻辑。这一论断是欧洲型城市假设的核心。上述坐标构成了欧洲型城市定义的关键要素：现代欧洲城市脱胎于中世纪城市；现代欧洲城市拥有作为自主的集体行动者和地方社会的传统；现代欧洲城市是强势的干预主义民族福利国家的一部分；现代欧洲城市是欧盟的一部分。不过，上述欧洲型城市的共性中也隐含着不同欧洲城市的个性。比如,意大利北部的城市就可以上溯到中世纪城市悠久的自治历史中去,同时它们也是现代欧盟制度化的一部分。不同的是,它们缺乏强势的再分配和凝聚导向的福利国家干预主义色彩的嵌入性特征。比较而言,斯堪的纳维亚的许多城市在福利导向、社会凝聚力、平等和强势干预主义意义上更近似有理想型的欧洲型城市,但它们又缺乏意大利北部城市的自治传统。

由此可见,参照系及其权重的不一致性就决定了难以清晰地界定"欧洲型城市"。加莱指出:"整个欧洲层面的公共服务、基础设施和规划的比较从一般意义上揭示了斯堪的纳维亚国家、南欧国家以及英国的差异。德国和法国之间的差别取决于作者和主题。在能够辨识出共同特征之前,不得不延展到更大程度的普遍性和抽象性,同时利用上对美国大城市的对比。"①

显然,欧洲型城市假设的地理范围是难以清晰界定的,加莱的著作是将这一地理范围限定在西欧的地理范围之内。加莱认为,虽然在结构和脉络上存在着种种差异,斯堪的纳维亚国家、德国、法国、荷兰、意大利以及西班牙的城市原则上是可以贴上欧洲型城市这一标签的。

总之,新结构主义和新韦伯主义之间的根本差异并不在于整体的分析框架,而是在于对整个欧洲城市治理转型的发展轨迹所作的诊断和假设上。布雷纳认为他对国家连续空间重构阶段所作的全面诊断并不能取代对城市治理的详细研究,只能为城市治理的路径依赖轨迹提供一个广阔的背景。加莱对欧洲型城市的假设也是如此。二人对当下城市治理转型的整体评价可能存在分歧,但二人的问题意识、变量关系、研究层次上,特别是多层次城市治理分析,是存在着广泛共识的。诚如卡泽普夫(Kazepov)所说:"虽然基于所采用的标准以及由此得出的结论形成的类型学在建构上存在着某些分歧,但对推动新型治理安排(经济重构、国家权威的放权)扩散的力量上是存在着广泛共识的。民族国家以及这些新的治理形式的制度嵌入性的重要性也似乎达成了共识。制度反映了价值、规范和实践,同时也提供了行动者受限的理性的背景。"②

---

① Bagnasco, A. and P. Le Galès, eds.. *Cities in Contemporary Europe*. Cambridge: Cambridge University Press, 2000, pp.14–15.

② Kazepov, Y.. Introduction. Cities of Europe: Changing contexts, local arrangements and the challenge to social cohesion. In Y. Kazepov, ed.. *Cities of Europe: Changing Contexts, Local Arrangements and the Challenge to Social Cohesion*. Oxford: Blackwell, 2004, p.29.

第七章　趋势与展望

第一节　全球化背景下的城市变革与治理的兴起

进入 21 世纪以来,全球的、国家的、区域的以及地方层面的治理越来越缠绕在一起了。全球治理的对象不仅包括民族国家和跨国机构,还包括城市与区域。遵循同样的逻辑,全球的政治和经济力量对各类组织和机构都产生了史无前例的强大冲击力。

应该说,全球化促进了传统府际关系及国内国际机构关系的全方位调整,为城市和区域重新定位提供了挑战和机遇。在此意义上,城市政治和城市治理在某种程度上不仅是国家决策和行动塑造的产物, 也是国际和全球层面决策和行动的作用。这主要体现在两个方面, 一是 "向全球跃进"(Go Global),将自身置身于国家领域和国际市场, 努力将自身打造成 "世界城市"。这一跃进过程、方式以及后果就成为城市政治和城市治理的研究对象之一。二是全球化对城市以及城市治理的挑战和影响。传统的城市治理将重心放在地方和地方议题上, 面对全球化的挑战将如何维系, 变革的动力如何,都成了这一方面的问题。

全球化在城市层面产生了两个主要影响:其一是人、财、物和服务的自由流动,诸如多伦多 45%的人口来自移民,安置和整合这么一大批移民本身就对城市治理提出了重大挑战。其二是城市化,全球化加快了发展中国家的工业化信息化和城市化进程,虽然不存在单一的模式,城市化的趋同性却是毋庸置疑的。城市化同样产生了诸多社会政治问题,对城市政治和城市治理提出了新的课题。

从"向全球跃进"的历程这一城市的国际化现象来看,早在中世纪前后,欧洲的城市和城市国家先于现代的民族国家走向历史的舞台。进入现代以来,工业化掀起了第一波全球化的浪潮。地方市场无法维系规模经济生产的大量产品,企业开始在全国乃至国际范围内扩大市场。这一国际化进程的动力机制和激励机制是什么呢?国际化背后的重要理念就是支持地方或区域商业团体寻求拓展新市场,由此国际化赋予了城市新的职能和角色。国际化的逻辑是一国的城市区域与他国的城市区域之间为了共赢而建立纽带。由此,城市在这一进程中的核心作用就是经纪人,城市间接地通过商业部门、经济增长以及税收的各类联盟中受益。时至今日,城市的国际化联系长期是依靠文化交流即所谓的"姐妹城市"(sister cities internationalic,SCI)或"友好城市"组织起来的。国际姐妹城市是一个非营利的外交网络,可建立并强化国家和国际社群之间的伙伴关系,并希望能借由增加城市等级的国际合作,可以推广文化的互相理解并促进经济发展。SCI所领导的运动,以推动本地社区的发展和志愿者活动为目的,通过激励和加强民间、官方和商业领袖之间的长期接触,实现双赢。

综观全球,欧盟是城市国际化的重要推手。欧洲一体化的进程赋予了城市和区域崭新的探索国际空间的机会结构。通过强化成员国自身机构以及次级机构之间的联系,欧盟有力地推动了欧洲城市向国际领域开放。新的国际机会结构并不是向布鲁塞尔欧盟总部争取财政资源和政治影响,而是由欧盟政策系统提供了多种财政支持途径用于城市或区域复兴的预算拨款。欧盟的非等级性治理模式使得跨国和次国家机构之间交互作用而无需考虑民族国家层面,这就是所谓的多层次治理(multilevel-governance)。与国内的府际关系形成鲜明的对比,多层次治理是一种协商关系,而非依照行政等级组织起来。这意味着城市不必受制于中央政府,当然也就无法获得传统府际关系的制度性嵌入带来的安全。这就需要掌握欧盟体系运转、信息和资源的相关知识。当然国际化也存在着各类风险,开放经济往往对市场价格的波动比较敏感等。

国际化的成败得失不仅与地方经济的结构有关,而且与城市在国家背景下的位置有关。诸如日本、德国、意大利和美国,城市规模大体均衡,而有些国家则围绕着首都形成依附性发展,比如奥地利的维也纳、芬兰的赫尔辛基,丹麦的哥本哈根,还有些小国却拥有国际化的首都,大部分人口居住在首都,如韩国的首尔等。国家资本的重要性产生了向心力,一国首都是国家面向世界的窗口,政府有着强烈地激励促进城市的国际化。

　　萨维奇和康特从策略选择和全球化对城市治理的影响角度全面分析了城市的国际化，"城市有许多选择，那些选择因拥有的资源不同而有所差异，而且选择不是毫无约束的。但它们仍然是可以适用的选择。最重要的是，城市的选择并不是一成不变的，而是可以扩展、收缩和修正的⋯⋯城市不仅仅是留下了国际化的风气，而是以不同方式塑造经济产出的政治实体"[①]。

　　有关城市政治和地方政府的争论从未间断过，从密尔和托克维尔以来，西方国家一直将地方自治作为培育社会化的民主学校。因此，地方政治选择的范围和自由是理解城市政治重要性的关键变量，这往往涉及一国的国家结构形式问题。从 20 世纪 80 年代以来欧洲的分权化运动以及风行美国的"新联邦主义"潮流来看，中央政府与地方政府的关系问题，特别是地方机构自治问题也没有解决，仍然按照原有的历史传统沿袭下来。以发达资本主义国家为例，与英美的地方政府不同，北欧和日本的地方政府更倾向于争取强势地位。这决定了各国城市政府提供的服务水平和能力也不尽相同。

　　城市政治的重要性和兴衰成败取决于下列问题的讨论：其一，城市政治是否从未成为政治争论的焦点，因为城市的政策选择受制于国家和国际层面的诸多制约；其次，城市政治从规范的意义上不应该是激烈争论的场域；第三，由于城市的发展受制于经济力量，从而界定了城市政策选择的前提条件。

　　不过，城市的调适性变迁并不是一个机械的过程，总体上来说还是一种选择。城市发展的历史表明，强势的经济利益推动政治领导协调城市的战略选择，同时市民也参与到塑造城市空间的过程之中。城市治理的困境也由此产生，对商业利益有利的城市会疏远核心的民主选民，而将市民参与视为优先考虑的城市就会对私人资本持敌视态度，私人资本就会被迫选择离开。因此，置于城市不同地方的财政资源和选票需要相互平衡。对城市治理的分析模式就是以不同方式调节民主争论和经济行为者之间的关系。

　　城市如何统治以及城市的政治目标如何确立，这是城市治理的基本命题，又可以分解为三个相互关联且交互作用的变量关系，即相关的行为者、目标、实现目标的制度安排。"治理转向"实际上并不是什么从统治到治理的特殊转变，而是治理中的政府角色发生了变化。城市治理理论认为，地方政

　　[①]　Savitch, Hank, and Paul Kantor. *Cities in the International Marketplace*. Princeton: Princeton University Press, 2002, p.347.

府在城市治理中的作用是部门特征的一种功能，地方经济发展与地方组织的不同角色相对应，如住房、社会工作或者公共交通等。在不同模式下，地方政府的发挥着不同的作用。一般来说，城市在城市治理中的作用可以表现为以下五个方面：融资、规制、调解（Mediate）、协调（Coordinate）和监督（Monitor）。

在管理型治理模式下：①城市服务的财源来自地方税基；②城市政府负责公私部门之间竞标公共服务项目的规制工作；③城市通过规定服务的数量和质量，以政治决策的方式协调和监督服务的供给。不过，管理型治理的目标是为了提高效率，主要策略是服务外包、私有化和公私伙伴关系等。因此，管理型治理的核心要素就是将私人部门融入公共服务的供给之中。在统合主义治理模式下：①城市负责为大部分服务提供资金来源；②城市政府没有规制职能，本身是一种自我规制的治理形式；③调解不同社会行为者之间的冲突，动员高层政府的资源。在"支持增长型"治理模式下，①财源主要来自城市，也可以从区域或国家层面的公共组织处汲取资源，或者从国内和国际公司获得融资。②规制作用主要体现为两个方面：其一，调节地方规制系统将对公司部门的干预降到最低；其二，通过规定游戏规则来规制地方市场竞争。在福利型治理模式下，税源主要来自国家或中央政府的拨款。因此，确保来自国家的财政支持是实施福利治理的城市所关注的核心策略。

如上所述，城市面临着诸多内外挑战，同时也重塑和发展了自身的空间和经济基础。历史表明，有些城市成功地适应了环境的变迁，实现了由制造业为主导向以服务业主导的转型，顺利完成了向后工业化和"后福特主义"的转型。同样，历史也显示，许多城市并不具备适应外界环境变迁的转型能力。这种转型能力与城市治理的水平和质量呈正相关。经济重组强调城市领导力发挥回应性作用而非先发制人的作用。最重要的是，城市领导人要与公司部门保持密切关系，以便应对经济重组产生的冲击波，降低其副作用的影响。通过强化城市所有战略行为者的伙伴关系，城市领导人提升了战略行动能力和政策选择能力。是否具备调节变革的能力，取决于政治领导力。

1. 全球化

无疑，全球化是21世纪对地方变革最重要的影响因素之一。有关全球化对城市和区域影响的文献表明，金融资源、财货、信息以及人口的全球性和跨国性流动开放了原本受国家保护的城市和区域经济体，这一变迁更需要一种先发制人的监管型国家以及与之相适应的府际关系。经济重组作为全球经济一体化的重要标志,是对城市政治议程的重大挑战。治理的挑战就是调动政治经济资源以实现经济现代化的战略,从而降低全球经济急剧变迁带来的脆弱性。对于大多数城市来说,这意味着地方经济长期增长的多样性以及对服务型企业和管理型服务业的强调。

2. 移民问题

显然,城市化和移民问题是全球化在城市层面的集中展现。城市化是全球化时代工业化国家的典型特征,中国就是如此,伴随工业化进程,大规模的农村人口向城市转移,这一移民问题是发达国家和发展中国家共同面临的城市政策议题。类似于多伦多这样的国际大都市,移民人口已经占到了45%。移民作为政策和行政管理问题在不同国家和不同政治背景下展开的。对于欧洲的福利国家来说,大规模的外国移民无疑增加了中央和地方政府的财政负担,社会开支要优先解决移民的安置和福利问题。

移民问题涵盖了广泛的跨界运动。许多欧洲和亚洲国家面临着人口短缺的问题,亟须外部移民补充。此外,武装冲突或气候变迁也是导致大规模移民的主要原因之一。国家特别是地方政府在解决移民和劳动力需求方面面临着巨大挑战。在地方特别是城市层面,这类地方劳动力市场规划受益于城市管理和商业社区之间的网络联系。

3. 政府和私人企业的关系平衡问题

城市与私人资本之间的关系是一个城市政治经济关系,按照城市政制理论的分析,也是城市政治的主要研究领域。市场行为者促进了地方经济增长,为城市提供就业机会、增加税收。市场行为者也因此在城市治理中获得了林德布洛姆所谓的"特权地位",这也就决定了城市和企业之间是一种非对称性的相互依赖模式。这种非对称性就给城市治理提出了一个挑战,即将商业社区整合到集体项目之中。应该说,在大多数城市,作为一个关键的社会行为者,商业部门有能力决定城市政策的结果。

4. 多层次治理的挑战

城市并非孤立的存在物,而是嵌入国家乃至跨国性的制度和宪政制之中的。这些制度安排界定了地方政府正式以及实际自主的程度。此外,这些制度也为城市从更高级政府汲取财政和其他资源提供了机会结构。同时,城市、制度以及行为者之间的纵向关系日益重要。制度和行为者之间形成的从全球到地方的复杂纵向交易网络就是多层次治理。

多层次治理不同于传统的府际关系模式。首先,最重要的差别就是,多层次治理的本质是非科层式的,比如说,城市可以在不经过与中央政府协商的情况下与跨国机构订约,反之亦然。其次,这些根据脉络关系界定的制度关系是一种协商性关系,而不是控制和服从的关系。再次,参与是由脉络和行为主体的热情界定的,而非法律和规章制度。总之,城市一方面与地方社区维系横向的生产性网络,另一方面又广泛参与到构成城市纵向环境的区域和跨国论坛、网络以及机构之中。

治理理论有其"利",也有其"弊",治理可以采取网络的形式,同时也可以依托科层或市场机制,这就是杰索普所说的"元治理"①(meta-governance)的应对之道。权威的转移不是绝对的,而是相对的,这取决于实践的需要,是一个经验的问题。首先需要对治理所需的协作安排如治理网络和伙伴关系加以限定。由此就需要考虑以下问题:

(1)在何种条件下,追求公共目标的协作性网络可以不依赖科层制而运行? 如果无法取得令人满意的结果,是否需要来自中央政府的干预,离开中央政府的干预,地方层面的相互信任关系可以建立起来?

(2)何种措施可以缓解或者在相互冲突的利益之间建立共识?

(3)各种成功的城市治理策略是如何创立的? 城市管理者是何时以及如何成功地干预或参与治理网络的?

(4)在何种条件下,基于参与和放权的策略会导致集权的趋势和科层干预?

显然,城市政制论和新制度主义的方法有助于上述问题的解决和回答。

城市政制论与城市治理理论之间存在着共同点与差异性。就共同点来说,二者都关注正式的公私合作。就差异性来说,其一,城市政制理论更为关

---

① 按照杰索普的观点,"元治理"即为"治理的治理"。"元治理"旨在对市场、国家、公民社会等治理形式、力量或机制进行一种宏观安排,修正各种治理机制之间的相对平衡,并且重新调整它们的相对权重,重新组织和重新整合治理机制之间的复杂合作。它本身既没有制度固定性也没有固定边界性,而是一种反思性策略追求。杰索普指出,面对一个多元权威并存的治理体系,国家首先要承担起"元治理"的角色,因为国家是更广泛社会中的一个组成部分,也是保证该社会的机构制度完整和社会凝聚力的责任承担者。国家担任"元治理"角色,必须平衡地方、国家、地区、全球各层次的治理,并相应的协调它们的行动。参见,[英]鲍勃·杰索普:《治理的兴起及其失败的风险:以经济发展为例的论述》,《国际社会科学杂志》(中文版),1999 年第 1 期;郁建兴:《治理与国家建构的张力》,《马克思主义与现实》,2008 年第 1 期。

注议程设置的联盟,侧重政策制定的输入侧,而城市治理理论则更关注政策执行网络;其二,城市政制论的重心是社会团体和经选举产生的议会议员之间的互动关系, 而城市治理理论则更偏重于社会团体和城市经理人之间的互动关系;其三,城市政制一般是由社会行为者建立,而治理网络则常常经由政府工程建立。

由此可见,城市政制论与城市治理理论之间可以相互补充,前者将整体置于某一政治经济而非多元主义的框架之内, 这意味着商业利益是可以整合的。虽然根据定义,企业或商业利益并不是治理网络的一部分,但将网络分析至于政治经济的脉络之下仍然是有意义的, 因为这会引发权力和不平等的议题。早期的政制理论认为,社会—经济体系就预设了官员会有利于哪些集团(商业利益集团)而不利于哪些集团。这就是地方政府收到特定利益集团的支配而形成的"国家俘获"现象。

此外,治理理论与新制度主义之间的关系也是相互支援的,因为治理就是关于政治行为者如何影响行为的正式和非正式规则、规范和模式的。制度遵循路径依赖的渐进变迁之路,不过基于治理假设之上的共识性策略认为某种信任和互惠的规范存在或者可以通过网络建立起来。

第二节　城市的全面发展与治理能力建设

城市的迅速发展为城市治理提出了新的命题, 城市问题的研究面临着研究视角的全面更新升级, 城市的永续发展要求更具一体化的综合考虑物质环境、基础设施网络、财政、制度架构和社会问题。

早在 20 世纪 70 年代,世界机构就开始推动城市援助计划,目的是通过加大对基础设施和低收入居民住房的建设投资来达到减贫的目的。包括贫民窟升级和棚户区改造项目如火如荼地展开,实际效果却收效甚微、不尽如人意,除了政府之外,企业和各类社会组织的积极性不高,导致执行力不强,跨部门的合作和协调不力。

进入 20 世纪 80 年代,城市发展和城市管理的中心开始转向强化政策、财政和制度框架。比如,住房援助计划开始从单纯的贫民窟改造投资转向住房财政政策的调整,对住房类银行和公共住房机构进行了重组和改造。银行开始将更大份额的借贷投入到市政开发项目, 其目的是为了推动市政府的能力建设和财政改革。城市区域内单一部门的项目开发,比如水、电、交通和卫生等项目,开始流行起来。

进入 20 世纪 90 年代以来,城市发展的主题和治理焦点开始转向改善和提高居民福祉和国民福利的问题上来。"宜居""竞争力""永续发展"等主题逐渐涌现,全方位的城市治理规划成为一种必需。

城市问题的复杂性决定了城市治理的前提势必要求,其一,要有全盘的战略考虑和规划方案;其二,要求以最为有效的方式提供公共服务,推动规模经济;其三,应对城市区域内部的紧张关系与发展失衡,比如社会区隔和城区蔓延等。为此就需要考虑以下问题:

(一)国家战略与城市治理

城市是国家在地方层面的缩影,国家的城市战略是国家发展战略的一部分,因此,城市战略务必能够推进国家政策的有效实施,同时,为了城镇的永续发展提供制度条件。具体说就是要处理好以下问题:府际间的财政关系对城市发展的影响;城市社会安全网络的建设;加强环境保护的法律法规体系;城市基础设施建设过程中的政府与社会资本合作;城市融资平台的发展。

(二)地方战略与城市治理

城市的善治与管理是所有城市宜居与竞争力的前提条件。比如,城市公共资金使用的问责与透明。这也涉及清晰的府际关系,以便明确各级政府的权责与激励。众所周知,府际关系的架构是政策能否顺畅实施的关键,特别是简政放权会直接关系到上至中央、下至省(州)直至市的权责配置。同时,企业、社区以及专业团体的广泛参与,也会为城市管理者提供有益的观念、技巧和资源。

此外,对城市经济的驾驭和管理也是城市管理的核心战略组成部分。全球化和分权化的趋势必然迫使城市管理者深入了解所在城市经济发展的优势与劣势、夕阳产业的危机,以及朝阳产业的机会。

(三)财政管理与城市治理

为了从产业集聚中受益,城市必须从吸引商业投资和营造宜居环境两个相辅相成的环节入手。为了达到这一增长的目的,城市需要在扩大基础设施投入和提高公共服务水平两个方面下功夫。据统计,未来 20 年,城市居民将增加 24 亿,这就要求进一步增加住房、饮用水、卫生、交通、能源以及通信设施的投资力度。其中,投资压力尤其集中于一国的城市转型期,亦即城市人口快速增长的年月。

除了公共投资之外，私人部门对城市基础设施特别是住房、饮用水和通信设施的投资作用甚大。在发展中国家，中央政府传统上调动公共财政所需的资金主要来自税收、外债和外援。伴随着分权化的趋势，地方特别是城市政府的融资作用愈来愈重要。

一般来说，城市政府的融资途径无外乎是地方税收（财产税和商业税）和各种费用。而问题在于，城市政府的税基难以满足巨额的支出需求，往往会形成巨大财政鸿沟。为此，除了税收资源之外，城市政府常常依赖于上级政府特别是中央政府的财政转移支付和专项资金的调配。

（四）伙伴关系与城市治理

公共服务递送是城市政府的基本职责，而随着分权化趋势的发展，城市政府纷纷与私营部门建立起各种伙伴关系，选择合同外包等方式将某类服务以特许经营等形式转包给私营部门。公共服务供给和递送依赖于私营部门的城市治理模式常常无法产生令人满意的结果，往往政府无法全身而退，规制职责不可或缺。

不过，历史实践表明，仅凭私营部门提供公共服务往往是不够的。在19世纪末期和20世纪初期的英国和美国，煤气、水电、高速公路等基础设施方面的公共物品和公共服务基本上都是由私营部门供给的。时过境迁，对私营部门提供公共服务的不满与日俱增，抱怨和指责主要集中于覆盖率低、价格高、质量差、腐败多。而即便是有相关法律法规，法庭也难以处理相关议题产生的复杂规制问题。

今天，我们都会认为，公共服务的私人供给方式在城市治理中发挥了重要作用，而且在效率和效力方面会产生较高的满意度。不过，在诸如纯公共物品、天然垄断行业以及市场失灵的情形下应该尽可能避免私营化的方式。而无论是何种情形下，公共部门对私营部门的有效规制都是必要的。比如在法国，市政公用事业特许经营制已经发展了一百多年，效果良好，但法国的经验也表明，这种特许经营制并不容易实施，需要强有力的调控机制相配合。

实践证明，良好的伙伴关系需要多个因素的配合：竞争、政治意志、技术能力和问责。

第三节 城市公用事业治理中的政府与社会资本合作

党的十八届三中全会以来,随着城镇化步伐的加快,我国城市发展与基础设施建设取得了突飞猛进的成就,进入了一个崭新阶段。与此同时,中国城市治理面临着既有与新增的双重挑战,其中最突出的恐怕要数公共服务需求增加与政府财政能力不足之间的矛盾了。

自 20 世纪 90 年代实行"分税制"改革以来,我国城市政府财力日益受限,在城市建设过程中,利用土地财政进行融资成为其偏爱和倚赖的路径。近几年,随着土地财政的式微,城市政府债务压力不断加剧。20 年的发展经验表明,经由土地财政助力城市公用事业和公共服务递送的老路已经行不通了,"新型城镇化"呼唤着新的城市财政融资机制和治理模式。借鉴国际通行模式和局部试验成果,政府与社会资本合作(PPP)作为一种重要的财政融资战略工具和合作治理模式,逐渐引起了国家领导层的高度重视,成为国家发展战略的一部分。

党的十八大提出,要加强和创新社会管理,改进政府提供公共服务方式;[1]党的十八届三中全会则明确强调,允许社会资本通过特许经营等方式参与城市基础设施投资和运营;[2]李克强在国务院常务会议中也指出,要大力创新融资方式,积极推广政府与社会资本合作模式,使社会投资和政府投资相辅相成。[3]在这一背景下,我国政府加快了顶层设计与微观政策调整的步伐,着手实施 PPP 的推广和应用,财政部于 2014 年成立了专门的政府与社会资本合作中心,2015 年 4 月 18 日,发展改革委印发了《关于进一步做好政府和社会资本合作项目推介工作的通知》,国务院于 2015 年正式颁行了由财政部主导的《基础设施和公用事业特许经营管理办法》。可以说,这些举措有力地推动了政府与社会资本合作进一步发展。

---

① 胡锦涛:《坚定不移沿着中国特色社会主义道路前进 为全面建成小康社会而奋斗》,《求是》,2012 年第 12 期。

② 《中共中央关于全面深化改革若干重大问题的决定(2013 年 11 月 12 日中国共产党第十八届中央委员会第三次全体会议通过)》,《求是》2013 年第 22 期。

③ 中华人民共和国国家发展和改革委员会固定资产投资司,PPP 专栏:http://tzs.ndrc.gov.cn/zttp/PPPxmk/。

政府与社会资本合作在西方发达国家有着十分广泛的应用，虽然发展中国家采行该模式比较晚，但像巴西、印度等新兴市场国家在这方面呈现后来居上的态势，中国也不例外。自20世纪90年代以来，我国就开始引入PPP模式来推动城市公共服务递送；而以2003年党的十六届三中全会为标志，我国开始真正形成具有现代意义的政府与社会资本合作。2014年可以说是该模式的"再发展"元年，其作为一种时尚和流行话语，再次受到了各界前所未有的热切关注。

伴随着政府与社会资本合作实践的发展，我国学术界和理论界也对其进行了相应的研究，涌现出了一批关注PPP问题的学者和著作，有力地推动了政府与社会资本合作的进一步发展。但是必须看到，较国外发达国家相比，我国的PPP理论研究水平还存在一定的差距。

目前，从国内学界来看，比较核心的问题是关于PPP概念的论辩思路和语境转换。过去，它以"公私伙伴关系"为各界所熟知；如今，它又以"政府与社会资本合作"的新提法进入公众视野。笔者认为，"政府与社会资本合作"的提出，不应该单纯视为文字上的改头换面，更反映出了政府深化国家治理体系和治理能力现代化的一种思考与尝试。

传统的公—私界定法背后蕴含着一种公大于私、公强于私的传统统治理念和逻辑，而在当今的国家和城市治理中，人们日益强调治理主体的平等性、治理过程的民主性、治理结果的问责性，政府作用依然受到重视的情况下，市场作用重新得到关注。党的十八届三中全会提出发挥市场在资源配置中的决定性作用，关键是处理好政府与市场的关系，在这种条件下，需要理顺和摆正政府与市场的关系与地位，清醒认识政府失灵和市场失灵的问题。

毫无疑问，政府是国家公共部门的集中代表，是最重要和最核心的治理主体；而在市场中从事经济活动的主体具有很强的多元性，这其中在不同程度上也包括了政府自身及与政府有着密切联系的某些企业，如地方融资平台公司。显然，将"PPP"泛泛界定为公私合作以及政府与市场合作都是不恰当的，因为诸如地方融资平台公司具有公益法人和营利法人两种属性，跨越了公共与私人两个部门，"私"与"市场"并不能完全涵盖它。因而，需要引入"社会资本"这一概念来解决这种术语混乱和实践难题。党的十八届三中全会就明确提出，"允许社会资本通过特许经营等方式参与城市基础设施投资和运营"。这里的"社会资本"，并非治理话语体系中的区别于人力资本、经济资本而言的一种网络性社会资源，而是特指中国特色社会主义市场条件下的一系列经济活动参与者，其主体是私人企业。而根据财政部的 PPP 项目合同指南，"本级人民政府下属的政府融资平台公司及其控股的其他国有企业（上市公司除外）不得作为社会资本方参与本级政府辖区内的 PPP 项目"，可以看出，中国治理情境下的"社会资本"，指的是除地方政府融资平台和所属国企之外的企业法人，也就是，不仅包括私营企业、外资企业等非公有制经济，也包含了央企和地方国企（上市公司）这样的公有制经济以及混合所有制经济。在中国的治理情境下，这种界定超越了公私划分法的局限，为继续发挥国有经济的主导作用提供了理论支撑，展现了政府的治理思维和智慧，有助于克服市场失灵和政府失灵的双重困境。

（一）PPP 项目治理的碎片化

PPP 项目具有较长的周期性、高度的复杂性和极大的风险性，城市政府在执行项目治理时，需要在这个过程中保证自身的高效协调运转以应对各种挑战。具体到我国 PPP 项目的治理来看，"条块分割"带来的部际协调不善相当突出，这集中表现在国家发改委和财政部的"各自为政"和"文件打架"现象。

例如，国家发改委在拟定《基础设施和公用事业特许经营管理办法》时，对特许经营的主体资质界定为，"中华人民共和国境内的法人或者其他组织"，而财政部的 PPP 项目合同指南则明确"本级人民政府下属的政府融资平台公司及其控股的其他国有企业（上市公司除外）不得作为社会资本方参与本级政府辖区内的 PPP 项目"。可见，两部委对于社会资本方的内涵有着不同的理解和规定，发改委提出的"法人或者其他组织"显然涵盖范围比较广泛，准入门槛相对较低，而财政部则严格限制了政府融资平台公司和地方国企的准入。这样的政策冲突和部际协调不善，使得城市政府在执行监管时难以找到统一和明确的政策依据，也给了不合格的社会资本方以可乘之机，进而影响了 PPP 项目的成效。碎片化的 PPP 项目治理问题亟待解决。

（二）政府寻租行为多发

法律制度不甚健全、监督管理力度不足、政府官员廉洁意识淡薄等多方面因素助长了 PPP 项目中寻租行为的出现。具体来讲，政府在 PPP 项目实施中的寻租表现有：一是接受社会资本方的利益输送，操纵招标过程，放松资格审查门槛，对社会资本方的经营行为疏于监管；二是政府官员通过职务便利,将项目承包给同自身有着密切利益联系的合作者,并实行差别化政策;三是政府将核心职能和关键领域的公共服务项目违规承包给合作者,等等。

PPP项目中的政府寻租行为产生了额外的社会、经济和政治成本,这不仅损害了政府权威、造成了财政资源浪费,更增加了城市治理网络的不确定性和不稳定性。一旦PPP项目中的政府腐败行为在某一节点上爆发,将触发城市风险链条的连锁反应;城市中大规模的群体性事件的出现,将激起整个社会的不安和混乱,进而严重冲击政府的合法性。

(三)虚假PPP项目的泛滥

在城市治理的情境下存在着对统治思维和方式的路径依赖,城市政府面临着上级政府的诸多管控与政绩考核压力,为了应对上级政府的监督和检查,很多城市官员都不惜浪费大量财力建造"面子工程"和"政绩工程"。

当下PPP项目的发展形成了一股热潮,但是很多城市不顾自身财政承受力强行推动项目上马,造成了项目发展的泡沫化;更有甚者"新瓶装旧酒",将原有的传统项目暗箱运作、变相改造为虚假的PPP项目。重庆市市长黄奇帆一针见血地指出:(社会资本方)"把一个有点放高利贷的BT项目,转化为'PPP',叫了一个PPP,本质还是BT项目,最后政府背更高的利息负担。"这些虚假PPP项目的泛滥,实际上造成了财政资源的浪费、加剧了城市政府的财政负担,更间接导致了城市政府对"土地财政"路径的进一步依赖,造成了潜在的市场和经济风险,不利于新型城镇化的推进。

(四)道德风险和逆向选择的存在

PPP项目承担的是城市公共服务递送的功能,具有显著的公共产品性质、关乎公共利益的实现,然而社会资本的参与又决定了这一公共产品又需要满足社会资本方的利益。很明显,两大利益的博弈很可能造成极大的道德风险,即社会资本方为追求私利而牺牲公益。此外,由于PPP项目的专业技术性较强,城市政府作为直接监管者并不能够及时、准确地获取项目信息并施加监管,社会资本方在项目信息掌控上占据了相对优势地位,使其在价格制定上把握了主动权,社会资本方为了追求自身利润的最大化随意抬高项目和服务价格,造成了相关地区的居民负担加重,由此便产生了逆向选择的问题。

道德风险和逆向选择问题的存在不仅导致了城市居民的利益、城市政府权威与合法性的受损,更造成了企业本身竞争力和创新力的下降。它在危害公共利益的同时，更造成了市场主体的退化、进而威胁到 PPP 项目市场的发展。

综上所述，政府与社会资本合作作为一种治理模式和融资方式，并不是一剂万能药，它存在着这样那样的问题。需要强调的是，不仅国内很多学者对此有清晰的认识，从国际上来看，很多学者都有论述，如英国的蒙比特（Monbiot）指出，PPP 是一种"由财政部委托和指导的……公共欺骗行为和错误合约"；美国的布罗姆菲尔德等人（Blommfield et al.）则发现新型的合约采购融资协议要比传统的融资方式贵 7.4%；欧洲的格雷夫（Greve）对法鲁木市的 PPP 案例进行研究后发现，这不仅造成了该市市民赋税的增加，而且加重了地方城市政府的债务负担、造成了市长的腐败。①由此可见，一方面，我们必须正确认识 PPP 项目可能带来的危害；另一方面，我们更要思考如何在城市的治理情境下有效克服这些弊端。

首先，应该建立中央层面的 PPP 推动机构。目前，虽然财政部已经设立了 PPP 中心，但是尚未有中央层面的推动机构的出现。从国际上来看，英国就设立有 PUK（Partnership UK）作为中央层面的 PPP 执行机构；加拿大也有相应的专门机构设置。这些机构经过多年的发展，已经在自身治理结构、职能方面日臻完善。中国需要有自己的中央推动机构，来加强全国范围内的 PPP 推广工作。

中央层面的 PPP 推动机构的工作维度主要有三：第一，在法定职责范围内，整合和协调中央各部门运作，促进中央和地方（城市）政府的专业技能的提高；第二，根据自身职责要求，加强和社会资本方的沟通和交流，在充分听取和了解企业 PPP 项目运行困难和经验的基础上，推动项目信息的共享；第三，面向社会公众，开展政府与社会资本合作的专项宣传和推广，促进城市居民对于 PPP 项目的理解和支持。

同时，还应着手建立地方层面的 PPP 推动机构。城市政府与城市居民的联系最为紧密，中央层面的推动机构虽然可以统筹全国范围内的工作，但是在各国复杂国情条件下，其执行力还难以充分渗透到地方。因而，需要根据"职责同构"的原则在各个城市建立具有相应职能机构。从国际上来看，这是

---

① Graeme, A. and Hodge, Carsten Greve. Public-Private Partnerships: An International Performance Review. *Public Administration Review*, 2007, (3).

发达国家 PPP 项目得以成功的又一重要经验,是推动 PPP 发展的重要借鉴。地方层面的 PPP 推广机构的工作维度同上文所述的上级机构大致相同,需要强调的是,在发达国家,由于其治理情境同我国存在差异,地方自治的传统比较悠久,地方与中央的推动机构具有较好的互动关系,地方机构也享有较大的自主权。

依法治国为城市善治提供了法律支撑,健全的法律法规体系能够为 PPP 项目的运作提供全方位的保障。从国外经验来看,西方等发达国家之所以大都能够在 PPP 项目上取得成功,完善的政府与社会资本合作立法无疑是最大的促成因素之一。

社会资本方呼唤良好的市场秩序和政策预期,而现代服务型政府的重要职能就是实施有效的政府监管、创造稳定的市场和政策环境,为此,城市政府应该:

第一,明确城市公共服务项目的可经营范围。PPP 项目的推动应该循序渐进,由非核心领域向核心领域靠拢、由经济性领域向社会性领域靠拢。在政府与社会资本合作发展并不成熟的中国,城市政府需要明确哪些基础设施和公共服务可以进行承包,并通过政策法规予以确定。这样,能够有效避免政策漏洞带来的不规范授权行为的出现。通过拟定准入清单,可以限定社会资本方参与 PPP 项目的空间,这不仅有利于公共利益的实现和维护、实现经济效益和社会效益的平衡,而且可以在一定程度上防止虚假 PPP 项目的出现。

第二,加快在全国范围内落实一批示范项目,总结试点经验并推而广之。当前,一方面,很多城市盲目热衷于 PPP 项目;另一方面,很多城市又缺乏经验、存在着畏难情绪。树立一批典型的 PPP 示范项目,有利于克服这两方面的困难。2014 年 11 月底,财政部在全国 15 个省市确定了总投资 1800 亿元的 30 个 PPP 示范项目,这无疑是一个良好开端;但截至目前,大多数项目并未真正"开花结果"、进入实际运行阶段。因此,必须进一步加大督导力度,启动相应的清理机制,抓紧推动示范项目的落地。此外,还必须在总结上一批项目经验的基础上,加快启动下一批的示范项目的遴选和落地,逐步扩大试点范围,这对于培育优秀的市场主体意义重大,也有利于全国范围内 PPP 项目的发展。

PPP 项目的事前、事中、事后三个阶段都需要政府的全过程、全方位监管,这对执行规制的政府部门的信息获取与沟通能力提出了巨大要求。前面提到,社会资本方存在着道德风险和逆向选择的问题,其根源在于政府与社会资本方的信息不对称。因而笔者认为,一方面,城市政府部门之间应该依托本级的 PPP 推动机构为平台形成规范的信息获取与沟通机制,充分共享 PPP 项目相关信息;另一方面,城市政府应该进一步强化管理人员的专业技能,使其更好地获取 PPP 项目运营中产生的问题信息,进而促进 PPP 项目监管专业化水平的提升。这有利于防止社会资本方利用其专业技能优势来逃避政府规制,可以较为有效地解决信息不对称产生的逆向选择问题。

PPP 项目的善治离不开国家、城市的善治,二者的发展是相辅相成的。从国际上来看,很多学者都十分强调"善治"对于 PPP 项目良好运行的重要性,如波维特等人(Bovaird et al.)认为,没有"善治"(包含问责、回应、透明、公平和参与),PPP 难以运行;柯本杰和恩瑟银(Koppenjan and Enserink)认为,有着良好治理的 PPP 项目应该建立起制度框架和激励体制来调和私人部门参与和公共加之及长期的可持续性;贾马里(Jamali)则强调了强有力的法制和管制体系对于提供一个公平和透明的运行环境和指导政策实行的强势管理结构的重要性。[①]以上针对我国当前政府与社会资本合作发展中存在的突出问题提出的相应对策,是与国家治理体系和能力现代化建设的进程相统一的,我们应该推动二者协同发展。

斯蒂格利茨曾谈到,中国的城市化是 21 世纪对世界产生深远影响的大事件。党的十八届三中全会以来,中国的城市治理环境正发生着急剧而深刻的变化。伴随新一轮的城镇化大潮,作为一种财政融资机制和治理模式的政府与社会资本合作将极大改变我国城市化的进程。充分和正确认识我国城市治理视野下的政府与社会资本合作之现状、问题,不仅有利于促进 PPP 项目本身的治理,更有利于实现国家和城市的善治。

---

① Koppenjan, Joop F. M. and Koppenjan, Bert Enserink. Public-Private Partnerships in Urban In-frastructures: Reconciling Private Sector Participation and Sustainability. *Public Administration Review*, 2009, (2).

第四节 城市风险治理与防控问题初探

一、理解风险与城市风险治理

(一)风险与风险的形成

作为一种思维建构，风险的发明是基于对人类行为能够提前阻止危害的信仰。人类有能力设计不同的未来，例如构建方案，这些被视为人类思维工具的方案能够提前预见影响、改变自然和文化的限制、变更人类相应的行为过程。同样，作为一种思维建构，风险状态对人们怎样看待风险有着重大影响。我们不能详细调查环境、识别利益对象并计算它们，因为它们不像一棵树或一所房子。

风险是被人类行为者创建和选择的。例如，社会一直在选择其认为值得考虑的选项，并忽略不值得考虑的选项。建立专门的机构监控环境是为了发现未来问题的线索，发出潜在危害的预警。这个选择过程不是任意的。我们首先需要分析社会的主要参与者把什么类型的问题界定为风险。从技术的角度讲，这就是所谓的"风险问题形成"。在这种背景下的问题形成包含对相关风险主体的选择和解释。因为那些受风险和机遇影响的官方机构和有利益牵涉的旁观者都参与到风险之中，并在制定主题时彼此冲突，所以风险问题形成的过程是治理结构的一部分，并且对不同的参与主体来说，什么是风险可能有不同的答案。

对风险的关注应被视为从一个更大、更广泛的视野的一部分，它主要关注人类如何把自然转变成一个为改善人类生存条件和服务人类需求的文化环境。执行这些转化是有目的的。在实现这些变化的过程中，预料中(或可容忍的)和预料外的影响可能会出现，它们符合或违反其他维度的人类价值。总之，风险不会自己发生，更多的情况是，由于人类为获得特定需要或达到特定目的采取行动，主动或被动地引发了风险。

(二)风险选择的两面:价值与证据

前面提到，风险是被人类创建和选择的，而这种选择规则的合法性决定了是否能够达成风险相关因素的共识。选择规则得以为人们所接受取决于两个条件：首先，所有参与者都需要同意基本目标；其次，他们需要同意源于现有知识水平的可能结果。异见可能产生于这个初步分析中相互冲突的价值、相互矛盾的证据，以及二者并不充分的融合。

价值和证据可以看作一枚硬币的两面：价值控制目标的选择，而证据支配因果关系的选择。当分析城市风险治理时，二者都需要得到适当研究，但尤为重要的是，要理解一些特定的价值；这些价值塑造了利益、观念、不同利益攸关方的关切，以及确认捕获影响特定风险争论的利害关系的方法。

(三)城市风险治理

现代社会的治理选择被认为是政府机构、经济力量和公民社会中的行动者之间相互作用的结果。在全球层面，治理体现了一个有效的自律结构的组织水平，这个自律结构包括国家和非国家的行为者，它们在没有上级权威的情形下制定集体约定性决策。从这个角度看，非国家行为者扮演着越来越有意义的角色并变得日益重要，因为相较于单一的国家，它们在信息和资源方面具有决定性的优势。

城市风险治理的概念涵盖了风险的方方面面，不仅包括"风险管理"和"风险分析"，它也着眼于有众多参与者时，有关风险的决策是如何开展的；这需要在大量不同角色、观点、目标和行动间进行协调。事实上，个体参与者解决问题的能力是有限的；同时，这种解决问题的能力同当今社会面临的主要挑战也并不匹配。因而，城市风险治理需要超越部门、科层、学科界限的多元参与者协同努力加以解决。

城市风险治理涉及对风险情境和相关决策治理的实质与核心原则的"转化"。城市风险治理包括全部行动者、规则、惯例、流程、风险信息收集分析和沟通的机制、管理决策的制定机制。城市风险治理在下列情形中尤为重要：没有单独的权威制定约束性的风险管理决策，相反，风险的性质要求不同利益攸关方的协调合作。然而，城市风险治理不仅包括多层次、多主体参与的风险过程，还需要对背景因素的细致考虑。

二、城市风险治理中的风险预估

(一)风险预估的主要步骤

预估阶段的目的是囊括与利益攸关方和社会有关的各种特定风险以及

现有的指标、案例,同时捕获那些可能很早就被过滤了的潜在风险。对于不同类型的参与者,风险的含义可能不同。

风险框架预估的第一步特别重视利益攸关方达成有关风险问题的共识,或者说重视不同团体之间有关风险定义的差异。要获得共识,既需要参与者认同引发风险的活动的潜在后果, 也需要其愿意接受这个风险后果产生的可预见影响。预估阶段的第二步,即早期预警和监控,主要预测风险发生的信号。这一步还研究制度上为获取预警信号对环境进行适当监测的方法。第三步,即预审,开始于对危险或风险初步探索的调查,并涉及基于风险处置的优先方案和现存模式所给予风险预定义的评估和管理程序。第四步即预估的最后一步,为评估风险及与风险相关的情感而挑选出主要的假设、惯例和程序规则。

(二)风险认知

由于风险是一种思维建构,因此风险的概念化有多种建构原则。自然科学和社会科学中的不同学科形成了各自的风险概念;被利益和经验驱使的利益攸关方形成了独特的风险观念;而市民社会的代表以及公众是根据他们自己的风险建构和风险观念来处置风险的。这些观念在心理和社会科学中被称为"认知",在风险领域,它们因其具有的潜在因素一直得到着重研究。风险认知属于背景方面,当风险管理者在判断风险是否会发生以及在何时设计风险化约措施时,必须考虑这些背景因素。

首先,重要的是要知道,人类的行为主要是由认知而不是由事实或被风险分析师和科学家理解的事实所驱动的。大多数认知心理学家认为,认知由常识推理、个人的经验、社会交往和文化传统形成。在风险领域,这已经得到证实,人类把某些期望、想法、希望、恐惧和情绪与具有不确定后果的活动或事件联系了起来。尽管,人们不使用完全非理性的策略来评估信息,但大部分时间,人们遵循相对一致的创建风险图像和评估风险的模式。这些模式与基于处置危险情境的某些进化有关。面对一个巨大的威胁,人类用四个基本策略来处置:逃避、对抗、装死、实验。

在文化演进的过程中,基本的认知模式随着文化模式变化日益丰富。这些文化模式可以通过所谓的定性评估特点加以描述。在文化和民族多样性上寻求共同标准的做法比处置一个可能乍看起来的挑战难度要小一些。大多数分析家都同意,决定风险认知的多数认识要素在全世界具有相似性。此外,随着世界日益全球化,风险管理类型也变得更加同质化。尽管各国之间存在不同的文化差异且有着各式各样的教育体系,但是风险和利害关系评估及管理已成为普世的,在其中,国籍、文化背景或者制度安排仅仅发挥着极小的作用。这尤其因为科学在提出和论证规制标准上的作用。研究机构已经演进成跨国机构了,它们操着同样或相似的语言在世界范围内进行观念交流。

但最重要的政策问题是,在一个包含不同参与者的反应和一般公众反映的政策领域,如何看待风险认知。第一种观点认为,风险的科学概念是唯一能够阐述主体间有效性和适用性的概念,因此这要求风险管理者确保(错误的)风险认知通过风险沟通得到修正。第二种观点认为,在评估风险概念恰当性或有效性上,没有普适的质量标准。因此,科学的概念应与利益攸关方和公共团体的概念相竞争。如果集体风险决策是必要的,那么用于制定这些决策的概念应经过所有秉持相关概念的参与者的集体讨论。任何团体,即使是科学团体,在讨论中都没有丝毫的特权。

三、城市风险治理中的风险评估

(一)风险评估的两大组成部分

风险评估涵盖了对于风险确定、评价和管理必要的所有知识要素。对社会来说,做出关于风险的审慎决策,仅仅考虑风险评估的结果是不够的。为了理解不同利益攸关方和公共团体的关切,关于风险认知和风险直接后果的信息是必需的,而且应该由风险管理机构来进行收集。此外,对于确定和评价风险来说,风险其他方面引发的活动仿佛是相关的,且对风险化约措施的选择应该与其结合并融入分析当中。风险管理者根据广博的信息做出与风险管理选项更合适的决断和设计。评估阶段的目的是为社会决策提供知识储备,以及判定这种社会决策是否有风险,如果有,那么如何减小或控制风险。因此,风险评估既包含对风险的科学评估,也包含对带来风险的利益攸关方的科学评估。

风险评估因此包括了对人类健康和环境造成的危险的评价及对相关利害关系和社会经济影响的评价。毫无疑问,整个评估程序应由科学分析所支配,但同传统的城市风险治理模式不同,科学化的程序包括了自然/技术和社会科学。我们将风险评估视为两个阶段:第一阶段,自然和技术科学家们用其技术来对风险源可能引起的物理伤害做出最优估计;第二阶段,社会科学家和经济学家们确认和分析那些将个体或社会作为整体同特定风险联系起来的议题。

1. 风险评价

依靠风险源构建评价过程与依靠组织文化构建评估过程之间有明显的差异,但风险评价有三个基本核心组成部分已达成共识:

·识别和评价危险;

·评估暴露和/或漏洞;

·基于以上两部分,结合预期影响的可能性和严重程度来评价风险。

识别和评价需要把危险和风险分离开来单独进行。风险评价取决于暴露和/或漏洞评价。暴露是指危险媒介与受影响的客体间的关系。漏洞是指暴露在风险中的客体经受伤害或损害的不同程度。在许多情况下,普遍的做法是在允许建模者改变参数,包括改变不同类型的背景限制,将危险评价和风险评价结合起来。

2. 利害关系评价

风险评估的第二部分,即利害关系评价,对于风险感知研究的观察的评价及各学科对风险的(衍生的)社会和经济影响的分析得出的结论来说,是一种补充。

风险处置中最有争议的阶段是风险确认和风险评价,它们意在判断风险的可接受性和/或可容忍度。可接受的风险通常只有有限的消极影响,所以我们可以承担风险而无需设想化约或缓解风险的措施。可容忍的风险则将行动——这种行动因其会产生增值或利益而值得去做——理解为减少或限制可能产生不利后果的措施。

(二)风险评估面临的三大挑战

根据风险源和风险处置源的团体组织文化的不同,构建风险评估存在许多不同的方式。尽管存在这种多元性,我们依然可以确定三个关键步骤:危险识别和评估;相关影响和/或脆弱性评估以及后续风险评估;最后一步(风险评估)为探究每种结果的严重程度和发生概率而汇总了前两步的所有结果。确认风险评估的结果是极其困难的,特别是在很难建立起因果关系时、因果关系不稳定时以及结果既少又难理解时。而依据可获致知识的水平和质量,风险评估面临着三大主要挑战——复杂性、不确定性和模糊性。

复杂性指的是确定和量化众多潜在原因触媒和特定已知效果之间的因果关系的难度。这个困难的本质可以追溯到这些触媒之间的交互效应(协同和拮抗)、因果间的较长的迟滞时间、个体间变异、中介变量及其他。

不确定性不同于复杂性,它往往是由于在模拟因果链的过程中没能彻底或充分减少复杂性造成的。如果不确定性,特别是偶然性的成分起到了很大的作用,那么风险评估将变得模糊。最终结果的有效性是值得怀疑的,为了进行风险管理,还需要额外的信息。

模糊性是一个结果,它源于看待有关特定威胁的合理性、严重程度或者更宽泛意义有争议的视角。"模糊"一词可能会产生误导,因为它与日常英语中的"模糊"含义不同。在风险管理中,它被理解为"对可接受的风险评估结果给出一些有效的和合法的解释"。它可以分为解释性模糊和规范性模糊。高度复杂性和不确定性有利于模糊性的出现;但也有一些简单和高概率的风险会引起争论,从而产生模糊性。

在分配或者划分判断任务的问题上,风险评价的三大挑战,即复杂性、不确定性和模糊性之间的区别也可以对评价者和管理者有所帮助。如果一个特定的风险是因高度复杂性和很低的持续不确定性以及几乎不存在的模糊性而得到确定,那么令评价团队来决定做出可容忍度/可接受性的判断是明智的。相比之下,如果这一风险为重大的未解决的不确定性所确认,如果这些结果导致它们对社会有着何种意义的高度多样化阐释,那么让风险管理者开这个头也是可取的。

四、城市风险治理中对于风险的可容忍度与可接受性的判断

描绘和论证关于特定风险的可容忍度或可接受性的判断是风险处置最有争议的部分。"可容忍的"指一项被认为是值得追求的活动,为在合理的限制内减轻风险,它要求额外的努力。"可接受的"指的是持续风险十分低,因而为减轻风险而做出的额外努力被视为不必要的。对于纯粹自然危险来说,它们乍看起来毫无意义,因为人类在容忍或接受这些风险上并无选择的余地。然而,通过脆弱性和曝光选项,人类活动确实对自然危险的影响造成了干扰。考察作为脆弱性应变量的结果风险、选择保护性措施时对可容忍度和

可接受性的判断又变得有意义了。

在将决策同整体风险进程中可接受的和可容忍的事物联系起来的问题上,现有的风险分类之间有着很大的差异。一些人将其归为风险评估部分,一些人将其归为风险管理部分,还有一些人将其放置于政策和选项评估层面,这远远超出了狭义的风险容忍标准。

为什么?同风险问题形成部分一样,对可接受性的判断依赖于两大输入:价值和证据。社会被认为是可以容忍或接受的东西不可能仅仅来源于对证据的关注。同样地,如果我们要了解一种价值是否被违背,证据是十分必要的。对于价值和证据,我们可以区分三种情形:①证据而非价值模糊;②价值而非证据模糊;③价值和证据皆模糊。

判定风险的可容忍度和可接受性的过程可以被建构成两个不同的组成部分:风险确认和风险评价。第一步,"风险确认"(risk characterisation),决定了做出风险可容忍度和可接受性判断的以证据为基础的组成部分;"风险评价"(risk evaluation)这步则决定了做出该判断的以价值为基础的组成部分。

五、城市风险治理中的风险管理

(一)何为风险管理

风险管理阶段设计和执行旨在避免、化约、转化或限制风险的行动和补救方法。因此,风险管理依赖于有利于推动决策系统化的六个连续步骤。首先, 基于对风险评估阶段获得知识的再审查和风险可接受性及/或可容忍度的判断,确定一系列的潜在风险管理方法。然后,以效果、效率、外部副作用的最简化、可持续性等为标准对这些选择进行评估。而对每个评估准则相对权重的价值判断充实了评估结果。通常经过对许多次优方法的仔细权衡后, 这种评价有助于下一步挑选出一种或多种风险管理方法。最后两步包含对遴选出的方法的执行、定期监督和效果检测。基于每种风险(简单、复杂、不确定、模糊)的主要特征,可以鉴别出明确的安全原则,因而也就能够设计一种定向风险管理策略。

然而风险管理不仅依赖于科学输入,它还依赖于另外三个要素:系统化的知识、法定程序和社会价值。即使同样的知识得到不同风险管理当局的处理,对管理风险的指示在很多方面也可能不同。民族文化、政治传统和社会规范进一步影响了用于对政策领域的知识和专业技能进行整合的体制机制。

风险评估和风险管理之间并不是相互对称的：风险管理包含更广泛的领域，它甚至可能出现在风险评估之前。风险管理通常是基于不受风险评估结果影响或不属于风险评估结果部分的种种考虑。更泛泛地讲，风险管理是指，为了提高人类社会的净效益，防止危害人类极其重视的东西，创建和评估那些发起或改变人类活动的选择。风险管理者运用包含风险评估成果的、系统化经验性知识对这些选项及其评价进行鉴别，同时，他们也需要在对人类行为或活动的潜在后果没有经验或知识不足的情况下采取行动。

（二）风险管理的步骤

一般来讲，风险管理主要包括以下六个步骤：

（1）风险管理选项的确认和产生：总体风险管理选项包括风险规避、风险化约、风险转移——还有一个要考虑的选项——和自我保持。

（2）有关风险管理选项的前期确定标准的评估：每一个选项会具有同风险相关的预料到的和未想到的结果，这些结果同它们要化约的风险相联系。

（3）风险管理选项的评估：同风险评估一样，这一步综合了选项如何根据评价标准执行方面的证据与对于每个标准应该分配的相对重要性的价值判断。

（4）风险管理选项的选择：一旦不同的选项得到评估，就需要做出决策来决定哪些选项可选，哪些应该摒弃。

（5）风险管理选项的执行：监督和控制执行进程是风险管理的任务。

（6）选项绩效监管：最后这一步是指，一旦选项得到实施后对其效果的系统观察。

这些步骤遵循着一个逻辑顺序，但仍可视情况按不同顺序得到排列。将这些步骤可视化为一个环形而非线性的循环程序也许是有所助益的。在这个循环中，重估阶段同新选项的出现、新危机情形的发生或置于风险管理者之上的新需求纠结在一起。同样地，有时对于不同选项的评估造成了创造新选项以满足预期结果的需要。在其他情形中，对现存规则的监管影响了给既定方案增添新标准的决定。因此，风险评估和管理的候选议题很少完全遵循这一顺序。选项的形成、信息的处理，以及选项的选择确实应被视为一个具有许多循环的动态过程。

(三)风险管理的策略

"简单"风险问题的管理可以使用惯常策略,这种策略来源于传统的决策工具、最佳实践和屡试不爽的试错法。对于复杂和不确定的风险问题,区分不同的策略是有益的,这些策略需要处理来自风险缓冲系统的风险媒介:因此基于风险导向和稳健性关注的策略可以有效解决复杂风险。然而,前一个策略旨在使用和执行可获致的最好的科学意见、通过提高系统的缓冲能力知晓危险和威胁而降低系统的脆弱性,后一个策略则旨在利用一种预防措施来确保关键决策的可逆性,以及提高系统处理关键节点的能力以防意外事件发生。最后,针对"模糊"风险问题,合理的策略包含一种对话策略,这种对话策略寻求对冲突观点和价值的容忍和相互理解,并使这些冲突达到最终的调和为目的。

对风险管理程序的系统化分析来说,将注意力集中在可容忍风险和那些可容忍度有争议的风险上是可行的,因为其他的情形都相当容易处理。在可容忍风险情形中——且经常在可容忍但有高度争议的风险情形中——风险管理者应该选择预防策略作为手段,用其他可以带来同样收益的活动来代替危险活动。然而,我们一开始就应该确认,这一替换物并不会比被它替换的触媒带来更多的风险或者不确定性。在可接受风险情形中,发起额外的风险化约或为弥补潜在但可接受的损失而寻求保障,这些都应该交给私人参与者来做。如果风险可以被划分为可容忍的,或在其是否可容忍/可接受的问题上存在争议,那么风险管理者需要设计和执行可使其逐渐变得可接受的行动方案。

风险管理者应该发起一个更广的社会讨论来是参与式决策成为可能。这些"眉毛胡子一把抓"的措施意在寻得合适的冲突解决机制,它们能够将模糊性减少到数量可控且可以进行进一步评估的选项。因而,风险管理的主要任务是组织起合适的讨论,所有利益攸关方和公共团体可以质疑和批判议题的形成还有整个风险链条中的单个因素,这一讨论将这二者结合了起来。

(四)风险管理参与者的相互依赖

在一个相互依赖的世界中,个人、公司、地区或国家所面临的种种风险并非仅仅依赖于其自身选择,而且还赖于其他主体的选择。这些单位也不是只面临一种风险:它们需要找到处理一系列相互关联的风险的策略,而那些风险通常是未被明确或者超出其控制的。

如果在一个特定格局中相互依赖越多,虽能传染其他单位,但决定不去投入到风险化约中的单位或参与者越多,那么每个潜在受影响的参与者将有愈少的动力去投入到保护上去。然而,与此同时,每个参与者将会更好地使所有其他参与者投入到风险化约上来。也就是说,微弱的联系可能导致每个人做出次优的行为。

对于参与者不愿采纳保护性措施来减少灾害损失的情形,解决方案可能在政府与社会资本合作中得到寻求。如果尚待解决的风险是与相互竞争的解释相关联的,而这些解释是关于在不同的认识群体和风险管理机构间究竟什么类型的合作是必要的,那它则是特别正确的。在认知极为不同和外部效应可预期的情况下,政府与社会资本合作也提供了一个令人瞩目的备选项。

可能导致对第三方的随机传染的、高度相互依赖的风险构成了全球风险管理的一个特殊挑战。由于该领域中的决策通常具有高度去中心化的性质,一个集协调一致、强制和激励于一身的混合策略对风险处置来说必不可少;另一方面,通过公共和私人部门间的国际和跨国合作,这些策略可以得到进一步发展。

我们将利益攸关方界定为组织起来的社会化团体,它受事件结果或由于采取风险管理方案来对抗风险而引发风险的活动的影响。然而,只使利益攸关方涉入并不够。其他的团体,包括媒体、文化精英和意见领袖、非组织化的受影响的公众、非组织化的观望的公众都在城市风险治理中发挥着作用。

六、城市风险治理中的风险沟通

(一)何为风险沟通

风险程序中最后的组成部分是风险沟通,风险沟通在整个风险处理链条中具有重要地位。风险沟通不仅能够使利益攸关方和公民社会理解来自风险评估阶段和风险管理阶段非正式部分的结果和决策的基本原理,而且当其参与到风险决策中时,风险沟通根据个人的利益、关切、信仰和资源在有关风险的实际认识上达到平衡,最终帮助利益攸关方和公民社会做出明智的选择以处置风险。因此,有效的风险沟通培养人们对冲突观点的包容,为冲突观点的解决提供基础,从制度上为风险评估、风险管理以及相关焦点问题建立信任。良好的风险沟通有助于利益攸关方在其所关心问题上做出信息充分的决策并创造出相互的信任。最后,风险沟通能够影响一个社会为处置风险、危机和灾难可以在何种程度上做好准备。

风险沟通这一领域最初是作为调查专家评估可以多好地被传播给公众,使得公共认知和专家判断之间的张力得以弥合的一种手段。随着时间发展,向公众讲授风险的原始目标受到了多次修正,因为专业的风险团体意识到大多数公共成员拒绝接受专家的"教育",反而坚持认为,备选位置和风险管理实践应该由专业团体通过减少和管理现代技术的风险来进行选择。

(二)风险沟通的任务

风险沟通的首要任务是促进风险专家间的信息交流,尤其是在预估阶段和可容忍度/可接受性判断的阶段,风险/利害关系评价者和风险管理者之间紧密的沟通联系对于提升整体治理成效十分关键。同样地,在自然和社会科学家之间的配合、法律和技术人员间紧密的团队合作,以及政策制定者与科学家之间的持续沟通,都是提升风险管理绩效的重要前提条件。对进行风险分配的初步筛选阶段来说,这也尤为重要。

第二个任务也是十分艰巨的工作,即适当地同外部世界交流风险。在试图实现对于自身利益的更广泛的考虑时,许多利益攸关团体的代表,尤其是受影响和未受影响的公共成员,通常对用于评估和管理风险的方法不甚了解。他们在区分一个事物的潜在危险属性同风险估算之间的差异时会面临困难。

是否存在有效的沟通同人们在面对和处置风险时准备得有多好紧密相关。关于风险管理进程的有限知识及对风险管理进程的参与可以在紧急情况或者风险相关情形下产生不当行为。同时,还存在着沟通失败的风险:例如,消费者或者产品使用者可能误读或者误解风险警告或标识,致使他们可能因为不走心而将自身暴露在更大的不必要的风险之中。这在那些有着很高文盲率和对风险相关术语并不熟悉的国家尤为普遍。然而,提供容易理解的信息来帮助人们处置风险和灾害仅仅是风险沟通的功能之一。

风险沟通要求风险和沟通专家的专业操作。科学家、沟通专家和规制者在风险沟通中承担起更重要的角色值得鼓励,因为有效的风险沟通有助于促成一个综合和负责的风险管理计划。

(三)组织与制度能力

然而当一个人观察社会及其各种行动者如何风险处置时，最复杂的问题出现了。除了通过风险评估和/或风险选项生成而获得的知识，以及通过风险管理得出的评估，一个社会的决策结构本身也是高度复杂和支离破碎的。除了结构本身，还必须考虑需要足够的组织能力来创建必需的知识，并在特定的社会背景以及个人和团体的主观认知下实施必要的行动、遵守必要的政治和文化规范、规则和价值。这些因素使得不同领域和社会政治文化下处置风险的方式并不相同。

对有关制度能力的分析来说，区分资源、技能和能力颇有助益。就城市风险治理而言，来源于社会资本的资源以实现有效管理的知识基础和结构条件的形式存在着。技能旨在探索参与者处理现有和新生风险时的制度和人为绩效质量。能力描述的是把资源和技能转换为成功政策所必需的制度框架。这三个要素构成了城市风险治理中制度能力的支柱。

资产包括：

(1)规则、规范、规制：它们形成权利和义务。在风险领域，规范、标准、最佳实践、法律工具等的存在总是一个主要且经常引发争议的议题，因此也对于这些资源具有重要意义。这点之所以正确，不仅与他们在如何处置风险问题上的规定有关，也与如何在没有或者缺乏对规则的遵守有关。

(2)资源：它们不仅限于财政资源，而且包括了适当的、用于管理风险和充分信息的可用性的有形基础设施，包括收集和处理信息的种种手段。

(3)能力和知识：这涉及提供必要的教育、训练，确立和维持经验和专业技能的集聚。教育不应该仅仅受到专家们的指导，而且也应该让普通大众接触到，建立起一种警觉和预防文化。

(4)组织整合：以组合形式获取和重新获取的能力，这种组合同三种资源类型中的每一个个体情形都相符合。组织整合是关键要素，没有它，有价值的资源将会难以实现更多。

所有这三个因素——资源、技术和能力——在评估和调查不同国家城市风险治理结构时都是重要的变量；它们也能够充当确认和研究缺点的指导原则，为提升能力提供帮助。建立一个总体的、能够帮助各国评估其城市风险治理能力的绩效指标，使用这些要素作为开拓者、来谋求建立新的制度框架以达成处置风险的结构的改善，这些也许都是可能的。

七、结　论

我们可以把一个综合性的风险处置链条分成三个主要阶段："预估""评估"和"管理"。风险确认和评估这两个紧密相连的阶段被放置在评估和管理阶段的接合部，并可根据情况划归到评估或者管理中的任何一个：如果对证据的阐释是风险确认的指导原则，那么风险和利害关系评价者则可能是处置风险的最合适人选；如果对理解价值的阐释、对判定可接受性的标杆的选择是关键问题，那么风险管理者则应该负起责任。

然而在一个理想化的格局中，确认风险可接受性应该以一种由评估者和管理者协力的方式来实行。无论如何，一个综合的、信息充分的和价值敏感的风险管理进程需要系统化整合的结果，这些结果来自风险评估分类下所涵盖和提出的风险评价、风险认知研究和其他同环境相关的方面。因此，风险管理者尤其应将所有在估计风险可容忍度上、在设计和评价风险化约选项上同风险评估相关的信息容纳进来。风险沟通的关键任务同风险处置的所有阶段是同步的：确保透明性、公众监督和对风险及城市风险治理的理解。

风险评估的主要任务是识别和探索风险，更好地量化与风险有关的类型、强度和可能的影响。此外，这些影响可能引发特定的关切，个人、社会团体或不同文化可能把影响归咎于这些风险。他们还需要评估有关风险可容忍度或可接受性的审慎判断。判断一经做出，风险管理的任务就是通过选择适当的方法来预防、减少或改变这些影响。表面上看，风险和利害关系评估（作为获得风险知识的工具）和风险管理（作为风险处置的工具）的区别是明显的，但在实际的风险管理过程中，这种区别是模糊的。

在城市风险治理过程中，风险信息是经过筛选的，然后这些信息被分配给不同的评估和管理路径。公共风险监管机构经常对风险进行预先筛分，然后将风险分配给不同的机构或不同的预设定程序。有时看起来似乎不太严重的风险，可能勉强能够进行风险或利害关系评估。在危机未发生期间，风险管理行动可能先于风险评估展开。

结　语

2015 年 12 月 20 日到 21 日，中央城市工作会议在北京召开，这是自 1978 年中央城市工作会议之后时隔 37 年重开中央城市工作会议。

早在 1949 年 3 月西柏坡的中共七届二中全会上，党的工作重心就开始由农村转向城市，学会规划、建设和管理好城市的任务就摆在了党和国家的工作日程上来了。20 世纪 60 年代，为了解决城市经济发展的突出矛盾，加强对城市的集中统一管理，1962 年 9 月、1963 年 10 月，中共中央、国务院先后召开全国第一次和第二次城市工作会议。会议明确了城市定位，强调了城市工业对农业的支持。

1978 年 3 月，国务院在北京召开第三次中央城市工作会议，提出了关于加强城市建设工作的意见。特别强调了党的十一届三中全会以来，我国城市进入了一个新的发展阶段。随着改革、开放和城乡经济的迅速发展，城镇数量大幅度增加，开始进入依照城市规划进行建设的科学轨道，城市建设出现了中华人民共和国成立以来从未有过的好形势。各级政府加强了对城市建设工作的领导，建成了一大批住宅和城市基础设施骨干工程，不同程度地改善了投资环境和生活环境，城市面貌有了较大改善。同时也必须看到，目前城市建设中仍然存在着很多突出问题，与发展经济和不断改善人民生活的要求不相适应。城市建设工作必须按照建设具有中国特色的社会主义的要求和对内搞活经济、对外实行开放的方针，努力同我国经济、社会发展和整个经济体制改革的进程相适应，保持一个稳定、合理的发展速度。

经过三十多年的发展，中国的城镇化取得了翻天覆地的成就，中国由一个农业社会转变为工业城市，2014 年我国城市化率达到了 54.77%，从此跨越了城市化的门槛，驶入了快速城镇化的道路。这一巨大变革对城市管理、城市经济发展、城市规划、城市建设、社会治理等方方面面都提出了新的挑战。

应该说，这次会议充分显示了城市治理的重要性，城市治理是国家治理体系治理能力现代化的组成部分，城市治理思想也是本届政府治国理政的重要构成要素。本次会议注重协调发展、持续发展和长远发展的发展思路，对"摊大饼式"的城市蔓延和城市病进行了诊断，廓清了进一步改革和发展的总体思路。不仅如此，本次工作会议还着重突出了开放思维和国际视野。更重要的是，本次会议上，"城市治理"的概念首次出现在中央政策体系中，将"以人为本"的城市发展理念进一步明确。

2015 年 12 月 24 日，中共中央、国务院印发了《关于深入推进城市执法体制改革改进城市管理工作的指导意见》（以下简称《意见》）。《意见》明确了工作的指导思想、基本原则、总体目标和重点任务，这是我国当前和今后一个时期城市管理工作的纲领性文件。《意见》指出，目前，我国有一半以上人口生活在城市。城市环境好不好，城市竞争力高不高，既要靠建设，更要靠管理。当前，我国城市发展已开始转向规模扩张和质量提升并重的阶段，既要加强对城市空间资源、公共秩序、运行环境的管理，还要为城市居民宜居宜业提供服务保障。一是管理理念落后，现有的城市执法体制和城市管理工作，一些已不适应新的形势和要求，。一些地方城市管理的整体性和系统性不强，重建设、轻管理，重末端管控、轻源头治理。二是管理体制不顺。国家和省级层面缺乏专门的城市管理主管部门，对各市、县工作缺乏必要的督促和指导。一些地方城市管理机构设置不科学，职责边界不清。三是法律法规不健全。城市管理和执法工作缺乏专门的法律法规，执法主体资格不明确，执法程序不规范。四是管理方式简单。一些地方习惯于运动式管理，热衷于突击性整治，缺乏有效的日常监督管理和评价考核机制。五是服务意识不强。一些地方过于依赖行政处罚手段，惠民便民服务不够，不能正确处理服务、管理、执法之间的关系。六是执法方式简单。多数地区城市管理执法队伍身份编制不一，部分执法人员素质不高，选择性执法、暴力执法等群众反映强烈的问题时有发生。

伴随着城镇化的推进，越来越多的人向城市迁移，越来越多的要素向城市的集聚，城市的胜利不单纯是经济的增长、地标式的建筑所能彰显的。说白了就是要解决以人为本的问题，也就是衣食住行、生老病死、安居乐业。能否吃得放心、行得顺畅、住得惬意、病得无惧、老得无忧，是城市工作做得好不好，居民满意不满意的重要评判标准。城市的善治，归根到底是让生活更美好，而落脚点就在城市的管理和服务上。此外，破解城市治理的破题还需要依靠广大市民的智慧和力量。如何体现各类人才都有的城市包容,何以在城与人、管理与服务之间找到最佳契合点,需要政府有形之手、市场无形之手、市民勤劳之手同向发力。

参考文献

一、中文文献

1. 学术论文

[1]蔡琼、苏丽、姜尧:《武汉城市圈基本公共服务均等化探索》,《中南民族大学学报》(人文社会科学版),2011年第1期。

[2]曹海军、霍伟桦:《城市治理理论的范式转换及其对中国的启示》,《中国行政管理》,2013年第7期。

[3]陈瑞莲、杨爱平:《从区域公共管理到区域治理研究:历史的转型》,《南开学报》(哲学社会科学版),2012年第2期。

[4]崔功豪:《都市区规划——地域空间规划的新趋势》,《国外城市规划》,2001年第5期。

[5]方伟、赵民:《"新区域主义"下城镇空间发展的规划协调机制——基于皖江城市带和济南都市圈的探讨》,《城市规划学刊》,2013年第1期。

[6]韩冬雪:《关于我国城市治理变革理念与实践的几个问题》,《国家行政学院学报》,2013年第2期。

[7]胡拥军:《新型城镇化条件下政府与市场关系再解构:观照国际经验》,《改革》,2014年第2期。

[8]解亚红:《"协同政府":新公共管理改革的新阶段》,《中国行政管理》,2004年第5期。

[9]罗思东:《美国大都市区政府理论的缘起》,《厦门大学学报》(哲学社会科学版),2004年第5期。

[10]马海龙:《京津冀区域协调发展的制约因素及利益协调机制构建》,《中共天津市委党校学报》,2013年第3期。

［11］钱振明:《基于可持续发展的中国城市治理体系:理论阐述与行动分析》,《城市发展研究》,2008年第3期。

［12］乔耀章:《区域政府管理问题初探》,《新视野》,2006年第6期。

［13］宋月红:《行政区划与当代中国行政区域、区域行政类型分析》,《北京大学学报》,1999年第4期。

［14］孙群郎:《美国大都市区政治的巴尔干化与政府体制改革》,《史学月刊》,2003年第6期。

［15］陶希东:《公私合作伙伴:城市治理的新模式》,《城市发展研究》,2005年第5期。

［16］陶希东:《跨省都市圈的行政区经济分析及其整合机制研究——以徐州都市圈为例》,华东师范大学博士论文,2004年。

［17］汪伟全:《论府际管理:兴起及其内容》,《南京社会科学》,2005年第9期。

［18］夏志强、毕荣:《论公共服务多元化供给的协调机制》,《四川大学学报》(哲学社会科学版),2009年第4期。

［19］谢庆奎:《中国政府的府际关系研究》,《北京大学学报》(哲学社会科学版),2000年第1期。

［20］叶林:《新区域主义的兴起与发展:一个综述》,《公共行政评论》,2010年第3期。

［21］郁建兴:《治理与国家建构的张力》,《马克思主义与现实》,2008年第1期。

［22］张京祥、吴缚龙:《从行政区兼并到区域管制——长江三角洲的实证与思考》,《城市规划》,2004年第5期。

［23］张京祥、邹军、吴君焰:《论都市圈地域空间的组织》,《城市规划》,2001年第5期。

［24］张万宽:《发展公私伙伴关系对中国政府管理的挑战及对策研究》,《中国行政管理》,2008年第1期。

2. 著(译)作

［25］《马克思恩格斯全集》(第46卷)(上),北京:人民出版社,1979年。

［26］[美]E. S. 萨瓦斯:《民营化与公私部门的伙伴关系》,周志忍等译,北京:中国人民大学出版社,2002年。

［27］［美］阿尔伯特·赫希曼:《退出、呼吁与忠诚——对企业、组织和国家衰退的回应》,卢昌崇译,北京:经济科学出版社,2001年。

［28］［美］爱德华·格莱泽:《城市的胜利》,刘润泉译,上海:上海社会科学院出版社,2012年。

［29］［美］奥斯本·盖布勒:《改革政府——企业精神如何改革公营部门》,上海:上海译文出版社,1996年。

［30］［美］保罗·彼得森:《城市极限》,罗思东译,上海:上海人民出版社,2012年。

［31］陈振明:《公共管理学—— 一种不同于传统行政学的研究途径》,北京:中国人民大学出版社,2003年。

［32］［美］戴维·R.摩根等:《城市管理学:美国视角》(第六版),杨宏山、陈建国译,北京:中国人民大学出版社,2011年。

［33］［美］戴维·鲁斯克:《没有郊区的城市》,王英、郑德高译,上海:上海人民出版社,2011年。

［34］［美］道格拉斯·C.诺斯:《经济史上的结构和变革》,北京:商务印书馆,2005年。

［35］高珮义:《城市化发展学原理》,北京:中国财政经济出版社,2009年。

［36］辜胜阻、简新华主编:《当代中国人口流动与城镇化》,武汉:武汉大学出版社,1994年。

［37］洪世键:《大都市区治理——理论演进与运作模式》,南京:东南大学出版社,2009年。

［38］李长晏:《区域发展与跨域治理 理论与实务》,台北:元照出版有限公司,2012年。

［39］李植斌:《区域体制改革与创新》,北京:中国社会科学出版社,2002年。

［40］林尚立:《国内政府间关系》,杭州:浙江人民出版社,1998年。

［41］林水波、李长晏:《跨域治理》,台湾:五南图书出版公司,2005年。

［42］刘彩虹:《整合与分散——美国大都市区地方政府间关系探析》,武汉:华中科技大学出版社,2010年。

［43］刘君德:《中国行政区划的理论与实践》,上海:华东师范大学出版社,1996年。

［44］刘玉海:《京津冀调查实录》,北京:社会科学文献出版社,2012年。

[45][美]罗伯特·达尔:《谁统治:一个美国城市的民主和权力》,范春辉、张宇译,江苏:江苏人民出版社,2010年。

[46][美]罗纳德·J.奥克森:《治理地方公共经济》,万鹏飞译,北京:北京大学出版社,2005年。

[47][美]迈克尔·麦金尼斯:《多中心治理与发展》,王文章、毛寿龙等译校,上海:上海三联出版社,2000年。

[48]浦兴祖:《当代中国政治制度》,上海:复旦大学出版社,2011年。

[49]孙兵:《区域协调组织与区域治理》,上海:上海人民出版社,2007年。

[50]王旭:《美国城市发展模式:从城市化到大都市区化》,北京:清华大学出版社,2006年。

[51][美]文森特·奥斯特罗姆,罗伯特·比什,埃莉诺·奥斯特罗姆:《美国地方政府》,井敏、陈幽泓译,北京:北京大学出版社,2004。

[52][德]沃尔曼:《德国地方政府》,陈伟、段德敏译,北京:北京大学出版社,2005年第93页。

[53]谢守红:《大都市区的空间组织》,北京:科学出版社,2004年。

[54]薛凤旋:《中国城市及其文明的演变》,北京:世界图书出版社,2010年。

[55][古希腊]亚里士多德:《政治学》,吴寿彭译,北京:商务印书馆,2011年。

[56]姚尚建:《流动的公共性—区域政府研究》,北京:北京大学出版社,2012年。

[57][美]詹姆斯·H.米特尔曼:《全球化综合征:转型与抵制》,刘得手译,北京:新华出版社,2002年。

[58]张京祥、罗震东、何建颐:《体制转型与中国城市空间重构》,南京:东南大学出版社,2007年。

[59]赵永茂、朱光磊、江大树编:《府际关系:新兴研究议题与治理策略》,北京:社会科学文献出版社,2012年。

[60]赵永茂:《府际关系》,北京:社会科学文献出版社,2012年。

[61]周肇光:《长三角区域经济一体化政府协调与服务研究》,合肥:安徽大学出版社,2010年。

[62]朱文晖:《走向竞合——珠三角与长三角经济发展比较》,北京:清华大学出版社,2003年。

二、英文文献

1. 学术论文

[1]A. E. G. Jonas, Ward, K.. A World of Regionalisms? Towards a US-UK Urban and Regional Policy Framework Comparison. *Journal of Urban Affairs*, 2002, 24.

[2]Agranoff, Robert and Michael McGuire. Managing in Network Settings. *Policy Studies Review*, 1999, 16(1).

[3]Ansell, C. and Gash, A.. Collaborative Governance in Theory and Practice. *Journal of Public Administration Research and Theory*, 2008, 18(4).

[4]Astley, W. G. & Fombrun, C. J.. Collective Strategy: Social ecology of organizational environments. *Academy of Management Review*, 1984(4).

[5]Bish, Robert and Robert Warren. Scale and Monopoly Problems in Urban Government Services. *Urban Affairs Review*, 1972, 8(1).

[6]Bollens, S. A.. Fragments of regionalism: The Limits of southern California governance. *Journal of Urban Affairs*, 1997, 19(1).

[7]Brenner, Neil. Decoding the Newest "Metropolitan Regionalism" in the USA: A Critical Overview. *Cities*, 2002, 19(1).

[8]Brenner, Neil. Globalization as Reterritorialisation: The Re-scaling of Urban Governance in the European Union. *Urban Studies*, 1999(36).

[9]Brown, M.. Reconceptualizing Public and Private in Urban Regime Theory: Governance in Aids Politics. *International Journal of Urban and Regional Research*, 1999, 13(1).

[10]Butler, Jensen. Cities in Competition: Equity Issues. *Urban Studies*, 1999, 36(5-6).

[11]Cigler, B. A.. Pre-conditions for the Emergence of Multicommunity Collaborative Organizations. *Policy Studies Review*, 1999, 16(1).

[12]Considine, M. and Lewis, J. M.. Bureaucracy, Network, or Enterprise? Comparing Models of Governance in Australia, Britain, the Netherlands, and New Zealand. *Public Administration Review*, 2003, 63(2).

[13]David K. Hamilton. Regime and Regional Governance:the Case of Chicago. *Journal of Urban Affairs*,2002(4).

[14]DiGaetano,Alan and John S. Klemanski Urban Regimes in Comparative Perspective:The Politics of Urban Development in Britain. *Urban Affairs Review*,1993,29(1).

[15]DiGaetano,Alan and Strom,E.. Comparative Urban Governance:An Integrated Approach. *Urban Affairs Review*,2003,38(3).

[16]Dowding,Keith. Explaining Urban Regimes. *International Journal of Urban and Regional Research*,2001,25(1).

[17]Elkin,Stephen. Twentieth Century Urban Regimes. *Journal of Urban Affairs*,1985,7(2).

[18]Entwistle and Martin. From Competition to Collaboration in Public Service Delivery:A New Agenda for Research. *Public Administration*,2005,83(1).

[19]Foster,K. A.. Regional Impulses. *Journal of Urban Affairs*,1997,19(4).

[20]Frey,B. S. and R. Eichenberger. Metropolitan Governance for the Future: Functional Overlapping Competing Jurisdictions. *Swiss Political Science Review*, 2001.

[21]Friedmann,J.. The World City Hypothesis. *Development and Change*, 1986,17(17).

[22]Frisken,F. and D. F. Norris. Regionalism Reconsidered. *Journal of Urban Affairs*,2001(5).

[23]Graeme,A. and Hodge,Carsten Greve. Public-Private Partnerships: An International Performance Review. *Public Administration Review*,2007(3).

[24]Hamilton,D. K.,D. Y. Miller,and P. Jerry. Exploring the Horizontal and Vertical Dimensions of the Governing of Metropolitan Regions. *Urban Affairs Review*,2004,40(2).

[25]Hamilton,D. K.. Developing Regional Regimes:A Comparison of Two Metropolitan Areas. *Journal of Urban Affairs*,2004(4).

[26]Harvey,D.. From Managerialism to Entrepreneurialism:the Transformation in Urban Governance in Late Capitalism. *Geografiska Annaler*(Series B: Human Geography),1989,71b(1).

[27]Imbroscio,David. Reformulating Urban Regimes Theory:The Division of Labor Between State and Market Reconsidered. *Journal of Urban Affairs*, 1998,20(3).

[28]Kantor,P.,and H. V. Savitch. How to Study Comparative Urban Development Politics:A Research Note. *International Journal of Urban and Regional Research*,2005,29(1).

[29]Kent,Anthony. Governance and Planning of Mega-City Regions. *Urban Policy & Research*,2012,30(3).

[30]Koppenjan,Joop F. M. and Koppenjan,Bert Enserink. Public-Private Partnerships in Urban Infrastructures:Reconciling Private Sector Participation and Sustainability. *Public Administration Review*,2009(2).

[31]Lefèvre,C.. Metropolitan Government and Governance in Western Countries:A Critical Review. *International Journal of Urban and Regional Research*,1998(1).

[32]Lever,W. F. and I. Turok. Competitive Cities:Introduction to the Review. *Urban Studies*,1999,36(5-6).

[33]Lewis,P. G.. Regional Growth Management Regime:The Case of Portland,Oregon. *Journal of Urban Affairs*,1996,20(4).

[34]Lise,Bourdeau-Lepage and Huriot Jean-Marie. The Metropolis in Retrospect:From the Trading Metropolis to the Global Metropolis Recherches Economiques. *Economic Review*,2005,71(3).

[35]MacLeod,G. and Goodwin,M.. Space,Scale and State Strategy:Rethinking Urban and Regional Governance. *Progress in Human Geography*, 1999,23(4).

[36]Maxey,Chester C. The Political Integration of Metropolitan Communities. *National Municipal Review*,1922,11(8).

[37]Molotch,Harvey. The City as a Growth Machine:Toward a Political Economy of Place. *American Journal of Sociology*,1976,82(2).

[38]Mossber,Karen and Gerry Stoker. The Evolution of Urban Regime Theory:The Challenge of Conceptualization. *Urban Affairs Review*,2001,36(6).

[39]Norris,Donald F.. Prospects for Regional Governance under the New

Regionalism: Economic Imperatives versus Political Impediments. *Journal of Urban Affairs*, 2001, 23(5).

[40]Norris, Donald F.. Whither Metropolitan Governance? *Urban Affairs Review*, 2001, 36(4).

[41]Ostrom, Elinor. The Comparative Study of Public Economies. *The American Economist*, 1998, 42(1).

[42]Ostrom, Vincent, Tiebout and R. Warren. The Organization of Government in Metropolitan Areas: A Theoretical Inquiry. *The American Political Science Review*, 1961, 55(3).

[43]Parks, R. B., and Oakerson. Metropolitan Organization and Governance: A Local Public Economy Approach. *Urban Affairs Quarterly*, 2000(1).

[44]Perri. Joined-up Government in the Western World in Comparative Perspective: A Preliminary Literature Review and Exploration. *Journal of Public Administration Research and Theory*, 2004, 14(1).

[45]Peter, Hall. The World Cities. *Geographical Journal*, 1966, 132(3).

[46]Pierre, J.. Comparative Urban Governance. Uncovering Complex Causalities. *Urban Affairs Review*, 2005, 40(4).

[47]Sancton, Andrew. Canadian Cities and the New Regionalism. *Journal of Urban Affairs*, 2001, 23(5).

[48]Savitch, H. V. and R. K. Vogel. Paths to New Regionalism. *State and Local Government Review*, 2000, 32(3).

[49]Sellers, J. Re-placing the nation: An Agenda for Comparative Urban Politics. *Urban Affairs Review*, 2005, 40(4).

[50]Stone, C. N.. Urban Regimes and the Capacity to Govern: A Political Economy Approach. *Journal of Urban Affairs*, 1993, 15(1).

[51]Thomson, Ann Marie and James L. Perry. Collaboration Process: Inside the Black Box. *Public Administration Review*, 2006, 66.

[52]Tiebout, Charles M.. A Pure of Local Expenditures. *The Journal of Political Economy*, 1956, 64(5).

[53]Vigoda-Gadot, Eran. Collaborative Public Administration: Some Lessons from the Israeli Experience. *Managerial Auditing Journal*, 2004, 19(6).

[54]Vigoda –Gadot,Eran. From Responsiveness to Collaboration:Governance,Citizens,and the Next Generation of Public Administration. *Public Administration Review*,2002,62.

[55]Wallis,Allan D.. Evolving Structures and Challenges of Metropolitan Regions. *National Civic Review*,1994,83(1)(winter–spring).

[56]Wallis,Allan D.. The Third Wave:Current Trends in Regional Governance. *National Civic Review*,1994,83(3)(summer–fall).

[57]Wallis,Allan D.. Inventing Regionalism:The First Two Waves. *National Civic Review*,1994,83(2),(Spring–Summer).

[58]Wallis,Allan D.. New Regionalism,In Ray Hutchison ed.. *Encyclopedia of Urban Studies*,SAGE Publications,2010.

[59]Warren,Robert. A Municipal Services Market Model of Metropolitan Organization. *Journal of the American Institute of Planners*,1964,30(3).

[60]Warren,Robert. Book review. *Journal of Urban Affairs*,1998,20(2).

2. 著作

[61]A. E. G. Jonas. Regulating Suburban Politics:Suburban–defense Transition,Institutional Capacities,and Territorial Reorganization in Southern California. In M. Lauria ed.,*Reconstructing Urban Regime Theory*. Thousand Oaks,C.A.:Sage,1997.

[62]Agranoff,Robert and Michael McGuire. *Collaborative Public Management:New Strategies for Local Governments*. Washington,D.C.:Georgetown University Press,2003.

[63]Alter,C. and J. Hage. *Organizations Working Together*. London:Sage,1993.

[64]Amin,A. ed.. *Post–Fordism:A Reader*. Oxford:Blackwell,1994.

[65]Bagnasco,A. and P. Le Galès,eds.. *Cities in Contemporary Europe*. Cambridge:Cambridge University Press,2000.

[66]Barlow,I. M.. *Metropolitan Government*. London and New York:Routledge,1991.

[67]Bish,Robert L. and Vincent Ostrom. *Understanding Urban Government:Metropolitan Reform Reconsidered*. Washington,D.C.:AEI Press,1973.

［68］Brandanburger,Adma M. and Baryr M. Nalbeuff. *Co-operation*. New York:Doubleday,1996.

［69］Brenner,Neil. Glocalization as a State Spatial Strategy:Urban Entrepreneurialism and the New Politics of Uneven Development in Western Europe. In Jamie Peck and Henry Yeung eds.. *Remaking the Global Economy:Economic-Geographical Perspectives*. London and Thousand Oaks:Sage,2003.

［70］Centre for Media Studies(CMS). *India Corruption Study 2015:Perception and Experience with Public Services in Delhi*.

［71］Cousins,P. F.. Quasi-official Bodies in Local Government. in A. Barker ed. *Quangos in Britain:Government and the Networks of Public Policy-Making*. London:Macmillan,1982.

［72］Cox,D. R.. Governance,Urban Regime Analysis and the Politics of Local Economic Development. In M. Lauria ed., *Reconstructing Urban Regime Theory*. Thousand Oaks,C.A.:Sage,1997.

［73］Dagnino,G. B. and Rocco. E.. eds. *Coopetition Strategy:Theory,Experiments and Cases*. New York:Routledge,2009.

［74］Dahl,R.. *Who Governs?* New Haven:Yale University Press,1961.

［75］David,Marsh and R. A. W. Rodes. *Policy Networks in British Government*. New York:Oxford University,1992.

［76］Dodge,W. R., *Regional Excellence:Governing Together to Compete Globally and Flourish Locally*. Washington,D. C.:National League of Cities, 1996.

［77］Donaldson,Joe F. and Charles E. Kozoll. *Collaborative Program Planning:Principles,Practices,and Strategies*. Krieger Publishing Company,1999.

［78］Dpuatu,H.G.L.. *Study on Sustainable Urbanization in Metropolitan Regions*. The Asian Development Bank,2007.

［79］Dunleavy,P. and O'Leary,B.. *Theories of the State:the Politics of Liberal Democracy*. London:Macmillan Education,1987.

［80］Feiock,Richard C.. Regionalism and Institutional Collective Action. in Richard C. Feiock ed. *Metropolitan Governance:Conflict,Competition and Cooperation*. Georgetown University Press,2004.

［81］Ferman, B.. *Challenging the Growth Machine: Neighborhood Politics in Chicago and Pittsburgh*. Lawrence, K.S.: University of Kansas Press, 1996.

［82］Foster, K. A.. *The Privatization of Regionalism*. Paper Presented at the Annual Meeting of the Urban Affairs Association, New York, 1996.

［83］Friedmann, John. Intercity Networks in a Globalizing Era. In Allen J. Scott ed. *Global City-Region: Trends, Theory, Policy*. New York: Oxford, 2001.

［84］Gittell, R. and A. Vidal. *Community Organizing: Building Social Capital as a Development Strategy*. California Press, 1998.

［85］Goldsmith, Stephen and William D. Eggers. *Governing by Network: The New Shape of the Public Sector*. Washington, D.C.: Brookings Institution Press, 2004.

［86］Goodman, Jay S.. *The Dynamics of Urban Government and Politics*. New York: MacMillan, 1980.

［87］*Governing as Governance*. London: Sage. 2003.

［88］Greasley, Stephen and Gerry Stoker. Urban Political Leadership. In Jonathan S. Davies and David L. Imbroscio eds. *Theories of Urban Politics* (Second Edition). Thousand Oaks, C.A.: Sage, 2009.

［89］Gulick, Luther. *The Metropolitan Problem and American Idea*. New York: Alfred A. Knopf, 1962.

［90］Guy Peters. *Governing Complex Societies: Trajectories and Scenarios*. New York: Palgrave, 2005.

［91］Hambleton, Robin, and Jill Simone Gross. *Governing Cities in a Global Era: Urban Innovation, Competition, and Democratic Reform*. Palgrave Macmillan, 2007.

［92］Hamilton, D. K.. *Governing Metropolitan Areas: Response to Growth and Change*. New York: Garland Publishing, Inc., 1999.

［93］Henton, D. Melville, J., & Walesh, K.. *Grassroots Leaders for a New Economy: How Civic Entrepreneurs are Building Prosperous Communities*. San Francisco: Jossey-Bass Publishers, 1997.

［94］Herrschel, Tassilo and Peter Newman. *Governance of Europe's City Regions: Planning, Policy and Politics*. London, New York: Routledge, 2002.

[95]Hoffmann－Martinot,V.,and Sellers,J. M.. *Metropolitanization and Political Change.* Wiesbaden:vs Verlag für Sozialwissenschaften,2005.

[96]Hunter,F.. *Community Power Structure.* Chapel Hill,N.C.:University of North Carolina Press,1953.

[97]Huxham,Chris. Collaboration and Collaborative Advantage. in Chris Huxham ed. *Creating Collaborative Advantage.* London:Sage,1996.

[98]J. M.,E. M. Klijn and J. F. M. Koppenjan. Introduction:A Manage－ment Perspective on Policy Networks. In W. J. M. Kickert,E. M. Klijn and J. F. M. Koppenjan,eds,*Managing Complex Networks:Strategies for the Public Sector.* London:Sage,1997.

[99]Jessop,B.. The Dynamics of Partnership and Governance Failure. In G. Stoker,ed.,*The New Politics of Local Governance in Britain.* Oxford:Oxford University Press,1999.

[100]John,Peter. *Local Governance in Western European.* London:Sage, 2001.

[101]Jones,Bryan D.,and Lynn Bachelor. *The Sustaining Hand:Commu－nity Leadership and Corporate Power.* Lawrence:University Press of Kansas, 1986.

[102]Jones,Victor. From Metropolitan Government to Metropolitan Gover－nance. In:K. G. Denike ed. *Managing Urban Settlements:Can Our Governmen－tal Structures Cope?* Vancouver:The Centre for Human Settlements,1979.

[103]Judge,D.,Stoker,G. and Wolman,H.. Urban Politics and Theory:An Introduction. In D. Judge,G. Stoker and H. Wolman,eds.,*Theories of Urban Politics.* London:Sage,1995.

[104]Kantor,R. M.. Business Coalitions as a Force for Regionalism. In B. Katz ed.,*Reflections on Regionalism.* Washington,D.C.:Brookings Institution, 2000.

[105]Kazepov,Y.. Introduction. Cities of Europe:Changing Contexts,Local Arrangements and the Challenge to Social Cohesion. In Y. Kazepov,ed.,*Cities of Europe:Changing Contexts,Local Arrangements and the Challenge to Social Cohesion.* Oxford:Blackwell,2004.

[106]Keast,R. and M. P. Mandell. *What is Collaboration? in ARACY Advancing Collaboration Practice〔Fact Sheet〕.* Canberra：Australian Research Alliancefor Children and Youth,2009.

[107]Keating,Michael. Size,Efficiency,and Democracy:Consolidation,Fragmentation,and Public Choice. In David Judge,Gerry Stoker,and Harold Wolman eds. *Theories of Urban Politics.* Thousand Oaks,CA：Saga Publications,1995.

[108]Kettl,Donald. Governing at the Millennium. in James L. Perry ed. *Handbook of Public Administration(2nd).* San Francisco：Jossey-Bass,1996.

[109]Kincaid,John. Overview of Local Governments. in Roger L. Kemp ed. *Forms of Local Government.* McFarland & Company lnc. Publishers. 1999.

[110]Kjær,Anne Mette. Governance and the Urban Bureaucracy. In Jonathan S. Davies and David L. Imbroscio eds. *Theories of Urban Politics(2nd Edition).* Thousand Oaks,C.A.：Sage,2009.

[111]Kooiman,J.. Governance and Governability:Using Complexity,Dynamics,and Diversity,in Kooiman ed. *Modern Governance:New Government-Society Interactions.* Newbury Park,C.A.：Sage,1993.

[112]Kübler,Daniel and Hubert Heinelt. Metropolitan Governance, Democracy and the Dynamics of Place. In Hubert Heinelt and Daniel Kübler eds. *Metropolitan Governance:Capacity,Democracy and the Dynamics of Place.* London：Routledge,2005.

[113]Kuper,A. and J. Kuper,eds,*The Social Science Encyclopaedia(2nd edition).* London：Routledge,1996.

[114]Lauria,M.. Introduction. Reconstructing Urban Regime Theory. In M. Lauria,ed.,Reconstructing Urban Regime Theory. *Regulating Urban Politics in a Global Economy.* London：Sage,1997.

[115]Lauria,M.. Regulating Urban Regimes. in M. Lauria ed.,*Reconstructing Urban Regime Theory.* Thousand Oaks,C.A.：Sage,1997.

[116]Le Galès,P.. *European Cities. Social Conflicts and Governance.* Oxford：Oxford University Press,2002.

[117]Logan,John,and Harvey Molotch. *Urban Fortunes:The Political Economy of Place.* Berkeley：University of California Press,1987.

[118]Massey,Doreen. *Spatial Divisions of Labor:Social Structures and the Geography of Production(2nd edition).* New York:Routledge,1995.

[119]Mattessich,Paul W. and Barbara R. Monsey. *Collaboration:What Makes it Work.* Saint Paul,M.N.:Amherst H. Wilder Foundation,1992.

[120]Miller,D. Y.. *The Regional Governing of Metropolitan America.* Colorado:Westview Press. 2002.

[121]New Institutionalism and Urban Politics. In Jonathan S. Davies and David L. Imbroscio eds. *Theories of Urban Politics(2nd edition).* Sage,2009.

[122]Osborne,D. and Gaebler,T.. *Reinventing Government.* New York: Plume Books,1993.

[123]Osborne. Stephen P.. The(New) Public Governance:a Suitable Case for Treatment? In Stephen P. Osborne ed. *The New Public Governance? Emerging Perspectives on the Theory and Practice of Public Governance.* London: Routledge,2010.

[124]Ostrom,Vincent,Robert Bish and Elinor Ostrom. *Local Government in the United States.* Ithaca,N.Y.:ICS Press,1988.

[125]Pierre,J. and Peters,G.B.. *Governance,Politics and the State.* London:Macmillan. 2000.

[126]Population Division of the Department of Economic and Social Affairs of the United Nations Secretariat. *World Population Prospects:The 2006 Revision(2007) and World Urbanization Prospects:The 2007 Revision(2008).* New York:United Nations,2008.

[127]Putnam,R. D.. *Making Democracy Work:Civic Traditions in Modern Italy.* Princeton,N.J.:Princeton University Press,1993.

[128]Rhodes,R. A. W.. "Power Dependence":Theories of Central-Local Relations:A Critical Reassessment. in M. Goldsmith ed. *New Research in Central-Local Relations.* Aldershot:Gower,1986.

[129]Rhodes,R. A. W.. *Beyond Westminster and Whitehall:The Sub-Central Governments of Britain.* London:Urwin and Hyman,1998.

[130]Saffell,D. C. and Gillreth,T.. ed. *Subnational Politics Readings in State and Local Government.* California:Addison-Weisley Publishing Company,

1981.

[131]Sassen,Saskia. *The Global City:New York,London and Tokyo.* Princeton, N.J.:Princeton University Press,2001.

[132]Savitch,Hank and Paul Kantor. *Cities in the International Market-place.* Princeton,N.J.:Princeton University Press,2002.

[133]Savitch,Hank and Ronald,K. Vogel. *Regional Politics:America in a Post-City Age.* New York:Sage,1996.

[134]Shivaramakrishanan,K.C. and Leslie Green. *Metropolitan Manage-ment:The Asian Experience.* Oxford University Press,1986.

[135]Stephens,G. Ross and Nelson Wikstrom,*Metropolitan Government and Governance:Theoretical Perspectives,Empirical Analysis,and the Future.* New York:Oxford University Press,2000.

[136]Stoker,Gerry. Public-Private Partnerships and Urban Governance. In J. Pierre ed. *Partnership in Urban Governance:European and American Experi-ence.* London:Macmillan,1998.

[137]Stoker,Gerry. Urban Political Science and the Challenge of Urban Governance. In:Ion Pierre ed. *Debating Governance.* Oxford:Oxford University Press,2000.

[138]Stone,C. N.. *Introduction:Urban Education on Political Context.* in C. N. Stone ed.,*Changing Urban Education.* Lawrence,K.S.:University Press of Kansas,1998.

[139]Stone,C. N.. *Regime politics:Governing Atlanta 1946-1988.* Lawrence: University Press of Kansas,1989.

[141]Stren,Richard. Globalisation and Urban Issues in the Non-Western World. In Jonathan S. Davies and David L. Imbroscio eds. *Theories of Urban Politics(2nd Edition).* Thousand Oaks,C.A.:Sage,2009.

[141]Studenski,Paul. *The Government of Metropolitan Areas in the Unit-ed States.* New York:National Municipal League,1930.

[142]The International Federation of Surveyors. *Rapid Urbanization and Mega Cities:The Need for Spatial Information Management.* Research study by FIG Commission 3. The International Federation of Surveyors(FIG),Kalvebod

Brygge 31–33,DK–1780 Copenhagen V. Denmark,2010.

［143］The Invention of Regions:Political Restructuring and Territorial Government in Western Europe. In Brenner,Neil,Jessop,Bob,Jones,Martin and MacLeod,Gordon,eds. *State/Space*. Malden:Blackwell Publishing,2003.

［144］Vogel,R. K.. *Urban Political Economy*. Gainesville,F.L.:University Press of Florida,1992.

［145］Wallis,Allan D.. New Regionalism,In Ray Hutchison ed,*Encyclopedia of Urban Studies*,Thousand Oaks,C.A.:Sage Publications,2010.

［146］Warren,Robert. *Government in Metropolitan Regions:A Reappraisal of Fractionated Political Organization*. Davis:University of California,1966.

［147］White,Roland and Paul Smoke. *East Asia Decentralizes,Making Local Government Work in East Asia*. Washington,D.C.:World Bank,2005.

［148］Windsheimer,Daniela. *New Regionalism and Metropolitan Governance in Practice:a Major Smart Growth Construction Project in the Waterloo Region— the Light Rapid Transit–Project*. Berlin:Freie Universität,2007.

三、其他资料

1. 政府文件

［1］胡锦涛:《坚定不移沿着中国特色社会主义道路前进　为全面建成小康社会而奋斗》,《求是》,2012年第12期。

［2］《民政部关于调整设市标准的报告》

［3］《中共中央关于全面深化改革若干重大问题的决定（2013年11月12日中国共产党第十八届中央委员会第三次全体会议通过）》,《求是》,2013年第22期。

［4］《中华人民共和国城市规划法》。

［5］U. S. Bureau of Census. Census of Governments:Government Organization. Washington D. C.:U. S. Government Printing office,2002,p. VII.

［6］U. S. Bureau of the Budget. Standard Metropolitan Statistical Areas. Washington D. C.,1967,p. VII.

［7］U. S. Office of Management and Budget. Standard for Defining Metropoli–

tan and Metropolitan Statistical Areas；Notice. http：//www. Whitehouse.gov/omb/ fedreg/metroareas122700.pdf.

2. 网页资料

［8］大伦敦规划，http：//www.london.gov.uk/priorities/planning/london-plan.

［9］《国家新型城镇化规划（2014—2020年）》，http：//news.xinhuanet. com/house/bj/2014-03-17/c_126274610_7.htm.

［10］《我国城市标准首增超大城市 按"常住人口"划分》，《北京青年报》，http：//www.chinanews.com/gn/2014/11-21/6799373.shtml.

［11］上海第一财经日报：《从"蓝香蕉"到"金足球"：欧洲工业中心向东移》，http：//ouzhou.oushinet.com/eu/20150317/186899.html.

［12］新华社：《习近平在北京考察 就建设首善之区提五点要求》，http：// news.xinhuanet.com/politics/2014-02/26/c_119519301_3.htm.

［13］中华人民共和国国家发展和改革委员会固定资产投资司，PPP专栏： http：//tzs.ndrc.gov.cn/zttp/PPPxmk/.

3. 杂志资料

［14］陈云贤：《区域政府是中国模式的根本所在》，《瞭望》，2011年3月7日。

4. 国际组织文件

［15］OECD. Cities for Citizens：Improving Metropolitan Governance. Paris： OECD Publications，2001.

［16］OECD. Local Partnerships for Better Governance. Paris：OECD，2001.

［17］UN-HABITAT（2006）. Cities：magnets of hope.

［18］UN-HABITAT，2004.10. http：//www.unhabitat.org/documents/UN-HAB- ITAT_AR_2004.pdf.

［19］United Nations Centre for Human Settlements（UNCHS-UN Habitat） （2000）. The Global Campaign for Good Urban Governance. Environment & Ur- banization 12. No.1.

［20］World Bank. Cities on the Move：A World Bank Urban Transport Strategy Review. Washington D.C.：World Bank Institute，2001.

lan wei shi? Qi nan. Sina Jizhe lun Nuxing juese wenti... Wenku.com. wenku
baidu.com (2020-8-6)...

[13] 王玺. http://www.hulun......phpcaiji sotoundajiandou-plan-
...图录. 北京市......规划（2014—2020 年）. http://www. indianet.
com/html_....8914-05-1790 (1632-3610-2.html...

[14] 黄建军... 丁煜德. 贝的·B. 鲁兹......国际关系汪.... 北京...

后　记

早在 20 世纪初叶,欧美等西方工业化发达国家就已经完成了第一轮城市化进程。当然,西方国家工业化带来的城市化进程,也不可避免地衍生出了"城市病",环境污染、人口拥挤、交通阻塞、城市犯罪及各种社会问题接踵而至。为此,西方国家也进行了近百年的治理过程。城镇化既是现代化的必由之路,又是经济持续健康发展的引擎。根据《国家新型城镇化规划(2014—2020 年)》,我国目前常住人口城镇化率为 53.7%,户籍人口城镇化率只有 36% 左右, 不仅远低于发达国家 80% 的平均水平, 而且低于巴西等发展中大国 60% 的平均水平,城镇化发展空间潜力巨大。相对于较低的城镇化水平,旨在全面提高"人的城镇化"的治理水平更低,而这成为制约新型城镇化健康持续发展的制度"瓶颈"。因此,新型城镇化的可持续发展,还必须有相应的制度和政策上的配套措施,这就需要构建完备的城镇公共治理体系。

鉴于此,本着批判性研究的态度,以我国快速城市化进程中产生的公共治理问题为现实关怀,我们对国外学界主流城市治理理论进行系统的回顾、梳理、阐释与评论。在此基础之上,对我国城市治理研究的未来发展趋势进行了展望。我们希望能通过这一微不足道的研究成果,为推进国内城市治理理论研究和城市可持续发展尽一份绵薄之力。

在本书的写作过程中,南开大学周恩来政府管理学院博士生霍伟桦、东北大学文法学院博士生刘少博、天津市和平区五大道街综合执法大队孙允铖同志和天津师范大学政治与行政学院硕士生熊瑞涛参与了部分章节的资料搜集、内容讨论和初稿撰写工作,在此对他们的协助表示感谢。

感谢天津市社科规划办和天津师范大学政治文化与政治文明建设研究院对此项研究成果的资助。感谢东北大学文法学院的资助以及东北大学城乡社区建设研究院领导和同事的关心与支持。感谢天津人民出版社的王康老师、责编郑玥和特约编辑王琤,没有她们认真而辛勤的工作,这本书不可能与读者见面。

全书由曹海军统稿,霍伟桦协助搜集和整理文献资料。由于作者能力有限,书中难免有错漏之处,请各位读者批评指正。

曹海军

于东北大学文法学院

2017 年 3 月

政治文化与政治文明书系书目

1.《多元文化与国家建设》　　　　常士闰　高春芽　吕建明◎主编
2.《当代中国政府正义问题研究》　　　　　　史瑞杰　等◎著
3.《社会管理的理论与实践》　　　　　　　曹海军　李 筠◎著
4.《历史中的公民概念》　　　　　　　郭台辉　余慧元◎编译
5.《让权利运用起来
　　　　——公民问责的理论与实践研究》　　　　韩志明◎著
6.《应为何臣　臣应何为
　　　　——春秋战国时期的臣道思想》　　　　　刘学斌◎著
7.《社会转型期城市社区组织管理创新研究》　　李 璐◎著
8.《党内民主与人民民主》　　　　　　　　田改伟◎著
9.《当代政治哲学视域中的平等理论》　　　　高景柱◎著
10.《美德与国家
　　　　——西方传统政治思想专题研究》　　王乐理　等◎著
11.《民主的否定之否定
　　　　——近代西方政治思想的历史与逻辑》　　佟德志◎著
12.《马克思主义从原创形态向现代形态的发展
　　　　——关于中国特色社会主义基础理论的探索》　余金成◎著
13.《中国传统政治哲学的逻辑演绎》　　　　张师伟◎著
14.《在理想与现实之间
　　　　——正义实现研究》　　　　　　　　许 超◎著
15.《快速城镇化背景下的群体性突发事件预警与
　　　　阻断机制研究》　　　　　温志强　郝雅立◎著
16.《中国共产党执政能力建设研究
　　　　——以中国政治现代化为背景》　　　宋林霖◎著
17.《中国公共政策制定的时间成本》　　　　宋林霖◎著
18.《当代中国政治思潮(改革开放以来)》　　马德普◎主编
19.《国家意识形态安全与马克思主义大众化
　　　　——基于社会政治稳定的研究视野》　　冯宏良◎著
20.《国外城市治理理论研究》　　　　　　　曹海军◎著